Rich AF

The Winning Money Mindset That Will Change Your Life

我的有錢富朋友
教我的事

關於金錢、財務與自主，翻轉你一生的致富思維

Vivian Tu
屠惟安 —— 著

林岑恩 —— 譯

獻給我的朋友們

　　我的摯友，以及所有曾覺得自己被落下、被遺忘、被佔便宜且視為理所當然的你們，這本作品是我寫給你們的情書。你們都值得擁有豐盈圓滿的一生，我希望這本地圖能帶領你們趨近夢想所在。我愛你們。我愛你們。我愛你們。（很重要，所以講三次！）

獻給我的終生有錢富朋友：Jean Mah

　　謝謝妳走進我的人生，妳就像我從未擁有的大姊。遇見妳，讓我第一次看見，長得如我般黑髮黃膚的人，也能擁抱廣大世界無限的可能。這些年來，妳的金玉良言持續陪伴、導引我，走過人生的高潮與低谷。

獻給那位說我太女生、不可能在財務領域成功的瞎男

　　——去·死·吧·你。

目錄

Part 2
讓錢為你拚命工作

目錄

—前言—

抱歉得由我來告訴你：美國夢已死。有錢人會越來越有錢，窮人將越來越窮；這不是因為有人天生比較衰，而是系統就是這樣設計的——你猜得沒錯，系統就是有錢人所設計的。

幾個世代以來，投資、金錢、財富相關的對話只在綠意盎然的高爾夫球場上、在會員限定俱樂部的觥籌交錯間透過耳語，悄聲相傳，如何在財務上取得勝利的祕密，只流傳在特定的社交圈內、從「富老爸」傳承到「富二代」。

與此同時，如果你不是一個「老白富」[1]，金融產業則會將你榨乾。這些有錢老頭在忙著創造、維持世代財富的同時，像你我這般的平凡人卻被灌輸了美國夢的迷思——只要認真讀書、拚命加班、放棄人生的小確幸，我們也能像《富比士》或《浮華世界》雜誌上的百萬富翁般發財致富。

對多數人來說，工作、存錢的老方法已不再能讓你變有錢了。更糟的是，如果你還不懂金錢遊戲的規則，那你大概永遠不會懂，因為社會告訴我們，談錢的人很粗俗、沒品味又超雷的。那……只會玩幼稚園跳棋的我們，要怎麼在人生的棋局上逆轉勝呢？

我們得打破這些禁忌。

我們得談錢。

我們得像個有錢人般思考。

這就是我在做的。

你好，我是屠惟安，我是你的有錢富朋友。

我曾是一位華爾街交易員、知名美國網路媒體公司 Buzzfeed 的業務總監，現在則是理財知識網紅，並且即將成為暢銷書作家（好啦，我在肖想。來告我啊）。

我開了自己的公司，是創辦人兼執行長。我還擁有一棟自己的房子。

我在 27 歲前賺進第一桶金：100 萬美金。

身為你的有錢富朋友，我會在書中為你的致富計畫加油打氣、教你有錢人的遊戲和玩法，並讓我們也能在他們所設計的遊戲中獲勝。我的任務是讓金錢的話題普及化、容易了解，並且讓未來的有錢朋友們談起錢來輕鬆有趣。財務管理已經又老又白又臭太久了，我想藉由這本書，讓「財務管理」（finance）變成「樂發財任務」（FUN-nance）。我要讓每個人都知道，只要帶上正確的資訊和武器，大家都能財務自由。

這是因為，我也不是天賦異稟的奇才。

以前，我跟錢也很不熟。同樣是後天學來的。

---

1 老而富裕的白種人男性。

　　我在中國移民家庭長大，父母很愛我，但非常節儉，像是剪折價券、重複使用密封袋是我們家的日常。父母教我，要變得有錢就不要買名牌、改買自有品牌、每天中午都自己帶便當。他們說，只要戒掉星巴克，我很快就能變成百萬富翁……是嗎？！錯。

　　一直到了我的華爾街職涯開始，我才終於理解，比起斤斤計較、這裡摳那裡省，有錢人更專注在投資、壯大財富。

　　我剛進紐約小摩根（J.P. Morgan，又稱摩根大通）負責股票交易時，所屬部門大約有 30 到 40 個交易員和業務員。如果你問他們當初為什麼選擇這個產業，我跟你打賭，大部分的人都會告訴你，他們是真心有興趣……有興趣賺錢、賺得盆滿缽滿。如果有人說了其他答案，那一定是騙人的。

　　我也一樣。我也很想告訴你，我對財務市場抱著熊熊熱情，但事實上，我就只想要一個賺錢的工作，讓自己再也不必跟父母伸手。當然，那時的我也確實想在節奏明快、每天都有新鮮事的環境上班，但頂樓挑高豪宅和七位數的年薪並沒什麼不好。以結果論來說，這份工作的確讓我變得有錢，但我走的不是一般人想像的路徑，而這都要歸功於「我的有錢富朋友」。

　　這是因為，我跟身邊那些交易員和業務員同事們有一個關鍵性的不同。

　　他們全部都是白人男性。除了我，還有一人例外。

　　命中注定，那個我之外的異數也是一位亞裔女性，她後來成

為我的主管和人生導師。她是我的終極偶像，聰明、敏銳、成功，每天亮著新的名牌包上下班。

我的華爾街工作的確讓我賺得快，但真正改變我財務人生軌跡的是因為遇見了這位導師。這是我人生中第一次感到有人在罩我，她會把我拉到一邊，問我有沒有提撥 401(k)[2]（我沒有），問我知不知道用公司的員工福利訂飯店比較便宜（我不知道），她甚至每天請我吃午餐將近兩年（我吃不起。我是很高薪沒錯，但各位別忘了，當時我還在付紐約市中心的房租）。從她身上，我得到了交易工作中學不到的無價知識——**關於金錢、財務與人生**。

那位導師成為我所作所為與自我認同的典範。她就是我的藍圖、傳說中的神人。她是我與金錢關係質變背後的關鍵推手；是她為我揭開了財富的面紗，教導我課堂上學不到的東西。她不僅幫我奠定了基礎，讓我能自己打造健康的財富，更重要的是，她成為我的楷模，每天都實實在在提醒著我，有一個像我一樣的人，一個年輕、來自中產家庭、沒有靠山的亞裔女性，也能闖出一片天。

兩年半後，我離開華爾街走向報酬更豐碩的科技與媒體業，開始注意到身邊的朋友時不時就會來問一些我曾經問過我導師的問題，例如：妳能不能幫我看看 401(k) 的自主提撥？妳是用哪一家健康保險？妳都投資些什麼？

---

2 401k是美國政府1981年明訂的延後課稅退休金計畫，有助於規劃養老金。在臺灣，勞工亦得在每月工資6%範圍內，依照個人意願另行提繳退休金，勞工個人自願提繳部分，得自當年度個人綜合所得總額中全數扣除。

由於我一再收到許多重複的問題，在 2020 年底，便決定在新年計畫中開始一個熱情的小專案，就是與大眾分享財務知識。2021 年的 1 月 1 號，我發布了第一則抖音，短短八小時內我的影片爆紅。一週內就有了十萬追蹤者、無數的互動，讓我忍不住想問自己：「不會吧？」

接下來的問題是，我要怎麼創造足夠的內容來滿足這個社群？面對與我並肩奮鬥的千禧世代和 Z 世代、渴望著更多財務資訊的朋友們，我該怎麼做，才能對得起他們的期待？我真的做得到嗎？憑我這個小惟惟？

我冷靜下來，整理了一下眼前的現實：

我曾在高端金融業服務。

我將自己的財務狀況理得井然有序。

回答那些問題我游刃有餘。

更別說，我的導師，她，會怎麼做？

我這才恍然大悟。當年的學徒，已成了導師。

「我」成了其他人的有錢富朋友。

我決定忠於自己、持續發布影片，至今不曾回頭。每天都製作一則我朋友們會想看的內容，混合不同的主題，關於投資、學貸、買房、流行文化軼事和有趣的個人小故事。

過去三年「Your Rich BFF」（你的有錢好朋友）社群在八個平臺上已有合計超越 600 萬的追蹤者，這些可愛的朋友們多半是年輕人、女性、LGBTQ+ 族群、非白人、第一代美國移民、

低收入背景的勤奮勞工。我知道當網紅不要瘋掉的第一守則就是「不要看評論」，但我他媽的不想管啦。不然你自己看看：

- 謝謝！剛被 fire 掉很需要！
- 這麼簡單感謝天。
- 能知道這個資訊太棒了！我在電話上等了 70 分鐘才找到人，但拿到退款很值得！
- 我的天哪，我做了這麼多工作都不知道！希望幾年後我也能找到錢。
- 了解自己的價值沒有不對！
- 謝謝你澄清這個資訊。你完全是對的。
- 還好我知道了因為你是對的，社群網路真的常給我推薦那些狗屁……！ 😭
- 解釋得真好，謝謝。
- 這好重要！現在可能覺得尷尬，但等到有人因為成本不得不退出會更尷尬。
- 感謝你的提醒，立刻手刀去安排。都設好了！
- 我剛照做了！謝謝妳有錢富朋友！

以上都是我影片下方網友的評論。

這些人都剛好看了一則 60 秒的影片，影片中我通常會解釋一個概念、帶看一道流程，或釐清術語的縮寫。

接著，他們去做了會改變人生的行動。

這個改變也許渺小（像是假期購物拿個2%回饋金），也可能很巨大（像是從政府手上拿到幾千美金的稅務減免）。無論是大是小，都是正面的改變。而且，如果他們沒有看到我的影片，這個改變可能永遠都不會發生。他們不斷學習、賺錢、成長，就像「我的」有錢富朋友，而有了這本書，「你」也是。

這不是我在自吹自擂，因為我跟你講過了：我不是天降奇才，也沒開外掛。

事實上，我在社群媒體上所做的，以及在這本書裡會做的，正是我想要大家都去做的事情 —— **談錢**。

只要我們開口談錢，大家都會受惠。

更多人能拿到應得的加薪。
更多人會知道自己符合資格的稅務減免、退款或折扣活動。
更多人知道要避開地雷、吸血蟲或敲竹槓的傢伙。
更多人會得到更多錢。更多人能活得有錢得要命。
所以大家一起來談錢吧。

我將會揭露那些有錢人代代相傳、在上流社交小圈圈裡分享的祕密：包含我本人也是等到了華爾街才終於學會的祕辛。因

為女性、非白人、LGBTQ+朋友，以及其他被邊緣化的族群都值得成為財富自由的貴賓，如果傳統的方法無法幫助他們取得……那，我們就自己開一張該死的桌子吧。

其實，我們建立的就是自己的俱樂部。只是這不像有保鏢在門口驗會籍、攆你出去的高級 VIP 俱樂部，或者你得先花五萬美金才能加入的地方會所。這個俱樂部歡迎所有人。這本書正是在邀請你加入：在這裡，你能找到各式資源，像是預算範本、試算表、學習單以及其他好用的工具，幫助你落實新知識。所以，請好好鎖定各章節這些好用工具，或者可以直接參觀我的網站，網址是：richAF.club。

你比自己想的更聰明，而當我們團結時，會更有力，我們每個人都值得擁有翻身致富的機會。

▍你的有錢富朋友的發財地圖：如何使用這本書

使用這本書的前提如下：我不像你爸爸的理財專員，我絕對不會叫你不要吃酪梨吐司或喝星巴克，這些小確幸不需要任何羞恥或批判，但我能夠幫你提升整體的財務處境。

首先，我會揭開有錢人的神祕面紗、讓你看看他們究竟都怎麼做：他們如何思考、怎麼行動、怎麼花錢，他們並不只是生下來有錢，更懂得守財和增產。我也會解釋為什麼最近的年輕世代在金錢議題上處境格外艱難（提示：這不是你的錯）。

　　然後，我會開一堂個人財務概論；而這堂課原是你希望在學校就能學到的財務基礎知識（但你沒有）。我會教你為什麼開源是最重要的——你必須要讓它發生。而後我將導引你評估自己的花費、製作預算、微調你的計畫，讓你免於只吃白飯加罐頭維生。

　　接下來，這本書將全力提供「你的有錢富朋友」式的致富基礎，包括：使用銀行服務、存款、投資、信用卡、還債，挑戰整個該死的財務世界。

　　此外，我也準備了一個詞彙清單，讓你可以隨時翻找一時想不起來的術語或概念，所以，就算你不小心忘記 IRA 和 HSA 有什麼不同也別怕，有我在。

　　最後，第二章之後的每個章節會以金錢管理任務執行清單結尾。這是濃縮了該章節重點的行動指南，方便你在進入下一章之前一一執行。

　　沒錯，我是跟你來真的。在進入下一章之前請你每一項都要做到。同學們，那些等你打勾的方框不是裝飾好嗎？而是你必須落實的行動。我會要求你為自己負起責任，因為只閱讀這些知識是不夠的，必須一項一項去執行，才能真正改善你的財務狀況。

　　所以拿出你的筆、準備越級打怪，把那些框框一一 KO 吧！（別忘了上傳一張你完成的清單、標記我，這一定要臭屁一下的啊！）

PART 1

拚命工作就是
為了錢

01. 獻給當代的教育

─為何此書為你而生─

不久前,我跟幾個好友到漢普敦度假,就是那種幾對情侶一起裝可愛、白天喝酒、曬太陽、超放鬆的長週末迷你小旅行。一天下午,我們去海邊前決定先到附近的便利店買幾樣零食,正要離開時,一個女生忽然半路定格。

「歐買尬,」她說,「我一定要買這個。」

她眼前是一組大富翁桌遊,那不是一般的大富翁,是漢普敦主題限定版。

不瞞你說,我白眼都翻到後腦勺去了,但我還是鎮定地拿著我的 M&M 巧克力和小熊軟糖去自助結帳。不過蘿倫真的好興奮,她的熱情最終也感染了我。如果我的閨蜜真的這麼喜歡這款騙觀光客錢的醜桌遊,何必要掃她的興呢?

在走回車子的路上,蘿倫成功說服大家晚上來舉辦大富翁之夜,每個人都摩拳擦掌、蓄勢待發。大夥上車回到自己的座位、把零食糖果分一分,蘿倫的男友亞當問我們在嗨什麼,我回答:「沒什麼,蘿倫剛剛買了漢普敦主題限定版大富翁,我們打算今天晚上來玩。」

沒有回應。溫煦的夏日空氣彷彿瞬間凝結。亞當從前座緩緩

轉過頭，臉上沒有笑容、神情嚴肅。

然後他說：「你們絕對不想跟我玩大富翁。」

當然，我們的反應是：「呃⋯⋯為什麼？」

又是一陣緊繃的空白。

「因為，」他說，「你們都不知道一個祕密。大部分的人沒有真的看過大富翁的遊戲規則說明書，但我看過。照我所知道的方法玩，我永遠不會輸。」

「那，這個天大的祕密是什麼？！」我問。

然而他只是搖搖頭、不肯說。蘿倫跟我聳聳肩，把他的話拋在腦後，步向午後的海灘。

到了晚上，漢普敦主題限定版大富翁終於開張了。裡頭滿滿的燈塔和風車圖樣，設計很廉價、沒什麼品味。但有酒助興，大夥都很投入、沒人想輸。我們各自選了自己的人物、拿到假鈔後，骰子出籠啦。

然後，亞當大獲全勝。

我個人認為我的大富翁玩得還算可以，大概比一般人好一點、甚至說得上有技術，但那次我毫無贏面，簡直是一場浴血屠殺。遊戲很快就進入高潮、情緒緊張。大夥開始叫囂、各種不客氣的問候、爭吵一觸即發：「希爾特島（漢普敦版的海濱大廈，遊戲價值最高的物業）飯店租金也太噱了吧！」

如果你有跟大富翁達人一起玩過，以上情節可能不會讓你意外。大富翁大概是將友誼（或任何情誼）推向懸崖邊緣最快又

最具毀滅性的方法。不過,這一回合的遊戲破壞性更甚以往,而且並不是漢普敦主題限定版造成的。

讓大家翻臉的,是亞當策動的祕密武器。

他的祕密,就是遊戲規則中有一個奇怪的漏洞,讓玩家可以用不是自己的錢購買地產。原來,只要看完整本大富翁遊戲規則說明書,你就會了解到遊戲規則的借貸系統中,玩家竟然可以跟大富翁銀行取得槓桿(說實話,這跟我們在真實人生中變富的原則也沒什麼兩樣),如此一來,就能輕輕鬆鬆堆起一疊又一疊粉色橘色的紙幣。

蘿倫跟我當然不知道這個規則。不久前,我們還對他的「天大祕密」不屑一顧,殊不知這麼快就被打爆,我們兩人對此非常火大。

「不公平,」我們說,「你沒有說我們可以跟銀行借錢。」

亞當聳了聳肩:「你們手上的說明書跟我沒有不同。是你們自己不去看的。」

除了差點在我們的情侶小旅行中引發第三次世界大戰的罪惡感(我敬一杯給我們那些無辜觀戰、慘遭假鈔之亂波及的朋友們),而我從這個故事中學到的教訓是,亞當的致勝法則(也是我們敗北的原因)跟**現實生活中金融系統運作的方式**基本上沒有不同。

理論上,每個人都能平等地取得跟錢有關的資訊。我們都有同一本遊戲規則說明書。人人都有智慧型手機、筆電,也有圖書館。我們早已脫離唐頓莊園時代,那個沒有公眾訊息、只有

富人能夠負擔每天的新聞電報費用的古老年代（那時有錢人才有消息啦）；你現在隨時可以在指間點開無限多的書、文章、網站、維基百科等任何資源，完全沒有成本，就能學到所有致富的知識。

至少**理論上**是這樣的。

但是，沒有人會真的這麼做，對吧？

沒有人會閱讀整本遊戲規則說明書。玩大富翁的時候不會，面對貨真價實的、冰冷無情的美鈔時也不會。

我打賭你學大富翁的方式跟我一樣：第一次玩的時候跟著某個已經會玩的親友一起，他們一邊玩一邊手把手教你。這樣比較快，也犯不著瞇著眼睛讀那些無聊小字，用這種方法學習遊戲又快又有趣多了。

但，你總會遇到像亞當這種人。他看了整本遊戲規則說明書，找到了規則中的漏洞或技術細節，讓他能在不作弊也不用太努力的狀況下輕鬆獲勝。

有人擋著我和蘿倫去翻整本規則說明書嗎？

沒有。

但我們有去看嗎？

也沒有。

我們都有同樣的資訊來源，但只有一個人去挖掘這些資訊並學習如何利用。

現實是，**儘管任何人都能夠閱讀規則，但不表示每個人都能取得好的策略**。有些人終其一生都在大玩銀行槓桿，有些人則乖乖地用爸爸、阿姨、大哥或陪玩姊姊教的傳統方法去挑戰人生的大富翁遊戲。

換句話說，空有規則相關的資訊來源是不夠的。如果你從來沒有玩過大富翁，那大概開箱時就會滿腦問號地想：「這裡為什麼會有頂針跟蘇格蘭㹴犬？為什麼所有的路都是用美國各州來命名？這個遊戲到底在做啥啊？」你至少得花 15 分鐘來閱讀遊戲規則說明書，開始玩之後大概會忘掉一半，然後又一直回去看。遊戲慢，又惱人、不好玩，更別說……超難贏。

但如果你跟已經會玩的人一起玩，而且那個人已經掌握致勝策略，他能夠教你的不只是規則內容，而是**你該關注「哪些規則」**，以及如何利用這些規則取得優勢。他會教你怎麼買地契、蓋四間房才能建飯店，並建議你哪些地產要先搶、什麼時候能跟其他玩家交易，以及購買水電公司和鐵路值不值得。

> ❝ **財務理論只有在化身為行動指示時才能發揮效用。** ❞

　　你不用閱讀長篇大論的資料來學習未來某個時間點可能會發生的事情。最好的狀況是你能得到那個當下、在所有的外在條件中，你最需要的資訊，並且附上明確的執行步驟讓你一一執行。這些洞見會幫助你區分哪些資訊相當關鍵，而哪些則可以忽略。

　　這就是了解規則和擁有策略最大的不同。

　　而我們需要學的，是**財務「策略」**。

　　你知道為什麼嗎？猜猜誰最早開始學財務策略 ── 有錢人。

　　那我們這些平凡人呢？嗯⋯⋯

▋ 這些東西學校不會教

　　你最後一次摺出畢氏定理是什麼時候？

　　寫五頁的論文呢？

　　玩躲避球呢？

　　大概都是很久很久以前了吧。

　　而且，這輩子你大概也不會再做幾次。

　　但，你最後一次買東西是什麼時候？

　　你最後一次付房租、煩惱日常開支預算、看著你的學貸餘額想：「搞什麼鬼，這些字到底是在供三小？後面怎麼還有這麼多個零啊？」

　　畢竟從來沒有人教我們如何平衡收支簿⋯⋯甚至沒有人教

過「平衡收支簿」是什麼意思。沒有人教我們怎麼報稅、沒有人教我們如何做預算、該如何存錢、怎麼聰明投資，我們甚至沒學過這些字眼到底代表什麼意思。個人財務根本是史上最巨大、看守最嚴謹的祕密——知道的人就知道，不知道的人則永遠不會知道。

這本書的每一位讀者大概都能告訴我粒線體是細胞的發電站，但很少人能夠自信地說明股票市場的定義和功能。

對我來說，這是我們教育系統的失敗。

好消息：現在學習還為時不晚

首先，現在開始真的**不算晚**。若你從沒學過財務術語，沒有比今天更好的日子了。希望至此大家都已充分了解這一點，畢竟你都已讀到這裡，第一章都快完了（朋友們別放棄，繼續跟緊）。你仍有充分的光陰能夠駕馭時間的力量來為你賺錢（我們很快會談到這個）。就算你身上有債務、淨值是負 50 萬美金，儘管你常常因為存款透支而被銀行罰錢，或者你從小就貧窮，又老是被霸凌羞辱，到了今天都還覺得自己內心深處，仍是當年那個穿著二手衣的蠢孩子——相信我，你都還有時間。

更好的消息：這不是你的錯

再來，你不懂得這些知識的理由很正當，因為這基本上不在你能控制的範圍內：學校沒有教啊（這一點在你聽進去之前，我會繼續說）。**但學校為什麼不教呢？**如果這些資訊如此重

要、能夠幫助孩子們在人生取得成功、財富、賺得盆滿缽滿，也都已經是公開透明的資訊、不是什麼產業祕辛，那為什麼我們的教育系統沒有將它列為優先教材呢？

因為勞動階層不懂基本理財觀念才會乖乖勞動。

聽著，我並不想要講什麼陰謀論，但我真心覺得，許多優良財務策略的基本原則還沒有「下放」（大笑）到我們中產老百姓身上，是因為有錢人想要我們繼續埋頭苦幹。這個社會總需要有人去做那些「不怎麼光鮮的工作」：送瓦斯、開卡車、在吧檯侍酒或當服務生、賺著幾乎不到基本薪資的錢。多數的人都不笨，如果我們知道要怎麼多賺一點錢、建立一點安全積蓄跟財務緩衝，我們**絕對會去做**。你想想，一旦擺脫月光的窘境，還會有人願意繼續當那些一個小時只賺 7.25 美金的廉價勞工嗎？還會有人願意做夜班、錯過小孩成長的 18 年嗎？

當然不會。人們都想要自己負擔能力範圍內最好的生活。

好久好久以前，人們甚至夢想成為藍領階級的專業技工——這是因為那時一份穩定的中產薪水，透過耐心與時間的累積，就足以打造財富。但現在早已不是這麼一回事了（本章稍後會談更多）。對當今的社會來說，我們的系統**需要藍領階級勞工永遠「無法」翻身、「無法」階級移動、「無法」辭掉爛工作**，以確保社會有穩定、持續、始終在飢餓邊緣、不挑工作的勞動力。我們只需要回顧不久前的新冠肺炎，就能體會兩者間的差別待遇：封城期間白領階級得以在家安全工作，而營造、餐飲、清潔等基礎產業勞工則被迫每天冒著風險上工。我們的社

會中，財務語彙必須艱澀難懂，只有這樣，這些藍領階級才不得不持續勞動、扛起我們所有人的重擔。

好了，講完我的陰謀論，接下來這第三點才是最重要的。

最好的消息：不懂不代表你就差

我的意思是，不知道規則、沒有策略，不表示你是個笨蛋。

嗯，是的，也許這句話就能勉強安慰你。畢竟我們誰不愛自己、尊重自己的價值，誰不珍惜自身所有的優點。

但與此同時，以下這些想法是否曾浮現在你腦海中，且不只一次？

• 我的金錢觀念真差。

• 我就是很不負責任。

• 我不夠自律、存不了錢。

• 我是慢性揮霍患者。

• 我是個購物狂。

• 我有亞馬遜高級會員病、看到 24 小時到府就會拚命買。

• 我已準備好負債到老死了哈哈哈沒救了。

這些念頭有哪些共同點呢？它們都讓你覺得「你」是問題。甚至不是你的選擇或失誤，而是你的人格。你的自我。

你這麼想我很難過，但這真的是大錯特錯。

首先，我們前面已經釐清過了：你從來沒有學過這些知識。

如果你沒有咬著金湯匙出生，沒有富爸媽、叔叔或爺爺奶奶教你財務策略、給你建議，那你當然不懂要怎麼做這些事情，就算隱約知道自己「應該」要存錢或者「應該」要有預算，你也無從開始。

再來，我們的媒體文化生態超愛強化這種人格謀殺式的金錢觀論述。我強烈懷疑在你腦海自行浮現那些負面念頭之前，早在電視、電影或網路等不同地方聽過類似的說法。

很不幸地，這些怪罪論述對於「非白種直男」特別不友善。你一定看過「拜金蠢女在購物」的迷因圖，或者連續劇裡對衣著花俏的男同志猛開不妥的玩笑、存在根本錯誤的「社福女王」和「搶本地人工作的外勞」等等刻板印象。這些論述一再強化了以下的訊息：你們這種人就是沒有能力理財，你們窮困的原因來自人格缺陷，你們改不了，這就是你們身分認同中不可或缺的一部分，滾到一邊去哭吧，窮鬼。

不，我不會讓你們到牆角哭的。今天你們在這裡，將跟我一起學習如何像有錢人般思考。你會了解規則底層的真相和內幕，幫助自己利用規則取得優勢。還會學到如何在不用更努力工作的情況下賺更多的錢，不須放棄所有你愛的事物，不必過得悲慘吝嗇，不用餘生只吃泡麵維生。

的確，你在學校裡沒有學過這些東西，也沒有富阿姨教你金融市場的來龍去脈，或者在生日送你股票債券。

這些都不重要。因為只要現在能開始，永遠不嫌晚。

而我向你保證，一定有用。

你必定能翻身致富。

請相信我。是的，我曾在漢普敦主題限定版大富翁遊戲中被人狠狠地修理了一頓。但之後呢？在我搞懂策略之後呢？我再也沒有輸過。

有錢人的八個想法

簡單來說，這些人就是跟一般人不同。因為有錢人總能大剌剌地違反其他人乖乖遵守的規則。

先分享一個血淋淋的例子。當我還在華爾街當菜鳥交易員的時候，曾看過某個男業務禮拜五穿著與前一天相同的衣服來上班。為什麼呢？因為前一天晚上他帶客戶到紐澤西的亞特蘭大城賭博。他們通宵玩撲克和二十一點、整晚沒睡，禮拜五再叫私人直升機帶他們回來。這位老兄穿著髒衣服，懶洋洋地溜進辦公室，手裡拎著（不開玩笑）裝著 3,500 美元現金的行李袋。他從中抽出一張百元美鈔遞給菜鳥助理，請他幫大家買早餐三明治，他老兄請客，只因為宿醉太嚴重了。

我呢，第一個反應是，歐耶～免費早餐耶。但我一邊啃著伸手牌三明治，一邊在腦中敲起計算機，發現招待客戶這一個晚上的賭城體驗，大概要燒掉 5,000 元美金 —— 這還不包含賭金喔，天知道還要加上多少。同時我也知道，公司規定招待客戶的報帳額度上限是每人每天 175 美金，所以天真的我腦裡只有一個結論……哇塞，大哥你該不會是自掏腰包吧？！

在我們平凡百姓的腦中，這一切完全不合理。當時我很確定，敢搞這一齣，他肯定準備好捲鋪蓋回家吃自己了，至少公司規定裡是這樣寫的。但沒有，這位老兄，整個下午在座位睡死的傢伙，當天就從客戶手裡拿到了一筆超級大單，爾後的兩週也天天有大單。他成了公司年度最高收入員工之一。他打破了我所知道的每一條優良員工守則，而且他的方法**很有用**。我眼睜睜地看著他花大錢、贏大錢，還得到公司獎勵。

然而，這不表示我們得淨空現金帳戶到亞特蘭大城下注。我要強調的是我這一手觀察：

> **❝**
> ### 有錢人的行動、思維、舉措，
> ### 跟我們平凡人被教育的模式完全不同。
> ### 他們有自己的一套方法。
> **❞**

讀到這裡，你想必很好奇，如果學校都沒教的話，那麼，他們究竟是從哪裡學到這些賺錢的武功祕笈？答案也許會讓你意外——<u>他們互相聊天</u>。

一般人的教育中，經常認為談錢既俗氣又沒禮貌、視它為一種禁忌；**有錢人則不避諱談薪水、談稅務策略、談買賣的價格心得**，而且這已是祖傳好幾代的生活方式。這就是他們最喜歡打破的小規則：你不能談但我能談。相信我，我已經在這個圈

子裡好幾年了：在富裕的世界中，錢是個超級受歡迎的話題。在瑪莎葡萄園島[3]上，處處能聽到人們在談現金流、報酬率。高爾夫球場上，男性們喝著啤酒、抽著雪茄輕鬆開球，嘴裡談的是他們的資產組合配置與房地產投資，就像一般人在談橄欖球賽比分一樣自然。

同樣地，看似遊行示眾的恥辱般、醉醺醺拎著一袋賭金進公司，也不表示你是差勁的員工，只要你能拿到大訂單。**只要談錢的人有錢，談錢一點都不粗魯。**

至於為什麼兩個年紀輕輕、口袋空空的女人談到沒錢的話題時，會讓人感到低俗難耐呢？

沒什麼道理。就只是因為在我們的社會，這種由有錢人主導的文化給她們貼上了低俗的標籤。

我們想變富有，就得效法富人的做法，而不是聽從他們的說法（僅止於「談錢」這方面喔，如果你想去紐澤西賭博請自己去囉，盈虧自負）。

我們來看看富人生活的八種關鍵特質，是不是真的與你所想的不同。

1. 有錢人特別懶

你沒有聽錯，有錢人最**不喜歡**勤奮工作。

（說真的，有人喜歡嗎？）

的確，他們嘴裡很強調勤奮的美德。但實際上他只是要你勤奮，特別是在你為他揮汗奔走、跑外送、顧小孩時。

那他們自己呢？他們只想輕鬆度日，也就是躺著賺。

「認真工作就能翻身致富」的觀念讓我超抓狂的原因，就在於有錢人根本不是用這種一般人的方法賺到錢的。

有錢人知道**其他人都是靠勞動在賺取財富**（好，我承認，有時候他們也會勞動，但相信我，他們絕對有意識且更有計畫，以最快速度降低勞動工時）。通常有錢人自己最懶了，只是他們懶得很聰明。

這裡的重點不只是他們不想勞動，而是他們知道自己**不可能**24 小時做個不停。

但他知道誰能 —— 錢能，24 小時全年無休。

既然他們知道金錢可以時時刻刻地為他工作賺錢，而血肉之軀做不到，有錢人只是單純理解並遵循邏輯上的這個結論：金錢是比人的勞力和心力來得更有效的賺錢工具。

2. 有錢人並不只是薪水比你高

我的下一個重點就在這裡，多數人以為有錢人就只是薪水比較高，這是個誤解，薪水最多只貢獻了一小部分。

億萬富翁並不是每兩週拿一張 8,500 萬美金的薪水支票、把它存到銀行才變成富翁的。沒錯，如果這位億萬富翁還在工作，他的確會有薪水或其他能夠帶回家的收入。這筆金額跟大部分勞動階級比起來可能滿高的沒錯（不過，你也可以想想 Meta 的執行長祖克柏，每年的年薪只有惡名昭彰的一塊美金，

---

3 美國麻省外海島嶼，為富豪置產度假勝地。

這樣的安排不外乎是為了節稅），但有錢人大部分的「錢」，其實都卡在資產裡頭（公司股票、債券、基金、房地產、藝術品等等）。

有錢人賺錢並**持有金錢**的方式與我們有根本上的不同。而這個差異的其中一點，就是他們的財富基本上是隱形的。

3. 有錢人不在乎你的目光

有錢人的財富，多數我們都**看不見**。

他們並非如你想像的，有著超大游泳池，裡頭裝滿金幣。他們的財富並不是藍寶堅尼跑車和名牌羅伯汀紅底鞋。他們的財富其實都很無聊，例如擺在某個銀行裡賺利息的現金。

因為你知道嗎？有錢人不需要你豔羨的目光。

在社會 IG 化的潮流下，好像畫面的奢華跟不上卡戴珊家族的實境節目[4]就稱不上有錢。我們很容易看著財富橫流的 IG 動態，而默默覺得：**喔，這就是所謂有錢的日常啊**。不是的，我敢跟你打賭，就只看平民百姓的圈子，你那些老上網炫耀海灘假期跟高級美甲的朋友，他們多數都跟你一樣一窮二白。

<u>有錢人不會只為了享受那點奢華而花錢買東西</u>。他們買東西，是因為那個東西能幫他賺更多錢。換句話說，他們多數的花費都在購置資產（會隨時間增值、產生回報），而非債務（得花錢維護且價值會隨時間遞減）。

我們用實作的案例來說明。與其買一臺落地瞬間就貶值三分之一、華而不實的藍寶堅尼跑車，有錢人會選擇把同樣的現金

零頭拿來買……一層兩戶公寓，一點也不性感、樸實無華，甚至有點破舊，可能還需要裝修。

喂，等等，你那麼有錢耶！你的內心可能如此大喊著：「你為什麼要在這麼差的地段買這種破爛的老公寓？你不是已經有房子了？」

別忘了，只要投資一點在修繕上，這公寓就不會這麼破爛了呀。而且，因為有錢人信用評分很高，還能用自己住的房子作抵押，他就可以向銀行貸到屋款。再來，把公寓租出去之後，就能用租金來還每個月的房貸。等房客幫他們把房貸付清以後，他們就等於百分之百持有這間公寓，從頭到尾沒有從口袋拿出一毛錢。

我還沒說完喔。有錢人還極有可能發現，他能把預計還貸款的錢拿去投資在股市債市（感謝房客，每個月繳租金幫忙還利息，所以他不用自己還）。錢在財務市場上每年大約有 8% 到 10% 的回報，而他們的房貸債務每年只會增加 2% 到 3%，且增幅還會隨還款時間漸漸減少。這兩者之間的利差，也就是借來的錢去投資所賺到的 8% 到 10% 回報，減掉債務的成長比率 2% 到 3%，這 6% 到 7% 的收入，都直接進了他的口袋。

這時候，那臺還好沒買的藍寶堅尼跑車，大概只剩下購買時的三到四成價值吧？車子還是很炫很拉風，但他花了車主好多錢。而這間公寓則在幫屋主賺錢——賺房租、賺房子本身的增值、賺貸款出來的額度在財務市場上的回報。這位有錢人現在

---

4 卡戴珊家族是紐約知名的名媛家族，他們在美國體育圈和娛樂圈享有極高的聲望和地位。隨著記錄卡戴珊一家日常的實境節目《與卡戴珊同行》（*Keeping Up with the Kardashians*）播出，卡戴珊一家的財富也隨之暴漲。

擁有地球上的一小塊土地、上面立著摸得到、看得到的建物，
幾乎永遠不會貶值。他所操作的一切都在檯面下進行，而你
「看」不到。

他一點也不在乎你的想法，更不會想炫耀、讓你羨慕，只要
能賺到租金、有人幫他付房貸，他就心滿意足了。

4. 有錢人心態寬裕

我們平凡百姓往往有著貧乏心態——總是感覺錢永遠不夠
多、覺得自己隨時都在破產災難邊緣，不得不錙銖必較，不然
錢會一去不回。這種心態有時候的確是成立的，如果你的銀行
戶頭只剩下十塊美金，那幻想寬裕生活也不會奇蹟般地增加你
的餘額。問題的癥結點在於，貧乏心態會讓財務狀況類似的普
羅大眾，陷入彼此之間超級無敵慘烈的競爭漩渦。

也就是說，金字塔底層的人們忙著狗咬狗、自相殘殺，而不
思考如何推翻金字塔頂端的族群。

不意外吧，**這種狀況對有錢人很有利**。

窮酸路人甲乙丙不會來找有錢人麻煩，因為他們忙著打敗彼
此。而其他有錢人，也不會來找他們麻煩。

有錢人是食物鏈頂端的一流掠食者，是生物界最高的物種，
他們對自己的地位超有自信與餘裕。

這就是我所謂有錢人的寬裕心態。因為他們知道明天的帳單
繳得出，所以從不擔心；他們不用錙銖必較，因為錢會滾錢，
錢的源頭還會繼續送錢來；他們可以**選擇花時間做想做的事**，

而不是得做什麼事才能存活。有錢人不把人生當成一場零和博弈、不會彼此自相殘殺、決鬥、搶資源。這種寬裕心態讓他們不急著與同樣社經地位的人競爭，也因為如此，他們的人生輕鬆多了。

5. 有錢人樂於互助

有錢人最愛幫有錢人。

我剛到華爾街工作的那陣子，目睹這種事情一再發生時，曾覺得不可思議。你聽聽，政府不是有規定，專業股票交易從業人員不得買賣自己負責的股票業種嗎？舉例來說，如果你負責科技股，那你就不能在個人的股票投資組合中搭配相關的科技股票，其他產業股也是一樣，禁止同類型的交易。但我觀察到超有趣的現象是：每到了休息或午餐時間，當大夥一起吃一碗要價 15 美金的高級沙拉時，每個人都在分享自己選股或投資的心法。完全免費！大放送給其他人！不只如此，這些股票明牌是法律規定交易員自己不能操作、看得到吃不到的，但沒人在意自己賺不到，他們仍然樂於分享這些個股買賣的祕訣，讓周遭的友人獲利。

這也不只限於股票明牌，有錢人喜歡在朋友之間扮演「我最棒棒」的角色：我的品味最好、我總是走在潮流尖端、先人一步。我在有錢人圈裡最常聽到的一句話就是「我買了這個，你也該買一組。」

我的稅務專家很靠譜——你該跟他們談談。

我找到很棒的雞尾酒吧——你得試試他們的馬丁尼。

我加入一個超棒的地方會所——我可以擔保你入會。

這是因為他們很清楚，不吝於分享好康，對方也會跟著推心置腹、知無不言。收了好處，別人就欠他一筆。沒有誰比有錢人更喜歡助朋友登上權力之位，也是同樣的道理。他們的思緒約略是這樣走的：好，這職位我大概是不具備資格了，但我朋友可以勝任，等他拿到這肥缺以後，可不是請頓飯就算了。只要他有權力，我隨時都能運用他人脈所及之處的所有資源，未來一定有用處。

沒錯，他們也真心希望看到身邊的朋友功成名就，但同時也在策略布局——**把目光放在長遠的未來。用合作思維，取代競爭心態**。

6. 有錢人眼光長遠

說到這個，有錢人不炒短線，總是長期持有。

有錢人知道美好的事物需要時間，他們願意等待。他們是延遲享受界的國王與皇后。也知道在忍耐短期輕微的被剝奪感之後，才能在長期的賽跑中獲利了結。

我不得不再次強調，理論上這一切都很合理。但我們都有過剛上好指甲油，卻立刻發現自己不得不去廁所的經驗，只能說聲「乾」、毀掉剛擦好的指甲，因為上廁所這事不能等。所以，是啊，理論上我們都知道耐心等待的好處。但實務上，搞砸長

期目標（美麗的居家光療美甲）來解決短期問題（坦白說，不要尿濕褲了）是稀鬆平常的事。

然而，對有錢人來說，他們**可以忍到天長地久**。

舉例來說，有錢人願意把錢存進退休帳戶。是的，他今年投資到 IRA 退休帳戶的錢，到 59.5 歲之前都不能碰（第五章將詳細介紹）。但他們明白錢不能碰、不能花，不等於錢憑空消失的道理。實際上完全相反，因為他用的是投資帳戶，有很大機率每年都會賺進相當比例的回報。所以他們等得越久，時間到的時候能拿回來的錢就越多。幾乎可以說他們根本享受等待，因為他們清楚知道，越有耐心、給錢越多時間滾錢，最後的回饋就越豐碩。

7. 有錢人喜歡送錢出去──再耐心等錢回來

至於那些我的辦公桌周圍、暢聊個人股票交易祕訣和選股心法的男同事們呢？他們才不會心疼剛剛花在午餐沙拉的 15 塊美金，他們滿腦子想的，是怎麼將自己偷存的幾十萬甚至百萬資金**送出去**。他們等不及想知道有什麼好機會，讓他的錢從自己的存款帳戶，轉到其他人的公司裡。

同事們聊天時總會有人提起「我表弟剛創業」，或者「我太太跟我正在找民間放貸，我們想投資一棟 12 戶的公寓大樓。」每個人的第一反應就是：「你需要錢嗎？你們需要人投資嗎？買入價格是多少？」

一開始我真的超困惑（特別當時我手中那碗藜麥沙拉的價

格還讓我驚魂未定），為什麼這些有錢的傢伙急著把錢給別人呢？哥，你該不會只是想燒錢吧？

現在我懂了，有錢人的心態不是要如何摳省、把每一毛錢都鎖死在存款帳戶裡，而是總想著怎麼讓金錢流動起來、持續成長，而不浪費任何一秒？

8. 上一代的有錢人致富不難

如我所提，時間是有錢人駕馭致富的工具。然而時間的概念中，仍有一個關鍵的面向我們還沒談到：你是何時開始賺錢？

在以前，致富還沒有這麼難。

也許不能說是每個人（別緊張，我們很快就會一一分析），但相信我，大多數有錢人皆為我們**上一代**是有原因的。我想你一定也有看過文章討論「千禧世代是史上首見，比上一代過得更慘的世代」等諸如此類的現象。這是真的。如果人生的挑戰是一場吉他英雄電玩遊戲，那麼，上一代人玩的是初階版，我們玩的是進階版，且只能用破舊的老電視玩。

這也是為什麼「有錢人」的心態跟我們 —— 千禧世代和 Z 世代，所處的現實總是無法對上。

人人都被灌輸了美國夢對吧？想當年，我們爸媽的年代（約略是嬰兒潮世代），只要拚了命、考上好大學、拿到學位，多

數人都能財務成功。他們的學貸金額很小，小到可以在學校餐廳打工就能償清。他們能找到好工作。只要夠勤奮當個好員工，他們還會得到加薪。除了有足夠的錢買菜做飯、成家立業之外，還有得存，再把存起來的錢拿去買房子。

正因為我們的爸媽買房後，房市只有一路向上，使得他們買房的錢翻了一倍回來。他們在職場上不斷晉升，直到終於退休時，他們手上掛著金錶、帳戶裡躺著優渥的退休金。

然後呢？他們開始對我們循循善誘。

這裡最大的問題就是倖存者偏差。能對我們講這些成功故事的人，都是當年就已被上天眷顧的族群，但我們的人口之中也有很大一部分，從一開始就被排除在美國夢的射程之外：不得擁有房地產的黑人、沒有丈夫同意不得申請信用貸款的婦女、在求職路上被差別待遇的同志族群（很不幸，後者可能現在還在發生）。

另一個問題是，這些老富人講得沒錯，他們的方法對他們顯然有用。**但他們無法認清他們的方法只在當年有用**，已是過去式。他們不必在現今的就業市場競爭，他們不必在「現在的經濟環境」中白手起家。這些時空變化深刻地影響著這一代正在奮力打造財富的年輕人，限制了我們能夠享有的機會。

美國的現況以財務面來說，就是一團爛攤子。像是房屋市場、學生貸款、服務業、國際供應鏈等諸多龐大的經濟系統已經完全失控，當代史上沒有先例，扯得比冰原歷險記還扯。

所以，如果你曾覺得自己怎麼一手爛牌，容我直言：這不是

錯覺，你的牌真的爛爆了。

接下來，我會深入說明為什麼現在的狀況與當年如此不同（比當年惡劣多了）、為什麼「老祖宗的智慧」已經沒屁用。一旦你了解我們的處境，以及國家到底是如何墮落至此，你就能明白為什麼傳統的金玉良言早已不再適用。我希望你開始聰明而有根據地做有錢人般的選擇。

坊間的金錢建議都別聽
（原因如下）

這本書至此討論的有錢人的想法，對你是否像一記警鐘？如果是的話，接下來的內容你可能會比較熟悉。這些理財祕訣，我們經常在網路上看到、在書裡讀過、模糊地不知從何學來，或曾經是哪位「理財大師」或爸媽的諄諄教誨。

然而，這些理財祕訣該退場了——這些觀念讓我們持續窮忙、無法翻身。

換一個更賺錢的工作

是吧，說比做容易多了。

對一個在阿帕拉契山脈藍領家庭出生、畢業後自己搬到中型城市，在辦公用品批發公司工作的人來說，他要如何找到去Google工作的途徑？講真的，不用想也知道——他不認識任何會電腦程式語言的人、他所居住的地方沒有任何相關實習機

會，而且家裡的狀況可能根本不容許他免費打工。就算拿到了相關學位或訓練證書，他要怎麼把履歷送進真的會被看見的地方？他要如何跟老闆請假去參與面試？就算真的拿到工作，他們會想要將自己的人生連根拔起、搬到美國另一端，只為了多一點的薪水？

當然不會。Google 會從既有的內部介紹網路裡、幾千兆個在矽谷或紐約市彼此認識的人脈系統中，挑到人選。這位辦公用品業務員，也不見得願意放棄老家的親友和辦公室裡可愛的總機小姐，只為了多賺一些。

工作不只是薪水。工作有文化性、有地方性，工作能塑造我們的身分認同。所以那種換「好一點的工作」、「職涯轉換」就能翻轉貧窮的概念跟現實完完全全脫節。

住便宜一點的地方！不然找幾個室友啊！

首先，哪裡有所謂便宜一點的地方？相信我，還有跟我一樣千千萬萬個千禧世代的找屋狂，便宜一點的地方並不存在。

真實世界中，購屋成本已經從上世紀翻了一倍；更精確來說，從 1965 年以來漲了 118 %。這數字已按照通膨調整且不考慮新冠肺炎後的購屋潮[5]。就算你只租房也難逃一劫：房東的成本越高，你的租金自然也越高……我還已經假設你的財務狀況穩定、過得了信用檢查、有工作和薪資單，而且幸運沒遇到黑心房仲耍你。

---

5 編注：根據信義房屋不動產企研室指出，臺灣從2003年到2023年之間的房價漲幅高達291%。

但在這一點上，更關鍵的是，住房不像是健身房會員或 APP 訂閱一樣，是隨時可以取消的支出項目。其一，買房對於中產階級來說，一直都是建立財富的基礎，房產是他們一生中價值最高的投資，是他們賴以維持穩定生活的退休保障。買不起房子？就是魯蛇囉。**老人在那邊說「住便宜一點的地方」**，不但連短期的解決方案都稱不上，更會將我們推往反方向，離打造財富的基礎越來越遠。

另一方面，房子（或公寓）是絕對必要的物理結構，能為你和家人遮風擋雨、圖個安全與溫暖。改變居住的地方或者同住的人，絕對得付出情緒和實際上的代價。很多時候，我們就是不願、也不應該出此下策（我都還沒講到找房子、跟房東談條件、搬家、祈禱室友不要太機車等各種不便）。事實上，花錢住好一點的地方是值得的。

在此分享一個血淋淋的案例。我在華爾街的交易時段工作時，必須早晨 5:30 在座位上就緒，工時直到晚上 18:30 結束，之後，我還得參與客戶公司的晚間活動。通常晚上 22:00 或 23:00 到家，洗洗睡，隔天重來。

我的運氣還不錯，通勤路上的地鐵旅程還算勉強可以接受。但租約一到期、我的租金負擔能力也隨之提升後，我立刻換到一個可以走路上下班、租金比較貴的地方。

為什麼？因為我他媽的累壞了。而且我知道我不可能永遠這樣，靠腎上腺素撐下去。

如果當時選擇待在原本的公寓，通勤和長工時終究會將我壓

垮，我的體力跟心力都會比同齡人更快消磨殆盡，最後等到能量燃到一滴不剩後，我將再也無法從事這份工作。沒錯，我省了租金，但代價實在是太龐大了。

當時，我身旁的分析師住在比我近的地方，通勤時間比較短，睡得更飽、到公司的時間也更早，看起來比我更認真工作。簡單來說，他會被視為比較好的員工，不為什麼，就只因為他有更多錢付房租。

跟他比較，另一個貧戶出身、必須送錢回老家的同事，就只能將滿腹委屈往肚裡吞。因為老家需要他的金援，他不能把錢都花在租房上。他只有兩種選擇：多犧牲 45 分鐘的睡眠（我們的工時長，原本就睡不夠了）或者稍微晚一點到，並因此被老闆當成不夠認真的員工。

（最後，是誰說我們沒有室友的？十個年輕人中大概只有一人能自己住一戶，其他人都跟室友、男女朋友、妻小或甚至父母擠在同一個屋簷下，你沒聽錯，美國 18 到 34 歲之間的成年人有三分之一都還跟父母一起住在老家。）

少買點拿鐵和酪梨吐司就好了!?

酪梨吐司：$18
酪梨吐司 x 每周 2 次 x 每年 52 週：$1,872

每日拿鐵：$5
拿鐵 x 一年 365 天：$1,825

2023 年美國住宅區房價中位數：$363,000
2023 年人均學生貸款債務餘額：$28,950
2023 年二手車平均價格：$26,510

簡答：親愛的，這真的不是酪梨吐司的錯！

詳答：多數理財專家會希望你這麼想。但事實上，短期的小額生活開銷並不會造就或摧毀你的財務現況，也不會阻擋你達到目標。首先，看著上頁的數字你可能心想：「算了吧，那些東西我大概永遠買不起、付不清，還不如久久請自己吃一頓美味的早午餐。」這個反應不錯喔！（不過，接下來我也會教你，這些好像天文數字般的項目，其實在**你可以努力的範圍**、不用感到絕望……但這話題我們晚點再說。）

但更重要的是，我們這些小至咖啡、大至房貸，以及介於這兩個數字之間的所有日常開支，會讓人覺得如此遙不可及、總是比我們印象中還貴，都是因為通貨膨脹，或簡稱**通膨**。

我想你一定聽過通膨這個「約略概念」，但如果你無法立刻言簡意賅地說明，也不必想破頭。通膨這股擋不住的黑暗勢力其基本概念並不難懂，指的是價格隨時間逐漸增加，實務上，這表示每次買東西或使用服務，都有可能比前一次來得貴。

在你人生中想必已經見證過通膨的力量。回想這些年來你看過的電影：第一次買票去看羅伯‧派汀森時，他在《暮光之城》中扮演帥到不行的吸血鬼（我不會笑你），這跟 14 年後，你再次為了羅伯‧派汀森上戲院，欣賞他在《蝙蝠俠》中修理壞蛋的英姿，價錢肯定不同，對吧？

一般來說，通膨程度可以在宏觀的層次量化（求得總體經濟中，所有不同產業的物價增長幅度均值——也就是電影票、瓦斯、雜貨、工業用品等諸如此類）。當所有東西都在漲價，單

位金錢能買到的產品和服務就會減少，因此，金錢的購買力就降低了。這不難理解。

問題是出在通膨失控時，也就是東西漲價的幅度遠高於平均薪資的成長。經濟學家大多認為 2% 是「健康」合理的通膨率，表示經濟穩定成長中（負通膨，又稱為**通貨緊縮**或**通縮**，那是另一場惡夢）。通膨率超過 2% 就該豎起警戒，這樣你就懂最近的通膨可說燒得如火如荼[6]。新冠肺炎的後遺症還沒全消退，數不清的公司、銀行、製造廠仍深受其害：持續偶發的供應鏈問題、勞力市場的動盪，包含大規模裁員、有人被迫提早退休、有人不得不二度就業等等。這一切累加起來的不確定性，都是我們眼前通膨的禍根，顯然東西真的越來越貴了。

放寬心吧！錢買不到幸福！

呃，錯。大錯特錯。這錯得比你想像更離譜。

一份頗知名的 2010 年研究你可能聽過，它的主題是探討金錢和快樂的關聯。簡單來說，該研究顯示人們的幸福與收入呈絕對正比 —— 年薪 75,000 美金以內都是如此（將通膨計入的話，約略是現在的 90,000 美金），在此年薪以上，收入更高也不會更快樂。

很多人愛撂出這份研究，因為它左右逢源、誰也不得罪。基本上它的意思就是：**錢的確能買到快樂**。因為錢能提供基本生活所需和穩定感，但同時，研究也顯示，億萬富翁不見得比我

---

6 編注：據行政院主計總處統計，臺灣2023年全年消費者物價指數（CPI）年增率為2.5%，創下近15年次高，僅次於2022年的2.95%，整體物價連續2年超過2%通膨警戒線。

們老百姓來得快樂。

很抱歉，我又要潑你冷水。新的研究才剛出爐呢。

一份 2021 年的研究，其標題為〈幸福感隨收入增加：年收超過 75,000 美元也是〉，內容表示 75,000 美元這個數字根本鬼扯（沒錯，通膨調整後也一樣）。研究發現，過了這個門檻，幸福感還是會繼續隨收入增加。「我們找不到證據顯示，人們感受到的快樂度和自我評估的幸福感會在某個收入門檻產生分歧。這說明，收入越高的人，日常的感受以及總體生活的滿意度都會越高。」

快、繼續說。我們再深入一點。「放寬心吧」這種建議不只早已被證明沒屁用，還完全忽略了生活現實。我們長大成人的這幾十年間，就已經目睹好多次看似罕見、一生一次撼動市場的大災難。在還沒進入職場、自食其力之前，這個世界已經上下翻轉了好幾回。即使是當年乳臭未乾，手中沒有股票投資組合的我們，也能感受到 911 事件、伊拉克戰爭、2008 年次貸危機、英國脫歐、新冠肺炎、2021 年國會山莊暴動事件、加密貨幣圈知名公司 FTX 倒閉醜聞，以及 2023 年各地國家級、地方級銀行的倒閉潮，直接衝擊著我們的生活，誰也不能倖免。事實上，正因為這些事件發生時我們還小，它們深深地烙印在我們柔軟脆弱的孩童時期、青少年時期或者 20 幾歲的腦袋裡，形成我們認知中的世界真相——**這個世界變幻莫測、令人恐懼、所有渺小的幸福都可能轉瞬即逝。**

是啊，「放寬心吧」曾經是個好建議。嬰兒潮世代（也包含

某些年紀較長的 X 世代）在他們賺錢的黃金年華，財務市場大多是牛市（你可以想像股票線一直往右上角走）。景氣大好的當年，只要你有參與股市、買了多樣化的投資組合，你就可以順利榮登人生勝利組。但 90 年代後出生的我們，則活過了漫長的集體創傷——不管是在經濟面還是其他方面。其他人教我們的「市場運作模式」，跟腳下的現實生活、眼前的市場運作模式完全對不上。盡量罵我們草莓族、玻璃心世代還是躺平族，不管什麼標籤都無法改變我們眼前真實的惡夢。

我想對你說，覺得有點害怕或遲疑，都是很正常的。想要有錢也是正常的。

別再當佛系青年！

啊啊啊啊啊。我恨死這個建議。

可能我的社群動態出了什麼問題，我感覺自己老是滑到許多名人和網紅在講「貧窮是一種選擇」。會這麼說的人，根本腦子有洞。

我隨便舉個例子，醫療破產在上一個世代是不存在的概念，而現在，醫療破產卻在美國破產原因中名列第一。

不用我說你也知道，我們完全搞砸了，但我還是要說：我們美國人真的搞砸了。到底誰能「自己選擇」要不要付恨天高的醫院帳單？沒有人會選擇罹患腎結石或癲癇，這跟某些人選擇在美妝店刷卡刷到一屁股卡債完全不同。這些病患財務破產、可能身體也還沒痊癒，還得被網紅、酸民嘴他們的「選擇」。

另一方面，貧窮的生活其實更貴。買一些用不久的爛貨來勉強滿足當下的需求，長期來說其實花得更多。而你別無他法。

舉個例子，我還在小摩根工作的時候，公司的服儀規定上班要穿絲襪。我的薪水扣掉房租、三餐跟其他生活必需品之後，只買得起平價藥妝店一雙 6.99 美金的紙盒裝絲襪。我跟你說，那種絲襪真的不行。大概穿兩三次就掛了，要麼勾破、要麼在胯下出現莫名的洞、要麼不知何處冒出神祕的脫線。我不得已，只能一買再買。半年過去後，我一共穿壞了 13 雙，也就是說，我花了 91 塊美金，每天穿爛貨。

而第五大道的百貨公司知名絲襪專賣店的高級裸膚絲襪，一雙要價 60 美金，但只要我好好珍惜，絕對能穿上六個月、甚至更久。唯一的問題是，我永遠不會有這麼多閒錢。60 美金是我一整個月的治裝預算，除了絲襪，還得有「合身窄裙」、「鞋底還沒磨爛的皮鞋」等等。我沒有選擇，只能一直買一雙 6.99 美元的爛絲襪，因為我只有 6.99 美金可以支用。長期來說，我在絲襪上花的錢完全不划算。但這不是我「選擇不當」，而是**沒有足夠的現金流**支持我遵循自己明智的判斷（你可能也讀過泰瑞·普萊契的奇幻文學作品《碟形宇宙》系列[7]，記得其中樊恩警官發表他對昂貴靴子和便宜靴子的觀察比較。我的切身體驗基本上和他的心得一樣，只是我買的是絲襪）。

月光族們並非不願意改變月月存款歸零的貧窮窘況，他們很想。他們也希望做明智的選擇。問題是其他因素都在幫倒忙：疲累、疾病、沒時間、缺乏資源，更缺乏典範。在考量緊急性、

時間點、便利性、選擇有限的狀況下，我們經常不得不採取長期來說支出更高的權宜之計（我都還沒講到零售店的暴利小額購物貸款和信用卡利息，還有現在的手機、筆電等高單價電子產品，根本是設計好五年一到就掛掉）。

結論：**貧窮不是我們的選擇**。打破月光的循環並不容易。（但有我，你的有錢富朋友，我會助你達到脫貧的目標！）

種族、性別、多元文化都該認真看待

我不希望第一章最終停在「對呀，現在真的是比以前困難多了。」這麼令人洩氣的結尾。

對有些人來說，以前到現在都一樣艱難。他們的金錢創傷是系統性的世代相傳。許多族群如女人、非白種人、LGBTQ+，從一開始，就不曾得到打造財富的平等機會。

說真的，大多數人想到有錢人的時候，腦海浮現的畫面都是白人男性，不管是想到股神巴菲特還是創業家馬斯克。

但這不是因為白人男性天生比他人懂理財。實際上，他們就是終極基礎班玩家 —— 他們的遊戲難度比我們低多了。

我不是在炒政治正確或類似的華麗術語。只是陳述事實。

讓我們來上一堂歷史課吧。

---

7 英國作家泰瑞・普萊契（Terry Pratchett）的奇幻小說名作《碟形世界》（*Discworld*）系列，共出版41集。

美國廢除奴隸制度，原意是在法律層次保護所有人的自由和平等，但實際上的結果只是刺激（白人）（男性）既得利益者發明全新的歧視方法。解放黑奴至今已經八個世代過去，非裔美國家庭的平均資產仍只有白人家庭的13%。當年，非裔的退伍軍人不能享有《美國軍人權利法案》的福利，例如免費的大學教育。非裔家庭在買房時會面臨種族歧視、不得不接受更嚴苛的條件和規則。諸如此類的種種原因，導致他們與戰後的經濟景氣復甦幾乎沾不上邊。

這些不利的條件就像負利率一般，隨時間越滾越差，一代又一代，讓非裔人種無法翻身。時至今日，美國非裔女性的平均薪水仍比白種男性少36%、比白種女性少12%。跟白種男性比起來，他們加入勞動市場的機率也低10%。而那些有幸成為有殼族的非裔人口，則在賣房子的時候遭受懲罰，平均售價特別低，就只是因為有非裔人種住過！（我沒跟你開玩笑：在加州，就曾有非裔家庭把房子裡的照片全換成白人朋友的家庭照片，房子估價立刻往上飆了50萬美金。**一模一樣的房子。**）

非裔美國人不是唯一在追尋世代財富之路上找不到立足點的族群。儘管我很樂見電影《瘋狂亞洲富豪》在大銀幕上引發的轟動，但希望大家不要被金碧輝煌的畫面誤導，低估亞裔族群所面對的挑戰（更別說我們走在路上都得小心被仇恨攻擊）。

在美國人種中，亞洲人為收入排名最高的種族，但這絕不是所有亞洲人的現況。亞裔美國人並不是單一的族群，我們來自不同國家、語言、文化，還有收入等級。更準確地說，亞裔美國人其實是貧富差距最大的族群：2016年，收入在前10%的

亞裔美國人，賺得比末 10% 的人多十倍。這一部分的原因在於美國的移民政策，特別是 H 1B 簽證，讓美國雇主雇用外籍、高薪的專業人才，如：醫師、電腦科學家、工程師等等，許多高知識、高收入的亞洲人因而在戰後移民到美國。

美國的拉丁裔族群人口在 20 世紀也大量成長，但他們的銀行存款沒有。種族主義者散播恐懼、打擊工會，以及壓榨拉丁裔的移民政策聯手不斷剝削拉丁裔人口。20 世紀初期，拉丁裔的農場工人是促進勞動組織文化的關鍵推手，他們為了公平的工作條件和報酬而策動罷工……卻遭到民兵的輾壓。1942 年，移工計畫（Bracero Program）讓墨西哥裔的勞工能在美國從事短期工作……卻從他們的薪水強制預扣 10%、基本上拿不回來的「存款」，同時積極地阻擋他們與老家親友聯繫。

直到現在，拉丁裔美國人平均收入仍只有白種人的 73%，他們所有人合計起來，薪水總共少拿了 2,880 億美金（沒錯，是億，不是萬）。過去 20 年來，拉丁裔美國人的資產以平均每年 7% 的速度在成長，這個成長幅度是白種美國人資產的近兩倍，然而，儘管在成長率上佔有絕對優勢，2019 年的統計仍顯示，拉丁裔家庭的資產中位數卻只有白人家庭的五分之一（分別是 36,000 美元與 188,200 美元）。不僅如此，拉丁裔的創業數量仍比美國任何其他種族都來得多（而且是白種人的整整兩倍）……他們的創業貸款卻鮮少被核定，儘管拉丁裔與白人創業人士的平均信用評級並無多少差異。

這些慘況不單單是種族歧視而已。同性戀者也處於歷史劣

勢。在同性結婚合法化之前，同性伴侶在法律上沒有繼承彼此遺產的途徑，也不能享受婚姻關係帶來的稅務福利，或申請伴侶相關的醫療保險給付。即使是現在，很多地方雇主還是能以性別認同為由，解聘或者拒絕雇用同性戀及跨性別員工（拜宗教例外[8]等暗黑條款之賜）。拒絕核發 LGBTQ+ 房貸的業務行為，則是一直到了 2020 年才被法律明文禁止。

我們也別忘了，老派的性別歧視在今天仍舊活得好好的。首先，當個女人不容易、真花錢。刮刀啦肥皂啦都有「粉紅稅」，該死的社會期待我們每天都要化全妝（沒有化妝會被視為能力不足）。社會安全網的不足，讓女性單方面承擔著生兒育女對職涯與人生總收入的影響 —— 真的好累。

再來，**女性特別容易陷入金錢上的困境**。相信我，我收過太多太多私訊，有女性網友告訴我，她們發現丈夫外遇後，對方竟然將夫妻共同帳號鎖住不讓她存取。也有些女性在伴侶意外過世後，不知道要怎麼處理金錢的問題，因為一直以來都是對方在「管帳、付款」。還有女性朋友明明看清了現在的同居人只會毒害自己的人生，卻沒有經濟能力搬離對方的住處。

為了顛覆這所有不堪的一切、為了社會形形色色的劣勢族群，我們要設法變有錢。

這就是為什麼我們每個人都需要一位有錢富朋友。

───────

8 有宗教教士建議應在條例草案明訂例外規定，容許某些組織只雇用某一種族或人種的人士擔任與該宗教有關的工作。

02. 你的價值你知道

—收入與職涯—

通常在這個章節，市面上大多數的商業理財書籍就會進入預算的主題。

內容會討論你該如何計算開銷、追蹤花費，以及訂定存款目標。也許你會開始拉一些可愛的試算表單，或者在你的原子筆記中畫下夢幻的圖表、並貼上許多加油打氣的貼紙。

這些都很讚又好棒棒，以結論來說。

這是因為絕大部分的商業理財書籍的順序都反了。他們並沒有用有錢人的觀點看待錢，通常還過度專注在「勤儉節約能讓你省多少」，卻不先探討威力更大的等式彼端：**開源能讓你賺多少**。

等等，還別急著下結論，有錢人也是會做預算的（我們後頭會談）。但他們更清楚財務的核心真相，在製作任何試算表之前，你得先認清這個真相、在腦海刻下這一句話。

這則箴言是我一生所收到的所有財務建議之中，最棒、最瘋狂也最靠譜的建議。我現在要將它傳授給你。

準備好了嗎？來囉 —— 你存的不可能比賺的多。

乍聽之下是一句廢話，我知道。但你仔細想想，扣掉那些基

本的開銷像是房租、白米與罐頭食品，你能存的也就是那麼多而已。就算你找到零花費的生活方式、把所有的開銷都歸零，永遠不買任、何、東、西，連生活必需品也不買，你存下來的錢，也不可能超過薪資單上的金額。就是不可能，對吧？除非你老闆叫會計搞黑帳，不然你怎麼也不可能存到自己收入的110%。

好，這則警世箴言還有下一句，完整句子是這麼說的：

> " 你存的不可能比賺的多⋯⋯
>
> 但你可以選擇賺更多。 "

有錢人將這句話謹記在心。他們不怕要求加薪、跳槽到更賺錢的公司、買房租人，更拚命投資。他們不會用摳摳省省的方式來彌補資金短缺的狀況，為什麼？因為他們很清楚，多賺一點錢才是正確的第一步⋯⋯因為**錢會滾錢**。賺更多錢能讓你有多餘的錢拿來投資，有閒錢投資時，你就能駕馭時間的力量、讓錢滋長，這可是比戒掉星巴克，或者到 50 歲還繼續跟六個室友擠一間公寓要來得有效多了（還有，有錢人知道，比起打著存款之名刪減花費、砍到見骨，多賺點錢來滿足自己真正想要的生活方式還比較簡單）。

本質上，有錢人知道光靠規劃預算沒辦法拉你逃出開銷的無底洞。縮減預算更無法讓人擺脫貧窮。

這就是我堅持從這裡談起的原因：從你的職涯開始，從你賺錢的能力開始。在我跟你討論其他策略之前，我們先幫你找到多賺點現金的途徑。

我無法告訴你怎麼讓老闆更愛你，或者如何潤飾你的履歷、怎麼在面試中脫穎而出。但我會告訴你如何得到應得的**報酬**。

因為我們沒有義務免費工作。

你的有錢富朋友的職涯大冒險
（我如何去到發揮價值所在，你也可以）

我不是一出社會就當上抖音網紅，不是數位行銷業務，也並非華爾街的佼佼者。

其實我早在大一過完的暑假，就得到了人生第一份有薪職務，進了芝加哥某間「行銷公司」當實習生。

在此我用了引號，是因為那間公司不能說是真的行銷公司，它是幫夜店宣傳的公司。這間公司對於雇用我這個19歲的半成年屁孩毫無愧疚，都還未達合法進入夜店的年齡，他們卻叫我負責這種找人上夜店的工作。

你大概覺得這麼黑心的公司，薪水可能也一樣黑吧。當年的我也不期待能賺得了多少錢，表面上的薪酬結構的確也是相當微薄：每找一個人上夜店，小惟惟就能抽成5美金。

不過，暑假期間很多大學生都在芝加哥閒晃，一邊參與學校

的暑修課程或者在哪裡實習。每到週末，這群窮學生都很無聊，而他們之中有很多人已滿 21 歲……或者有辦法出示證件顯示他們 21 歲，不管實際上是幾歲。暑假還在學校的人我幾乎都認識，也很快就鎖定了我的目標客群。我只需要對這些芝加哥大學的學生朋友提起，這禮拜哪裡哪裡的酒吧有免費飲料的優惠喔，他們就衝了。

隨著暑假一週週過去，我手上也掌握了一票死忠團員。每個禮拜五和禮拜六晚上，他們對我的建議言聽計從，這間酒吧的第一杯烈酒免費、那間酒吧的歡樂啤酒桶半價，我這個半成年人賺了他們每個人頭 5 美金之後，就整晚站在店外幫入店客人綁手環。

很快地，我就確定自己這輩子大概不會選擇當夜店宣傳了。但這個工作的薪酬架構我還滿喜歡的，做多少賺多少。佣金制度對很多人來說很恐怖，但我不怕，因為在我身上再適合不過：每個禮拜五能進帳 250 美金、禮拜六再賺 250 美金。

你想，500 美金對於一個大學生來說是多大的一筆錢，雖然我也絕對不會捨不得花。我在邊賺邊花的同時，一邊想，比起放棄想要的事物，我更喜歡努力賺錢來取得它。因為我的酬勞是佣金制，可以直接算出來我得多做多少工、找多少人，這週才能多賺 5、10 或 15 美金。然後，我就會花幾分鐘拚命傳簡訊，多鼓吹兩、三個人這週末跟大夥一起上夜店。我寧願這樣，也不想每次買優格都得斤斤計較、只能買最便宜的牌子來省錢。對我來說，努力工作更輕鬆又有尊嚴。

這個打工故事的教訓就是我一開始說的（到我臨終前，我都會不厭其煩地一再複述）：你存的不可能比賺的多，但你可以選擇賺更多。

不過，不是每個工作都像「半成年夜店宣傳」這麼簡單（或者這麼無法無天）。有時候**努力工作也無法讓你賺更多**。首先，就業市場上最辛苦的工作往往薪水低到可笑（別回頭，我就是說你，我們社會的基礎勞工），這些工作餵養、教育、照護人群，薪酬卻低到不可思議。同時，大公司的顧問律師講十分鐘的電話就能開單請款 350 美金，而且多數時候都在講高爾夫球賽比分。

其二，在職涯發展的路上，你的工作環境與你的勤奮努力一樣重要，前者甚至更加重要。儘管我們都希望傑出的工作表現能夠直接轉換為薪水、職等和其他非金錢的福利，但現實往往並非如此，而是取決於你公司的政治文化。要在職涯中硬起來、確保自己能取得財務勝利，你得要掌握現任公司內部與外部的人脈網路——女性、非白人或 LGBTQ+ 等邊緣化族群更是如此。

有錢人很懂。**他們了解自己的價值，而且不僅止於此。他們能分辨自己的價值是被忽略，還是被重視**。他們可以辨別所處的環境是否注定失敗，能判斷現在的角色、產業等外在條件是否適合自己發展、成長、賺大錢。所以，等到我出社會找第一份「真正的工作」時，我知道我得去一個能實現自我價值的地方：華爾街，我來啦。

剛進小摩根時，我像其他的菜鳥交易員一樣，座位在兩個資深交易員之間，他們就是我的主管。我的右手邊就是那位最終成為我精神導師的亞裔女性。她很清楚我身為年輕女性在這個職場必須面對的文化適應問題，她毫不拐彎抹角地直接告訴我：「這就是華爾街的現實。」她負責工業與原物料相關股，交易風格慓悍、技巧扎實。

坐左手邊的是我的二號經理，40 幾歲的白人男性，負責能源股。跟我的導師比起來，這位經理與我沒有什麼共同點，但他也待我不差，我不確定這跟他有兩個小女兒有沒有關係。

那麼，他和我的導師有什麼共同點呢？他們兩人都對我嚴格得要命。

犯錯時，我一定會被數落。如果我有什麼該做而沒有做到的，絕對會有人對我大吼。但這些批評都是針對我的工作內容，像是「惟安，你的 XYZ 怎麼沒有做完。你得要加把勁。」並不是針對我的人身攻擊。

被罵當然不好受，但我可以處理、消化這種客觀批評。也可以接受菜逼巴的我，在上工的第 37 天左右時，還不能做得很好。他們的意見都很公平，且公司裡大家都知道菜鳥被罵很正常 —— 就連全公司最聰明的傢伙，都常常揶揄自己當年 20 幾歲的時候，曾經因為搞砸大單而直接被主管請回家。

這就是我的重點：人，是我當初想加入小摩根的原因。這兩位主管對我很嚴厲，但他們對每個人都一樣嚴厲。他們投資自己的時間，來幫助我們做得更好。就連那個受大家景仰與信

賴的聰明同事，在菜鳥時期也經常犯錯，但他還是有晉升的機會，因為主管們會挺他。這也是為什麼，就算這兩位主管每天把我電到飛起來，內心深處我依然知道，**關鍵的時刻他們仍會挺我，他們會在上級的辦公室拍桌子為我爭取合理的待遇、升遷與加薪的機會。**

不幸地，有天我們這一組的大主管忽然被解聘。公司請來取代他的新主管，剛上任就裁掉了很多當年幫助我在這份工作取得立足點的人。

這一波裁員之後，某天這位新主管把我拉到一邊問：「我聽說你涉足交易這一塊之前，曾經在銀行實習過，對嗎？其他人都對妳的 Excel 技能讚不絕口。」

作為菜鳥交易員，我當然想要討好我們交易桌的所有人。所以我對他說「對呀，沒問題，有什麼需要幫忙的盡量找我」。接下來的每一天，我都在幫大家寫 Excel 公式、解決各種工作難題。說真的，這些事情對我來說不費吹灰之力，我確實也收到同事們源源不絕的感謝。

接著事情傳了開來，最後，全辦公室的人都知道，想要好用的試算表就找小惟。我的大老闆當然也聽說了，他很快又來找我，基本上，他的問題就是：你能不能離開你現在的兩個主管，來幫我的兄弟工作？

我很清楚，他不是真的在問我。他的這位兄弟，是他精挑細選要來當他左右手的人。我內心的獨白如下：**我不想被請回家、不想要搞砸奮鬥至今的所有成果。好的沒問題，我會去幫**

你的兄弟工作。我知道這條路並不理想，但如果我在現職的價值能受大家重視，也許下一個職位算是晉升。

於是，我立刻被調到新的職位，然後從天堂掉到地獄，從明星小神童（當然做錯事還是會被吼的小神童）一夕間變為垃圾。在新老闆的手下，我做什麼都不對。就連我做得極好的時候，他的態度也是一臉勉強地說「還行吧」，或者乾脆⋯⋯一言不發。我的功能越縮越小，漸漸地，每天只剩下做表格的工作，而且這個人還會拿著我的作品，當成自己的去發表。我在會議中眼睜睜地看著他大言不慚地說明試算表的設計，講得好像他多會用 Excel，這都是我花費無數小時的血汗工作成果，而他只是越過我的肩膀偷瞄罷了。

喔，我還沒講到最恐怖的。這個人會對我講一些好可怕的話——真的很可怕。「妳太女生了，這缺妳做不來，找真的不知道妳怎麼能在這裡工作。」壓死駱駝的最後一根稻草是，有天我穿著長版毛衣來上班，這個人（沒在開玩笑喔）他媽的對我鞠躬，然後問我穿的是不是某種和服之類的傳統服飾。

那一刻我清楚意識到，這裡已經不再適合我。

不只是因為他天天精神虐待我。對，他根本是個種族歧視、性別歧視的沙文豬。對，他根本什麼屁都不會，都靠我的工作成果在罩他。但對我來說最關鍵的是，我知道他永遠不會挺我、不會在上級的辦公室拍桌為我爭取：「你得調整這位同事的待遇。我們不能失去她。她很有才華。她是很棒的員工。」這時我恍然大悟，不管我多麼認真工作、多麼有才華，或者績

效有多高都不重要，**如果我的主管不會為我爭取，那我在這間公司的職涯發展等同到了盡頭**。的確，在這間公司曾經有人會挺我，像我的導師和二號經理，但他們對我的前途發展已經不具影響。實際上他們最終也都決定離開公司，像我一樣。

我離開的原因，是我決定不要把時間、才華和精力浪費在這個封閉的環境，這裡的權力核心永遠不會為我這樣的人開門，不管做得多好都不會。我離開，是因為我的價值沒有受到應得的重視。我想要、也值得**會回饋我的努力與才華的職場**。

很幸運地，我很快就找到了這樣的環境，跟我在華爾街的位子有著天壤之別。

在 BuzzFeed 的業務工作中，權力的核心非常明確：就是業績最高的業務群。全公司的人都前仆後繼地支持這群業務，因為大家都知道他們的需求得先被滿足，他們才能簽下天價大單。這些需求包含加速法務核可、刁鑽的研究數據，以及設計精美的簡報。這個權力核心，不是跨越不了的階級鴻溝，我知道只要我的努力開花結果，也有機會能躋身其中。所以我不只是努力工作爭取簽約、拿下訂單，每天更花 15 分鐘去研發部、會計部、所有不同部門交朋友。我的臺詞很簡單：「嘿，你好你好，我是惟安。我想來自我介紹一下，讓你知道這個名字就是我喔。」

努力不會白費。在 BuzzFeed 將近四年的時間，我經營的人脈助我成功進入了權力核心，達到了所有人前仆後繼支援我、幫我拿下訂單的地位。我能做到，是因為 BuzzFeed 的公司文化中，**經營人脈、搞懂政治、在同儕與主管階層找到盟友**是有用的。我做得好，公司會看見我的貢獻，並且給予我應有的對待（和薪酬！）。在這裡，我能夠從我的業績抽佣，就像當年幫夜店找客人一樣。而且我能感受到主管和同儕對我有著尊敬、信賴和信心。

但我的職涯大冒險還有最後的轉折（雖然……你們大概也已經猜到了）。講實話，我真的沒有想過能成為流量泉湧的網紅。我剛開始做抖音，純粹是為了好玩，就這麼單純，從來沒有想過要從這裡賺錢。我張貼第　則影片，是為了應付同事們一再重複問我相同的問題，我當年的想法是：「好啦好啦，讓我耐心回答你。等我把答案整理在網路上，這樣我們公司的所有人有需要就都可以參考！」

一直到了我的抖音業務負責人聯絡我時，我才驚覺「不會吧……這樣也能賺錢？」

接下來，我花了很長時間（明確來說是 15 個月）來驗證我的副業小專案的收入，已經足以取代正職工作。但因為我有豐富的業務經驗，所以我知道自己的價值，也明白如何談判來爭取我應得的條件。又因為身為自己的老闆，所以很清楚我的付出都會得到應有的報酬——一切都由我自己負責！我對製作的內容真心有愛、有熱忱，能夠將最真實的自己投入其中、沒有包

袄,而不像以前只能取悅別人。

這則故事的教訓基本上是:努力工作就是為了錢。但要得到應得的報酬,並沒有表面這麼直接,**多一點努力＝多一點報酬**的等式不是永遠成立。你想,我的夜店打工滿香的,但不管多努力,我能賺的最多也不過就是那樣(畢竟我再交遊廣闊,朋友還是有限)。在小摩根的工作充滿挑戰,我奮力迎戰也取得成果,最後卻只被當成理所當然。

現實之中,要最大化你的工作報酬(不管是在錢還是其他方面),你得要找到自己的甜蜜點,也就是**你的努力和成績,能夠直接轉化為對公司有價值的地方**,而且那些價值會得到公司的認可、支援和回饋。有時候,這表示你該在目前的崗位上繼續力爭上游:打造你在公司的人脈、建立一群你的盟友,最好有個上司挺你,並記得不要忘了爭取加薪。

但有時候並非如此。良禽擇木而棲,如果你的工作環境惡劣、像一灘死水,或者根本不會尊重你的技能和才華,那麼,你在這個地方永遠不會得到應得的報酬。離職感受很差,但你知道嗎?你走是老闆的損失。

繼續努力或遠走高飛都可以成為你賺更多的途徑,只要你用有錢人的方式思考,這兩者都有望成功。為什麼呢?有錢人的三大專長就是:販售技能、建立人脈,以及知道何時該閃人。

所以啊,如果你看著現在的工作(和現在的薪資單)自忖:「這,沒搞錯吧?」那你就該為自己(也為了提升你的淨值)鑽研以下三樣專長了。

1. 販售技能

許多人，特別是年輕人，經常會犯這個毛病：將自己的技能局限在至今的工作經歷上。在他們的觀念裡，認為自身的職涯發展只能在「同樣的軌道上繼續前行」，如果他們不喜歡這個軌道，或者在這裡賺的錢不夠多，那他們就是倒楣。

實際上，你在轉換工作的時候，所擁有的選擇不只是現任公司的競爭對手。只要你的下一份工作跟目前工作**有類似的特質或職務內容**，你就能成為人選 —— 不管產業是否相同。舉例來說，我離開小摩根的股票交易桌、到媒體公司擔任業務工作時，我不僅是去了新公司，也不只是到了新產業，我的整個角色與以前截然不同，新的術語、新的目標，還有新的氛圍。我從老東家帶來的技能就是銷售技巧與優良的溝通能力，但光是揣著這兩樣技能，再加上說服了新公司我能順利轉換角色，原本工作是對避險基金提供股票和交易服務的我，很快就開始轉而銷售廣告服務給企業合作夥伴。

換句話說，職涯發展並不是如階梯那般一層一層往上爬的，它更像是登頂的攀岩運動，你的下一步可以往上、往兩旁，甚至往下。舉例來說，若你的第一份工作在醫藥公司的會計部門服務，你的下一份工作可以往科技公司找會計部門的職位。你的第三份工作就有可能是這間科技公司的初級軟體工程師，再下一份工作則到競品公司做專案管理。然後呢，誰能說得準？搞不好你就在那間公司一路做到營運長，或者你辭職創業、建立自己的科技醫藥品牌，或者被 CIA 網羅，加入間諜機器人的

開發團隊。

換個途徑，你在醫藥公司做會計，然後轉調到那間公司的行銷部門，一路往上成為公司的資深行銷長，接著被獵人頭公司挖角到名人公關公司。最後，在某次走紅地毯時認識 A 咖大明星、墜入愛河，你們兩人一起經營社群帳號當網紅情侶，並打造自己的保健品牌。

你可能覺得我說得太扯，但這是成功發展職涯的不二法則：**去聽有錢人跟你聊他的職涯發展**，你會發現他們當中有很多人，都經歷過類似的蜿蜒和轉折。有錢人從來不將自己的職涯當作一連串的複製貼上。他們玩的是文字聯想遊戲，從他所習得的技能、串到不同的產業知識，一路闖關。

所以，最大化工作機會的第一步：了解自己的技能所在。如果你現在的反應是：「什麼技能啊小惟？」認真聽我說：我們年輕人是網路之子。我們會用 Word 文書處理軟體，也知道怎麼用 PowerPoint 做簡報、用 Excel 試算表。我們知道 .docx 如何轉換為 PDF 再轉換回來。檯面上有許多職務，只要有上述的技能（再配上用搜尋引擎找方法的能力）就能勝任。請不要妄自菲薄，你的這些技能對公司來說都很有用。

除了方便在領英和履歷上列出的項目，仔細想你**擅長**什麼，你通常能夠輕鬆完成什麼樣的任務。你是不是那種快刀斬亂麻、主導開會時都能提早五分鐘結束的效率咖？專案管理很需要你。還是朋友們陷入低潮時都能在你身上找到安慰與鼓勵？這對任何主管工作都很加分。擅長寫作嗎？你可以當公關、文

案寫手，或撰寫技術文件、為執行長的股東大會演講擬講稿。你的選擇很多。

如果你還想為自己的技能加值，坊間也有許多解決方案，像是 MBA 在職專班、程式碼訓練營，或者其他網友自製的線上學習平臺。

第二步：集結你的知識庫。你在醫藥公司擔任會計工作時，對啦，你多數時候都在喬數字，但工作期間，你也熟悉了醫藥產業的運作模式。這是你有、但一般國家級會計師沒有的知識，也是你獨到的賣點。例如說，幫助貧窮家庭負擔處方藥的非營利組織可能正在找財務長，或者地產建商在找專門負責與醫藥公司簽辦公室長期租約的業務代表。你根本是他們的夢中人選卻不自知。

不要小看你在工作中所學到的組織洞見和產業知識。那句老話不是這麼說的嗎？你在工作中，要麼在賺、要麼在學，最好是邊賺邊學。

實 戰 演 練

為自己寫下全新的定義，強調你的技能和知識，而不只限於你上一份工作的職稱。別畫地自限，一份好的個人簡介就像琳瑯滿目的自助餐櫃檯，對潛在雇主（以及你的人脈）來說，比超商三明治的選擇更豐富。舉例來說，我從來不這樣自我介紹：「我是屠惟安，我是抖音網紅。」我的個人簡介是：「我是屠惟安，是一位高績效的業務專家，曾在金融業與數位娛樂媒體業服務。我從事內容創作，我白手起家創業的公司年營收高達七位數。我擅長幫助企業找到新世代的年輕用戶，任何相關需求，都歡迎與我聯繫。」

2. 建立人脈

這就是有錢人跟我們不一樣的地方：他們永遠不會滿於現況、無時不刻都在找向上發展的機會。

我不騙你，就算他們每天上班都樂得合不攏嘴、給工作環境打滿分 10/10、很喜歡公司的老闆，更熱愛職務本身與工作團隊……只要有機會，他們還是會積極爭取跟另一間公司談發展。他們知道，機會只會在對的時間和對的地點出現在眼前，所以他們盡可能常常出現在不同地方，以掌握最多的機會。有人脈，你就有了同時左擁右抱、騎驢找馬的能力。

人脈也不只是你進新公司的敲門磚。我們先前就聊過，有錢人特別喜歡以德報德、廣積善緣、你幫我遮風我為你擋雨。成功的人脈關係不只是提起你的名字，而是**對方願意為你擔保**。因為從他的口中說出「她不錯，可以雇用。」時，可是連自己的信譽都賭上了。這才是人脈如此有價值的原因。他的一句保證，讓你有了任何證書、履歷、面試都無法產生的可信度。他幫你這麼大一把，就是期待你哪天功成名就時，他也能拿到好處——我必須再次強調，因為他給你的東西是無價的。

人脈關係在轉換產業或職涯劇變時特別重要。畢竟，若你從來沒有擔任過相關職務或接觸過相關產業，你很難產生說服力。但你如果認識圈內人能推薦你，那可就不一樣了，他的讚美能助你跨過最艱困的那道門檻。你猜猜我是怎麼從金融業切換到媒體界的？就是我的無敵導師為我擔保，她閨密是我在BuzzFeed 的第一位主管。

　　許多人不喜歡社交或經營人脈，覺得攀關係既尷尬又俗氣得難以忍受，覺得這種行為太功利，或者覺得只有在找工作的時候需要去做。

　　錯！如果你從有錢人的角度看，完全不會。有錢人眼中，社交是職涯發展的每一個階段，而且是在每一個職位上都該做的。這是一個互助活動，每個參與其中的人都能各取所需。只有自己尷尬癌發作的人才會覺得尷尬。

　　建立人脈最簡單的第一步，就是從你已經合作的對象開始。去每一個部門露露臉、自我介紹，也看看有沒有誰是你平常職務範圍內不會互動的對象。仔細了解他們的工作內容是什麼，也許評估看看自己能不能幫上忙。那麼，等到比如說業務部在內部開出肥缺的時候，你早已認識業務部的琳希，也知道她想要拓展到新的銷售區域，在你申請時，你不但已跟成員有了私交，更知道你該在哪個主題上貢獻想法。

　　在公司以外，也請你採取開放的心態——特別是對人才招募人員。這些人的工作內容就是幫公司的職缺找人選。他們的工作就是**搞人脈**。

　　如果你在業界已經小有經驗，那應該早就收到過獵人頭公司的電子郵件了。就算沒有，你現在還來得及上軌道。附近有沒有產業活動可以報名？這種場合是招募人員的孵養場，帶上名片立刻報名參加吧。你現任公司是否剛好請了一個人才招募公司介紹的新人？偷偷觀察一下這間公司，或許可試著在領英上發個私訊過去。（說到這個，你知不知道領英有一個功能，能

讓你偷偷舉手說「我在找工作喔！」而不會被公司發現？火速去開起來！）

等招募人員真的找上門時，好好聊。你不用接受他的邀約，也不一定要申請。但你可以聽聽看，現在的就業市場哪些技能需求特別高，或者哪些職位現在的行情如何。招募人員通常同時負責多個不同的公司，他們真的認識你的話，會更有機會幫你找到合適的職缺。

我個人的職涯中與招募人員的關係不曾中斷。我把與招募人員交際當作是工作的一部分。我在小摩根和 BuzzFeed 工作時都一樣，只要招募人員聯絡我，我一定會撥出時間聊。容我再澄清一下，我在 BuzzFeed 倒數第二年的年薪是 625,000 美金。我是公司的王牌業務，我的薪酬當然也反映了我的貢獻。我覺得公司待遇非常合理，我也很熱愛每個一起打拚的夥伴，也因為我是簽下天價大單的怪物，全公司都會為了滿足我的需求前仆後繼。

儘管如此，我大概每個禮拜還是會跟招募人員聊一次。我在臉書、推特、抖音都分別聊過。我跟誰都能聊，只要有人來找我聊，我隨時奉陪。

社交人脈的最後一個面向是心態：不管在哪一個職場，永遠都準備好隨時閃人。這並不是說，你不該努力工作，不該喜歡你的老闆、熱愛你的團隊和你職務相關的一切，但，**有錢人就懂 —— 這個時代，忠誠是沒有報酬的**（真的，根據《富比士》雜誌報導，平均在每間公司待兩年以上的人，職涯總收入比

其他人低 50%）。有錢人知道公司是自私的，公司會根據營運需求毫不猶豫把你解聘，所以有錢人會想：沒關係，我也很自私，老子也是說走就走。

搞社交人脈會不會增加工作負擔呢？是的，絕對會。但是有錢人不怕麻煩，因為他們知道延遲享受能帶來更豐碩的回報。他知道現在多跑一點社交活動，能讓五到十年後的收入翻兩倍、甚至三倍，於是他會說，**放馬過來吧，我知道我的價值**。

實 戰 演 練

公司裡頭有誰你還不認識？去跟他們聊聊吧。酷酷地出現，只說個簡短的一句「哈囉」、「跟你說一聲這個名字就是我」就足夠，用電子郵件也可以。然後現在立刻就上你的領英，在 #OpenToWork 功能裡開啟「僅限招募專員」選項（也別忘了你的所有技能和職務歷史都要更新）。

3. 知道什麼時候該閃人

有錢人的確喜歡用聊天互動聊出一條發財的路，不過一旦發現眼前是一道磚牆，也絕對不會再浪費時間。如果他發現公司裡頭裙帶關係很嚴重，每次升遷都只輪得到執行長的姪孫還是情婦還是誰的，他絕對立刻就閃，換一個他們能**靠手段接近權力中心**的新工作。

如我在小摩根和 BuzzFeed 的經驗顯示，公司文化無非就是這兩種：其中一種，讓你有機會靠橫向努力、靠打造人脈躋身權力核心。而另外一種，不管你多努力工作、給自己多少鼓

勵、不管你多有才華，權力核心的大門都不會為你開啟，而只專屬於天生特權的富家子弟。

要像個有錢人般行動，你得先了解這兩種文化的差別。在你的職場，只要肯努力，有沒有辦法提升你在公司的社會地位，不只成為績效最佳的員工，更成為風雲人物？還是你身處於現在的職場中，感覺就像被裝進一個盒子裡，永遠沒有辦法改變別人對你的看法？

還好，我們只要透過公司氛圍，就能一窺其職場文化。如果氛圍不對，你很快會從大公司小神童變身大公司小怨婦。以下我列出你在評估工作時應該觀察的好壞職場的關鍵差別。

- **好的職場**：你收到的批評都是針對你的工作成果和表現。
- **壞的職場**：你收到的批評都是針對你的人身攻擊、自我和認同。

- **好的職場**：工作上出現問題，只要你合理爭取，公司會給你需要的資源來解決。
- **壞的職場**：公司會叫你「自己想辦法吧」、你只能靠自己保護自己。

- **好的職場**：主管對你的目標和期待很明確。不管目標是否合理，至少公司有文件說明好員工的基準，讓你有個方向。
- **壞的職場**：主管對你的目標和期待很……？怎樣的員工

才會被當做好員工？執行某某任務的標準流程
是？加薪的幅度怎麼核算？沒人知道。

- **好的職場**：看著公司高層的你默默想：「就是這樣，我以後
  想要（或不介意）這個人的職涯和生活方式。」
- **壞的職場**：抬頭往上只看到一群佔著「肥缺」（高薪、職稱
  拉風等等）卻過得很悲慘的人。

- **好的職場**：同事之間多少有一些革命情感。就算跟自己的
  職務內容不直接相關，大家都願意互相幫忙。
- **壞的職場**：「我們是一家人。」這種最雷！

- **好的職場**：不用裝忙，主管對你的期待很明確，不會只為
  了他人眼中的印象分數，就要求你每天待到很
  晚或者 24 小時在線上。
- **壞的職場**：你每天都在角色扮演。不管工作做完了沒，公
  司期待你屁股黏在座位上、 通訊軟體顯示在
  線，或「隨時待命」。

- **好的職場**：同事們（大多數時候）都很友好，會邀請你一
  起午餐、 在茶水間閒聊，也會想真的認識你這
  個人。
- **壞的職場**：沒人在乎你是誰，沒有任何和同事交流、跟風
  的機會；或更糟的狀況是，公司只有惡性排外
  的小圈圈。

- **好的職場**：有人得到晉升時，你會想，選對人了！這個人很擅長他負責的工作，而且他已經對公司做出 X 和 Y 的貢獻。

- **壞的職場**：有人得到晉升時，你會想，蛤？有沒有搞錯，那個人要升副總？真的假的？（再強調一次，裙帶關係＝職場凶兆。）

- **好的職場**：資深同仁願意投資時間和精力培育新同事。整體而言，他們耐心地與新同事相處、熟悉彼此，且自己的直屬部屬有任何需要，都會撥出時間跟他聊。

- **壞的職場**：職場的階級意識明確到新進員工根本不敢往高層主管的方向看。

- **好的職場**：同仁們還算喜愛團隊的主管。

- **壞的職場**：同仁們大多覺得團隊主管是白癡。

這份清單只列出一些徵兆──坦白說，光是在其中工作，你也許就已對於你的職場有了相當程度的體會。如果你所在的環境沒有任何向上努力的空間、主管也完全不把你看在眼裡……我很抱歉，又得由我來告訴你，你該找新工作了。也許可以考慮內部轉調，或者離職另覓新東家，因為留在這裡你不可能有進一步的發展。

如果情況相反，你覺得只要肯努力，在這裡你會有機會，那

可別只甘於衝績效、當第一；你得讓老闆知道你的貢獻，主動越過職責範圍、去幫主管減輕負擔。職涯發展的撇步在於讓主管重視你的價值，也懂你多有才華、多努力。唯有在以下兩個條件都成立時，主管才能為你的晉升之路發揮正面影響：

1. 他明確認同你的價值。

2. 他知道你需要什麼。

所以啊，在職責上盡你所能越級打怪（提示：直接問主管你能做什麼來讓他的老闆更欣賞他），不要怕跟他談你的目標、需求和擔憂。請他介紹其他部門主管給你認識，拓展你在公司的人脈。更別忘了透過主管的影響力，得到公司內部特殊小組的保障資源，像是 LGBTQ+ 資源組、AAPI 亞太後裔美籍資源組、女力聯盟等等你所屬的小組（你如果不說，主管不一定知道你有這樣的身分認同。在法律上主管不能因為你屬於保障名額的少數團體而對你有差別待遇。儘管如此，你自己還是要小心，如果主管一副就是種族歧視者，那你也該找工作了）。

實 戰 演 練

用以上的好壞職場關鍵特質表來檢視你的職場。發現這地方對你有害、想「塊陶」嗎？這時是不是覺得還好已經寫了全新的個人簡介、且握有公司內外的人脈呢？火速開始尋覓下一春吧。或是覺得自己所在之處有機會發揮潛力？那就跟老闆約個時間、聊一下你的長期計畫……同時也可以提個加薪的要求唷。

如何要求加薪？

想像一下，只要工作兩個小時，年薪就能增加 5,000 美金。

真的，沒騙你（放心，這不是話術，我沒在做直銷，不需要你來加入瘦身茶還是芳療精油的下線，我做人很實在）。

百分百有機會，因為這份工作內容，叫做**談判**。

談判有時真的尷尬得讓人受不了，我懂。很多人都被社會教育灌輸這種行為很不可取、不夠謙卑、太囂張等等，導致我們不敢為自己硬起來、極力爭取、堅守立場。開口要求更好的待遇讓我們覺得好像被人看光光，也難怪很少人願意做。

所以我才想要從上面所提的時薪角度來說服你。談判加薪 —— 包含所有的事前準備工作、對談時間、後續追蹤，花兩個小時就夠了。如果你爭取到一年 5,000 美金的加薪，那你一個小時就淨賺了 2,500 美金。

你會拒絕任何時薪 2,500 美金的機會嗎？

我不會。大部分的有錢人也不會。

所以囉，時薪這麼高，而且我們大多數勞工，平時都孜孜矻矻地為公司創造價值，所賺的薪水卻完全無法反映我們的實質貢獻。因此，我深信我們每一個人都應該要求加薪。

這，就是我要你採取行動的起點。

要求加薪不只是讓你的薪酬反映你工作的真實價值，更是增加你可支配收入最快的方式。記得，你存的不會比賺的多，但

你永遠可以賺更多。透過犧牲生活的小確幸來達到增加存款極其困難，在工作上開口要錢則相對容易多了（對，你要自己開口；即便你是超強、超可靠、老闆求之不得的加班機器，你也不能只是默默等在那裡、期待加薪之神的眷顧）。

說了這麼多，其實我懂，要求加薪經常是我們廣大受薪階級一生中最可怕的經驗。分享一下，我注意到很多人根本不記得自己上一次爭取加薪是什麼時候。很多人不太確定、或者根本沒問過，或者他們的創傷記憶塵封在～＊我終於鼓起勇氣開口的那一天＊～，要麼是很久很久以前、要麼加薪失敗，更多的是兩者兼是。

有錢人呢？想都不用想就能立刻回答：我上一次提加薪嗎？在第一季／兩週前／我上次跟客戶簽下合約之後就立刻提了。

我們窮酸百姓對要求加薪有多恐懼，有錢人就有多重視。所以在開始聊加薪的手段與步驟之前，我們得先好好學學有錢人的心態、觀察他們如何看待加薪談判，也甩開我們腦海中的創傷和包袱。

貧窮人：我不想，唉唷，不要得罪主管啦！我滿喜歡他的，幹麼要這樣傷感情？！很怪啦我不要。

有錢人：公司是自私的。如果要得到公平的報酬，我只能一樣自私。

相信我，我一生最受用的專業職涯建議就是：

"

你的公司或組織不在乎你。

"

　　你的同事可能在乎你，你的老闆（如果你們關係良好的話）也有可能在乎你。但你的組織不可能在乎你。

　　有錢人就懂。有錢人知道加薪的錢，並不是從主管口袋自掏腰包，而是從公司的銀行帳號支出。而且這筆錢原本就是分配來支付給員工薪水的，要求加薪這回事完全沒問題，因為這是公司原本就期待你會做的事情（而且，我再強調一次，有錢人很清楚，當公司營運狀況出現問題，公司絕對不會猶豫砍你薪水或者乾脆把你解聘，就算每個人都喜歡你也一樣。無關私仇、公事公辦）。

　　提加薪不表示你「傷感情」或「破壞氣氛」。 我都當作去 SPA 做足部護理：你可能有點害羞，覺得自己的腳像哈比人又短又醜、五天沒有除毛、指甲上還有三個月前斑駁的指甲油等等。但轉念一想，美容師一定見過比你更噁心的腳。他們很專業，見識過各種極致。他們看待形形色色的腳就像工作一樣稀鬆平常。（啊就是他的工作嘛！）

　　所以，多數情形——特別如果你在大公司工作的話，這不是你老闆第一次收到加薪的要求。你不是唯一也不是第一個要求加薪的人。你更不是第一個得到他同意，或者被他拒絕的人。你所要求的數字，也不會是他聽過最多，或者最少的。你沒有

在「傷感情」或「破壞氣氛」，因為他本人全然不覺得尷尬，這就是他的工作啊！

貧窮人：如果我要求加薪，老闆可能會生氣，然後當場把我解聘。

有錢人：最糟不過就是被他拒絕、維持現況。但不問就永遠只能維持現況。

讓我們務實地看待這件事 —— 最壞的情形就是主管說不。主管也許會對你說，你此時的績效還不足以讓他為你爭取這個幅度的加薪。這樣也很好啊，你得到了明年能努力的目標。只因為要求加薪就當場把你解聘？這……真的不會發生好嗎。

有趣冷知識：你知道要找人替代離職員工的成本，是離職員工薪資的三到四倍嗎？解聘、找人都很花公司寶貴的時間，主管可能會損失幾週甚至幾個月的時間來找人、面試人選、對新人進行教育訓練、讓他趕上離職員工的水平……即便費盡心思，都還是一場豪賭，因為新人有可能表現不好。對公司營運來說，為了要求加薪而解聘一名適任的員工完全不合理。

更重要的是，有錢人的寬裕心態在此時最能發揮神威。就算有被解聘的可能（其實沒有）他們也不會害怕丟了這一份工作。這些人早就在自己的富裕圈裡發展出完善的人脈網路，就算掉了一份工作也不痛不癢，因為他們很清楚，上一次取得工作機會的管道都還在。每當我看到大型科技公司或知名品牌公司大幅裁員的新聞時，我心裡都很清楚，很多員工會損失高達六位數美金（約臺幣 300 萬以上）的年薪，但沒事的，很快就

會有下個就業機會讓他們的經濟狀況得以軟著陸。還在現有公司、逃過裁員的前同事們會為離職的同事推薦擔保。這群人早就成立所謂某公司的畢業生資料庫彼此分享機會。有錢人都是這樣關照彼此。

貧窮人：我們公司每年都會按照生活成本調薪，我不想顯得貪得無厭又自大，也不想開口要求加薪，讓公司覺得我只在乎錢。

有錢人：我們公司每年都會按照生活成本調薪，但成長幅度跟真實通膨比例比起來根本是個笑話。如果我不談判爭取更高的加薪幅度，就是在容許自己賠錢。

很遺憾，我必須指出這種「不想顯得貪婪」的自我貶抑習慣在職場女性身上比男性更嚴重。很多女性已經被洗腦了一輩子，認為太在乎錢就是膚淺、拜金、物質主義。（不是吧，喂……我只是想要繳了房租以後還有錢可以吃飯而已耶？這算得上我有什麼奇特的小嗜好嗎？）因此，女性朋友們往往滿於現況，而誤以為號稱對齊「通膨」的 2% 或偶爾有 3% 的加薪幅度就已足夠了。

實際上，我們在談的「加薪」幅度根本趕不上通膨的速度（就這兩年，通膨率噴到 5% 到 9% 仍記憶猶新，在這種環境下，你的加薪要求有趕上通膨嗎？）這表示我們年復一年、越領越少。有錢人就懂，但在有人登高疾呼之前，多數人根本不知道他們應該開口要求。

所以，我在這裡大聲呼籲、鄭重強調：每一項待遇你都應該

積極談判爭取。

> **貧窮人**：好好好，我去要求加薪……五個月後的年度考核我
> 　　　　　一定要求。這樣你滿意了嗎？

> **有錢人**：老闆，我們有兩個月沒有談了 —— 我想請你下週安
> 　　　　　排時間跟我聊聊我的績效，可以嗎？

多數人對於要求加薪總是各種抗拒，以致於我們一等再等，終於到年度績效考核時，才鼓起畢生的勇氣說出：「我要更多錢！」然後老闆的反應是：「等等，沒聽你提過啊？」

有錢人呢，則是每天都在強調。他們一問再問，每兩三個月就要問一次。他們會跟老闆約時間、時時刻刻提醒老闆他要求 X 幅度的加薪，因為他對公司有 Y 的成就貢獻。等終於到了年度績效考核，他們在老闆手上的加薪名單自然是名列前茅。

有錢人的方法好多了。這有兩個原因：

1. **談加薪就像規劃假期**。如果想要在 12 月去超熱門的巴哈馬白沙海灘度假，你等到 11 月 31 號才訂機票肯定會吃大虧。聰明的話，你早在還沒人想到 12 月要去旅遊時，6 月就訂好機票、搶好酒店，既輕鬆又便宜，還有早鳥優惠。換句話說，等到每個人都在喊要錢的時候才跟著喊，你很可能被排擠到加薪清單的尾巴。你得確保老闆每次想到加薪、升遷，或任何好機會，就先想到你。要佔有他的心，最好的方法就是趁還沒人想到考績時的「淡季」出擊。

不用每個禮拜都去吵老闆，不要太惱人。用合理的頻率、思

緒周延地帶著績效相關的議題出席。這樣到了關鍵時刻，他更有機會記得你。

2. **加薪的總額是有預算的**。預算的決策早在幾個月前就已決定，絕非到了年底的績效考核才來撥預算。到了你的考核會議當下，會不會加薪你老闆心裡已有安排。所以，如果他們一年來都在體驗你「不惱人地」堅持加薪，那麼在考核的日子你又開啟這個話題時，他更有可能打斷你，說：「好，停，你先冷靜一下。加薪我已經幫你爭取，這部分可以了。」

這就是你該努力的目標⋯⋯老實說，也許你的主管也想要你這麼做。他們也不想讓你失望，很多主管天生的個性習慣討好。如果你對公司有貢獻、達到績效目標，他們也真心希望你能得到合理的報酬。

貧窮人：有工作就該心懷感恩了。老闆願意聘請我就是幫了我大忙。

有錢人：哲學家德雷克[9]有言：「了解自己就是懂你所值。」寶貝們，我懂！

容我澄清一點，有的時候我們接受薪水比應得的更少，是因為我們沒有其他選擇。月底到了，房租、各種帳單都得如期繳納。我們的人生中都不免遇到這種捉襟見肘的窘況。

然而，不是所有工作都生而平等，對吧？爛工作就是爛，只要有機會，幾乎所有人都會跳槽、到更好的環境工作。

---

9 加拿大饒舌歌手Aubrey Drake Graham，藝名Drake，身兼詞曲創作人、創業家、製作人與演員等身分。此處引述出自其2015年專輯之歌曲Know Yourself歌詞。

這一點我們可以從速食店跟其他低薪的時薪工人離職潮窺見一斑。連續十個小時站著打包食物,面對脾氣不好、嫌你慢的客人?這種打擊不是人能承受,特別是薪水又低的可憐。一旦存款餘額達到 2,000 美金,你就不會覺得非得繼續幹下去不可。你會願意多花一個禮拜、甚至一個月,慢慢找到能公平待你的工作。

💰💰💰

所以,我不相信有任何人得為了有份工作就感激涕零。拚命工作卻得不到與產值相應的回報,這絕非長久之計。如果你的工作很爛、老闆總是佔你便宜,你真的不必覺得有工作就要感激,你值得更多。除非你還在月光的循環中,不得已得屈居這種工作。

有錢人都知道自己的價值 —— 有一部分當然是因為他們已經被洗腦了一輩子,父母、師長、陪玩、家教等等,都不吝於讚美他們好棒棒、好聰明。但另一部分,是他們比誰都好勝,不管玩什麼都要得第一。你知道嗎?要求加薪的意義,在於說服主管你值得最好的待遇,比坐在旁邊的其他同事更值得。預算是有限的,錢去到了別人的薪水單裡,就沒得給你了。

所以,當我對你耳提面命說 —— 要了解自己的價值,我的意思不只是要有自信、要有尊嚴、不要安於沒人應該忍受的低薪爛工作。我的意思是,你得要明確掌握,從各方面的角度看來,你的職責能為公司創造什麼樣的價值。

這意味著，你得好好的跟自己聊一聊：**我的績效表現有超群嗎？我是否位於團隊的前四分之一？我真的已經盡全力了嗎？**因為，如果你總是遲到早退、工作只做一半、上班途中會人間蒸發、打盹一個小時……那，你還沒到要求加薪的時候。你得先加把勁提升自己，向老闆證明你已改善上述行為。

　　而當你肯定並能證明自己的價值，時候就到了。此時的你有競爭力、有底氣、更有信心能打敗同儕、贏得你期待的加薪。

　　如果以上你都做到、績效達標，也開口要求了，但老闆仍是悶不吭聲？那麼，是時候該考慮擇木而棲了。

是啊，知道自己的價值很好，但能拿到**收據**更好。想要得到加薪嗎？想要升遷嗎？想要在年底公司大會上得到 MVP 獎項嗎？——你得開始編纂自己的吹牛史書。

「吹牛史書」其實就是一本載滿你的成就相關證明資料的紀錄，做起來超簡單：

1. 在電子郵件信箱建立一個資料夾，取名為吹牛史書（或者升遷提案、加薪收據，你喜歡就好）並編上年份。

2. 此後每當有顧客說「沒有你做不到」、每次有內部同仁讚美你優化流程，或者有人在大型討論串結尾感謝你，就把這些郵件都丟進史書資料夾。

3. 取得越多具體的數字越好。比起其他業務員，你的營收有比較高嗎？你是否幫公司的社群帳號增加了 X 數量的追蹤？和其他創意總監比起來，你發想的點子是否更多？關鍵要能具體量化——數字是不容辯駁的。

你知道為什麼要編吹牛史書嗎？這不單純是為了安撫你的自尊（雖然工作不順的日子裡，這本史書也能給你很大的鼓舞沒錯），這個資料夾是你為了**績效考核**而準備的祕密武器。有了它，你就不用在一年份的電子郵件裡翻箱倒櫃，只為了找到幾樣可以對老闆吹噓的事情。過去一年來，你所有的光榮戰績已經塞爆了吹牛資料夾，不管你想要求什麼，都能一手指著資料自信地對老闆開口。我個人在華爾街與科技業都用過這個策略。我打包票，很有用！

你的吹牛史書對於準備下一份工作的面試也能發揮用處，諸如：「你最大的強項是什麼？」和「談談上次工作中出現狀況，你是如何隨機應變、掌控全局的？」對了，也別忘了將鼓勵延續下去，如果你的同事在專案中表現亮眼，請寫一封公開郵件表達對他的感謝。你會有福報的！

如何要錢：爭取加薪的腳本

→ 第一步：準備工具

想要加薪面談的成果是個 Win，就必須掌握以下清單中的五個 W 要素：

1. What：搞清楚你想要什麼。加薪？職稱？職位？

2. Worth：如果想要求更高的薪水，那你要先確定同儕的行情是多少。如果有你信任的同事，就可以坦率地直接問，或者用求職網站的線上資源找到行情。如果你想要升職等，可以大方跟人事部要求下一個職等的工作職責檔案，以確保你已經能勝任清單上的所有職能、具備相關的成績和資格。

3. Wins：整理你的英勇戰績。拿出你的吹牛史書、收據，用客觀的數字和量化事實來證明你在工作上的成就，不要偏題（同學們，單單一句「我值得」並沒有說服力）。

4. Who：找人陪你練習。請朋友扮演你的長官，讓你能模擬談判當天要如何實際開口。

5. Write：在談判當天想要維持冷靜的話，可以預先寫好腳本（大可用我下列提供的內容為基本 ☺）

→ 第二步：約好面談

可以用公司內部的通訊軟體或電子郵件，或者直接經過老闆辦公室探頭詢問。不要想太多，你平常怎麼找他，就用同樣的

方法就好了。

「嘿老大,你這禮拜哪天有 30 分鐘的空檔?我想跟你聊我
在公司的成長。」

→ 第三步:直搗黃龍

不要讓老闆一頭霧水,不知道你今天想談什麼。記得,他們
是老闆,已經有很多被要求加薪的經驗。你不是在對他投什麼
嚇人的手榴彈。

「嘿老大,謝謝你今天撥出時間給我。有機會能跟你聊聊
我近期的成就我也很興奮,我也想談談我明年的薪資結構。」

→ 第四步:事實陳述

撂出你史詩中的英勇戰績。不必如流水帳般一一細數,這個
階段,請專注在兩到三個最大的成就。

「過去兩年我在公司學到很多。我負責的電子商務業績成
長了 25%,也取得超過十篇以上的正面媒體報導。公司的 IG
帳號也在我的經營下成長到五萬用戶追蹤。此外,我訓練了
兩位新進的助理。能有機會往上到部門以外的地方歷練我非
常興奮。」

→ 第五步:開口要求

我再強調一次,不用鋪陳太久。快速將主題轉向錢,提醒他
你要錢有憑有據,強調你的成就以及合理的市場行情。(因為
你有做功課,對吧!)

「考量我在公司的職務範圍逐漸擴大，我想跟您討論我的待遇。根據初步研究以及我個人經驗、技能組合和至今對公司的貢獻，我認為 X 的加薪幅度是合理的。」

→ 第六步：停看聽

這個時候，你們之間可能會出現短暫的空白。我知道每個人都會有股衝動想打破寂靜、化解場面的尷尬，但這個時候可千萬不要急著開口！

接下來的發展有三種可能。如果你的主管基本上同意你的看法，但仍請你再回去想想，沒有直接說不，或者他貌似還在考慮，那請你接著到第七步。

如果他直接說好，恭喜你啦！請跳到第八步。

如果他直接說不、沒有商量餘地，也別嚇壞。你再怎麼樣也不會比之前差，請利用眼前的機會來為未來做準備。我建議的臺詞如下：

「我了解。謝謝您坦白讓我知道。我希望接下來還能與您繼續在這個方向上努力，因為我一直在尋找成長的方式。您認為怎樣的技能和成就，會是您考慮為我加薪之前，公司希望在我身上看到的呢？」

仔細聽他的回答，寫下筆記，然後接下來三到六個月，就以手上的清單為目標努力。等到你達成目標，叩叩叩，嘿老大，我回來啦！

→ 第七步：深入敵營

你老闆不完全反對你的想法，但現階段他似乎還有些顧慮。讓我們探討一下，你老闆可能同意過去一年你的貢獻很大，但你所要求的加薪幅度他做不到。此時你要做的，就是釐清他真正的理由。

「根據市場行情，這個加薪幅度跟我的貢獻度是呈合理比例的。請問您能不能告訴我為什麼公司無法接受？我很樂意虛心聆聽您的想法，也可以提供更多數字，讓公司了解我對團隊貢獻的實際案例。」

此時的答案會根據公司營運狀態和老闆的邏輯而有所不同，最好的狀況是，他們同意為你加薪，只是幅度比你預期的小、或者加薪的時程稍晚，如果是在這種情況下，請你繼續往下到第八步。

然而，老闆猶豫不決的理由還有很多。也許這個數字現在不在預算之內，但他覺得未來有機會能夠爭取。也可能因為公司正在薪資凍結，要再等幾個月才能開始考慮。又或者，他想看到你拿出更多的工作成果和貢獻，但也不想直接說不、澆滅你的鬥志。

不管他說什麼，仔細聽——這是深入你老闆腦海的黃金機會，讓你了解**他想要什麼、他身上有什麼包袱、你又能做什麼來為他分憂**。

無論如何，都請你在結束討論前確定未來加薪的評量基準和時程，比方說：

「我明白了。感謝您的說明。我能滿足什麼樣的條件來幫助您向公司要到資源？什麼時候再來爭取會比較合適？」

取決於兩位討論的內容，以及你手上握有的計畫具體程度，你可以考慮談完之後發一封郵件（參考第九步）跟進，讓老闆知道你的規劃。

→ 第八步：安全降落

你做到了！好好感謝老闆（當然呀！），如果時程還不明確的話（例如不是年度考核的狀況），問清楚何時會在薪資條上看到加薪的結果。

再來，你得書面跟進兩人討論的結果。通常，發出書面通知給你和人事部是屬於主管的職責，但由你寫郵件來確認兩人的討論內容也是個好方法，畢竟你也不希望這次的加薪在繁忙公事中被遺漏。

「謝謝您！我的價值能受到公司重視對我來說很重要，對此我滿懷感謝。請問加薪何時會生效、以及您還有需要我加強什麼？之後我會發出郵件來跟進。」

→ 第九步：書面紀錄

當然，下一步就是發出郵件，提醒老闆你們討論的結果（包含兩人同意的數字），並表示你願意負責相關的書面工作，如果有需要也附註時程。容我再強調一次，老闆們很忙的，你絕對不想要他忙中有漏、忘了為你加薪。

〔主管名〕您好，

感謝您今天撥冗與我討論我的待遇。我總結一下，您同意我提議的 $X 加薪幅度，可以在 Y 日期生效。

我很高興能有機會與您分享我近期的成績，並討論我在〔公司名〕未來的發展。我很重視我在公司的角色，也期待能為組織貢獻更多、與團隊一起邁向成功。

收到你的信以後，主管理當接手、通知人事部執行加薪，但如果不幸過了談好的時間還沒看到影子，那就再發信催促，不用怕尷尬。

薪酬的概念並不只是你用時間與工作內容，來交換每年或每個月的薪水金額。其實，努力工作取得報酬的方法也能千變萬化——有錢人特別喜歡在這個地方發揮創意。事實上，提出能讓錢晚一點支付的方案（這樣雇主就不會受到立即的現金流衝擊，但你最終還是拿得到），或者讓你得到「免費」（也就是非金錢）的一些福利，你可幫了公司大忙，公司的年度盈餘就不會受到影響。喜不喜歡我這樣跳脫框架思考啊，老闆？

所以呢，如果你已經到了現金的天花板層次，那麼，請考慮跟公司爭取下列的福利，這些項目能幫你大幅增加資產。

- **限制性股票與激勵性股票選擇權**（Restricted stock units, RSUs 以及 Incentive stock options, ISOs）：

  這兩者都屬於股份持有類報酬，給付薪水之外，公司也讓你持有公司的股權。其中，限制性股票，是實質一張張的股票（代表擁有公司的股權），而限制性在於你必須等待，每隔一段時間才能收到一部分股票，我們稱之為兌現時程。股票選擇權則不是股票本身，而是兌現日到期後，以「當年簽約價格購買股票」的選擇權（簽約價格通常就是你的選擇權核發時當下的股價）。簡單說，限制性股票就是免費的東西分好幾次給你，而股票選擇權則是讓你用折扣價買進東西的權利。不管是哪一種結構，時間都是你的好朋友——公司的股價隨著時間增長，你的股票就越來越有價值，或者你的選擇權中，簽約價格所代表的「折扣」越來越高。

- **給薪假**（Paid time off, PTOs）：

  爭取不到錢嗎？那……要求減少工作大概不可能，但你能試著爭取看看能不能多幾天不用上工。這些時間你能拿來度假、減壓或者單純不回郵件，而且還能領薪水。雇主不用因此支出金錢，但你確實能得到一些福利。（更棒的是，在加州和某些其他地區，給薪假如果沒有用完，在離職時是要兌現的呢！）

- **彈性工作**

  朝九晚五的工作時間不見得適合所有人，有的人喜歡朝十晚六，或者從正午工作到晚上 20:00。以地點來說，進公司半天或者全部遠端工作如何？好消息，這些都能談判爭取。近年在疫情過後，勞工越來越懂得用腳說話（也就是雇主過於堅持每天進辦公室的話，勞工就會起身走人），很多公司也終～於～不得已妥協，引進一些基本的彈性工作選項。這讓我們談判起來輕鬆多了。不過，限制也不是完全沒有。如果你所住的州跟公司所在的不同，100% 的遠端工作可能會為雇主帶來沉重的稅務成本，公司有可能不同意，但問問也不會少一塊肉啊。

- **簽約獎金**

  跟其他獎金不同的是，簽約獎金只能領一次 —— 就在你簽下聘僱合約的時候。雖然對勞工來說，就像中了一張金額不高的樂透彩，雇主們意外地還蠻喜歡這個選項：對於每一個員工，他只需要容忍一次，所以簽約金要求合理的話，他的 OS 可能是：「唉管他的，趕快叫他來上班比較實在。」就核發給你了。這種一次性的獎金，在你必須在搬家上工時特別該開口要求。舉例來說，當年跟小摩根簽約時，我和其他新進同仁都得到了一筆一萬美金的簽約／搬遷獎金（雖然那個「乾歐買尬，我發財啦」的感覺在稅金扣完以後就立刻消退，但那筆錢對第一次搬進紐約天龍國的我來說，還真是不無小補）。

- **職稱**

  我要說的不是類似「區域經理～的助理」那種無用的小伎倆。其一，對雇主來說，除非你們身在高度制度化的產業，職稱完全不用錢，也沒有既定規則，只要開口詢問，就有機會拿到。其二，在這份工作有個響亮的職稱，能幫助你爭取下一份工作的薪酬。

▋副業

你覺得有錢人犯不著搞副業對吧？我來跟你說說前同事傑瑞的故事。

我剛進小摩根上班時，你可以想像我的座位附近有幾個看起來有點憨呆的數學宅。傑瑞就是其中之一。

傑瑞呢，是一個平凡、穿著背心、舉止溫和的男孩子，換句話說，他絕對不是什麼引人注目的潮男。但傑瑞有個不為人知的分身。他可是球鞋界鼎鼎有名的人物。不開玩笑，在我認識這位仁兄的期間，他在 Nike 和愛迪達上，花了絕對不少於十萬美金。

他也不是只買給自己。這就是傑瑞的副業：買球鞋來轉賣。

對傑瑞來說，這個副業賺得不算多，一雙球鞋大概能進帳兩三百塊美金的報酬 —— 如果是極為稀有的版本（而且他願意割愛的話），則有機會賣到比市價高上一兩千美金。而傑瑞始終樂此不疲。

有天，看著他上網拍賣第一萬雙鞋，我終於忍不住開口問他：「傑瑞，我真的很好奇，你的年薪將近百萬美金耶，可是貨真價實的華爾街之狼，幹麼要瞎忙這些？」

傑瑞聳聳肩：「不曉得耶，我覺得那種搶到球鞋、立刻能用更高價格賣掉的感覺，真的很嗨、會上癮。我猜是這樣吧。」

「但你很忙啊。」我說。

球鞋大師傑瑞再次聳聳肩：「是啊，但……我就喜歡搞這

個，所以我還會繼續做。這可是免費的錢。」

此時，其他桌的男生幾乎跳了起來，激動地說：「哪裡有免費的錢？」

傑瑞也不藏私，回答：「有喔，你們要學嗎？」

這就是傑瑞開始教我和其他兩個同事怎麼轉賣球鞋的緣由。你知道嗎？在我短暫的球鞋買賣生涯中，我也感覺好像從 Nike 喬丹款和愛迪達的 Yeezy 系列中找到了免費的錢。

很顯然地，我不適合長期在二手球鞋買賣市場發展（要跟那些能在兩三秒內搶走一整打球鞋的機器人競爭太累了），我想表達的重點是，**只要有副業能賺錢，有錢人都不會放過**。我們可以向他們學學這個態度。

$$\textcircled{\$}\ \textcircled{\$}\ \textcircled{\$}$$

在繼續下去之前我得先講清楚，你的有錢富朋友我，個人其實非常反對副業文化。我不是那種 # 天天上工 #nodaysoff 的人，我百分百支持 # 放假 #daysoff，我不認為人該醒著的時間都在工作。更不要說，很多月光族已經每個禮拜工作 60 個小時、打好幾份工，建議他們「找賺錢的副業」是不是有點瞎。

與此同時，我也不能否認，副業是個能有效幫助你通往更富足生活的途徑。副業讓你活出有錢箴言的核心力量：「你存的不會比賺的多，但你永遠可以賺更多。」副業能幫你增加收入、改善你的財務現況，讓你不必再為了溫飽而出下策。簡單

說，副業帶來的收入使你有了選擇的權利，而不用勉強接受次
等選項，只因為更好的東西你付不起。

短期來說的確得辛苦點、忍受不便和忙碌，但長期來說呢？
副業進帳的收入，讓你有取捨的本錢、有了選項和安穩。

所以，如果你在正職工作的收入已經到頂，一點兼職的小副
業不失為增加口袋現金的好方法。此外，現在特別流行在家工
作和數位經濟，經營副業正是時候，可以賺點額外的 $$$，又
不用讓兼職工作把你累垮。

接下來，讓我與你分享有錢人經營副業的方式。

副業不必是你的熱情所在（反之亦然）

副業這個字眼被用來形容很多事情，從類似外送的零工到閒
暇時間的設計接案無所不包，但在這裡，我想為你做出明確的
區別。我眼中的副業是為了賺點快錢所從事的工作，這跟你出
於興趣而去開啟的熱情專案不同。

熱情專案也能讓你賺錢，當然沒有問題。但我不覺得每一樣
熱情專案、嗜好和興趣都必須轉化為金錢——作為一個曾經將
嗜好轉為全職工作的人，我特別想強調這點。在我的抖音追蹤
者暴增之後，我發現經營帳號越來越困難與複雜，這跟當年只
是為了幫助朋友而拍些瞎鬧的影片完全不同。成為正職以後，
壓力逼走了一些些創作的快樂，即便我還是懷抱熱情、自己當
老闆。一旦扯進錢的議題，我得非常努力慢下來，才能確保自
己仍然保有快樂（有的）。

另外，如果你運氣不錯，創意專案的確能讓你日進斗金，但仔細一算，你所投入的時間其實往往不敷成本，至少短期之內通常是如此（你想想，只有 4% 內容創作者的收入足以讓他們當正職。我只能對千萬個夢想成為 YouTube 網紅的孩子們先說聲抱歉了！）

這不表示有興趣的專案不能當成副業（法官請看證據甲：球鞋大師傑瑞）。我的意思是，**你不用覺得有必要將所有熱愛的事物變成第二份工作。**

把你有興趣的事情變成賺錢的事業看似合理，但不是每個嗜好都得賺錢，不賺也很好。喜歡十字繡帶來的療癒感，不表示你要開一個蝦皮賣場啊。

副業必須低風險

在找尋副業的靈感時，請你從低風險、低門檻的角度出發。例如說，在遛狗平臺註冊、有空就出門幫人遛狗，這就是低風險——你初期需要投入的成本極低，就算發現不划算也能很快脫身。除草、整理草皮？你得先買一臺除草機和園藝手套，但算起來初期成本也不高（如果你本來就有除草機就更低了）。看小孩？完全不用花錢，只要準時出現在客戶家裡就好了。

初期投入成本低很重要，因為你得先確定自己真的喜歡從事這樣工作，對吧？舉例來說，如果你牽了一臺車來跑優步，然後發現你沒有辦法一週跑 40 個小時，而跑不了 40 個小時，就表示所賺的錢比預期來得少⋯⋯這下慘了，你的車貸還是會每

個月準時扣款，糟透了。

副業得要帶來收入

第一次收到「免費的錢」，那種感覺真的飄飄然……然而在你發現你得付出多少，才能賺到那筆錢時，可能就幻滅了。

事實上，副業有很多的隱藏成本，在投入之前，你一定要把這些也算清楚。舉例來說，開優步或做外送的朋友們，不要忽略車子的耗損和開銷、油錢和保險費……全部加起來可不是一筆小數目。如果你幫顧客畫寵物畫像，你得要考慮顏料、帆布與所有工作時間，包含繪畫本身，以及和寵物主人溝通、了解對方想要小毛孩最終如何呈現的需求整理時間。

所以，副業支出的時間和金錢兩者都要精打細算，你才能確定最終的淨收入到底值不值得。

最後，別忘了你的副業收入也是要繳稅的，與薪水單不同，政府不會幫你預扣。你的稅率跟你所居住的地方有關，無法一概而論，通常來說，你的收入扣掉成本後，至少要抓三成到四成得上繳國庫。

你有沒有遇過高中時老是欺負你的女生來發傳單，叫你加入她的「事業」，賣瘦身飲品、內搭褲、還是可怕的蜘蛛腳睫毛膏？如果有，那你已經有了直銷初體驗。

直銷販售產品的方法不在線上或線下商店，而是透過個人，將產品賣給自己生活圈的親友──常常是透過口碑或臉書。直銷往往（針對女性、全職媽媽）主打超輕鬆、「穿睡衣就能賺」的副業機會，但直銷……我委婉地說，爭議很大。

為什麼我說爭議很大呢？嗯，個人的確能從賣產品賺錢（產品不外乎神奇髮油、不太靠譜的保健食品、品質參差的護膚產品等等），但真正的錢不在這裡。

直銷真正賺錢的地方，是透過拉其他人進到銷售團隊。也就是說，賣東西給消費者的報酬，遠不如吸引新的「代表」或「顧問」加入組織的獎勵。

讓我們換個角度想：直銷的創始人找了朋友來賣產品，這創始團隊稱為 A 團隊。A 團隊販售產品、吸引第二層的銷售團隊來賺錢，而這些人我們稱為 B 團隊。

好了，這下 A 團隊成員樂歪了，因為他們不只會收到 B 團隊成員加入的激勵獎金，此後 B 團隊成員所賣的商品他們也都能抽成。這也就表示，即使是 B 團隊成員們本人達到的銷售業績，佣金比例也必須打折，分給 A 團隊……但這也沒關係，他們能夠透過網羅自己的團隊，也就是 C 團隊，來彌補這方面的損失，這樣他們就能從 C 團隊的業績抽成……以下省略，此流程將不斷地重複到地球上沒人可以網羅為止。

這個商業模式讓位於直銷頂端的人賺得不成比例，對於 C 團隊和其他更低階層的成員來說，則幾乎賺不到錢。

　　根據美國 FTC 聯邦貿易委員會的研究，加入直銷的人之中，99%不但沒有賺錢，還賠錢。這是因為在這種，嗯，金字塔型的商業模式中，底層的成員賣出產品的佣金比例非常低，此外，這些人還必須先自掏腰包將產品買下來，而這些低品質的庫存賣不出去也不能退貨。

　　也就是說，**要從直銷賺到錢幾乎不可能**，賠錢的機率倒是挺高的。姊妹們，直銷作為副業我個人不建議。容我說句實話，當眼前的好康難以置信，就請你不要相信。任何公司的商業模式中，注重找人勝過銷售產品，都請務必小心。

副業得能與你的生活兼容

除了以上所談的基本要點之外，副業真正的甜蜜點，在於找到你能勝任、又能配合你時間表的工作。

副業本身最好是單純直接、不要太勞心的類型，只要跟你的正職工作有一些區別，不要讓你累死或無聊死就行了。

所以呢，如果你是辦公室的白領，從事除草、遛狗或者組裝宜家家具等副業，也許讓你意外享受不費腦力的肢體勞動（反正人本來就需要運動，對吧？），反過來說，如果你是水電工、健身房教練或美術老師，可以考慮輸入資料。把數字鍵入Excel本身也許超無聊的，但至少這跟你平常的工作內容完全不同，也讓你運用到平時不會使用的大腦區塊，這樣你就不至於如此容易感到沉悶。

時間方面，先想清楚你每週哪些時間有空檔，那些時間能做什麼樣的工作。如果你的空檔在送小孩上床後的晚上21:00到凌晨1:00，這麼夜深人靜的時段，也不太適合你到別人家除草賺錢……但這時間用家裡的小廂型車跑優步還不錯（郊區的父母很多人在做）。如果你是暑假休息的老師，可以當家教、幫學生準備升學考試或開大學寫作課。如果你是朝九晚五的上班族，火車通勤時間單程一個小時，那找一些轉錄資料或會計記帳的兼差零工，你就能趁通勤時賺錢了。

<u>金錢管理任務</u>

☐ 跟主管約時間聊聊你的角色、績效、跟在公司的發展。這不但是啟動加薪計畫的關鍵第一步，也能幫助你和老闆拉近關係，讓他能夠在你的職涯發展中成為助力。

☐ 私下找時間好好審視一下你的工作環境、職場政治和主管。在這裡要如何脫穎而出？從務實面來看，在這裡你能夠發展到什麼地步？想清楚你是否還想在這裡力爭上游，還是該開始騎驢找馬。

☐ 不管你的結論如何，請開始好好經營人脈。每週至少花15分鐘與公司內外的人打交道。

☐ 研究一下你的職責（包含正式文件中的職責範圍以及實際工作中指派的任務）和薪酬。在其他公司和你做同樣工作的人，都賺多少錢？

☐ 開始編寫你的吹牛史書。

☐ 再約主管聊一次，讓你們之間有定期開會的默契。

☐ 檢視你們公司的福利，確保自己用得上的都有好好利用。

☐ 探索看看是否有副業能配合你的工時。選一個來試一兩週，告訴自己好好做、不要輕易放棄。

☐ 再約主管聊一次，要求加薪或其他福利。你可以的，寶貝！

☐ 上我的網站 richAF.club 找更多職涯工具、談判技巧、針對特定職業開發的財務指南和副業好點子。

03. 做你財富的主宰

─ 預算之章 ─

　　我還記得終於領到華爾街的薪水後，我的第一筆大開銷，獻給了一款黑色、真皮的美麗 Prada 包包。

　　對當時的我來說，這是人生花過最大的一筆錢。我鎖定好款式，反覆看了好幾個禮拜，不，是好幾個月，終於來到買包的那一天，我在精品店內渾身冒汗。我一路走來，不畏艱難地披荊斬棘，不只是在職位上戰戰兢兢力求表現，更在拿到工作前就投注無數的時間與心力，一切都將在此刻開花結果。我的薪水，以奢華絕美設計師包款的姿態，回報我勤奮打拚的每一天。在櫃檯刷下信用卡結帳時，我知道這個包包上的每一針、每一線都是我用實力賺來的，我用血汗眼淚，換到手裡高貴的摩洛哥十字紋皮革。我發誓，那個當下的感受是：我做到了，我毫不懷疑，對呀，老娘就是美國夢的成功典範。每當我帶著美包出門、受到他人讚美時，我都深深地感到驕傲，因為我知道自己是多麼努力，才能抱它回家。

　　然而實際上，我能買下包包的原因，並不只純然因為我努力工作而已。

　　我買得起，是因為我有預算。

沒錯，我賺得不少，但我不是有錢人家的千金，並沒有富裕到足以視錢為無物。我也不願只為了「＃一生只活一次」、「＃YOLO」或「＃人終將一死」的哲學，讓自己陷入卡債的黑洞。要買下這款美包，我得提前計畫。這就是我一直以來對預算抱持的想法——**提前計畫**，這樣我才能縱容自己擁有一款奶油般奢華質地的義大利皮革包包，而又不至於繳不出房租。

好，對於那些痛恨預算概念的朋朋們，我超～懂你們。提起預算這個字眼，很多人的腦海會浮現種種限制，像是節食或懲罰一樣。像大衛‧蘭西（Dave Ramsey）[10]那樣知名的財務專家，總在節目上直接對大家的預算設定（或者沒有預算）公開羞辱、批判，把我們定義為錢的「恐怖情人」。這樣的標籤對我們沒有幫助，還會讓人誤以為所有夢想清單上的事物都是他口中所謂「你不配擁有的一切，窮鬼」。

這些歷史創傷，我懂，你有多恨預算都很正常。

但，如果我們能用一種驚人的系統，讓你有能力抬頭挺胸地走進 Prada，從櫃子上選一款你最喜愛的包包，然後眨都不眨眼直接當場付清呢？你也想學學看這樣的系統，對吧？

這種系統，就叫做預算。

同學們，預算是無辜的。你如果覺得預算罪孽深重，那表示還沒有人教你正確的規劃預算方式。

預算不會在你伸手拿餅乾時去打你的手。預算其實是一道食譜，能做出最大、最可口又滿到永不見底的餅乾罐，讓你餘生

---

10 大衛‧蘭西是美國知名廣播節目主持人與暢銷書作家，為聽眾與讀者提供財務建議。

都取之不竭。

很可惜，好多人聽到預算這字眼的直覺反應是「噁心，我不要」，一輩子都過不了那個心理門檻。他們決定這輩子就是隨波逐流。你覺得，隨波逐流是個好的長期策略嗎？我們才剛肯定錢的重要，那麼，為什麼要把這麼重要的東西交給～隨緣啦～的態度，然後默默期待船到橋頭自然直？血淋淋的現實是，在錢這回事上，沒有計畫就注定失敗。對，我講話口氣好像你國中體育老師，但我說的是真的。

因為，你知道誰最討厭失敗嗎？誰最痛恨失敗？

<u>有錢人，有錢人痛恨失敗</u>。

換句話說，有錢人會做預算。這就是他們能在瑪莎葡萄園島上有棟度假山莊的原因，也是他們能夠送小孩去念哈佛大學，或者在45歲就順利退休的原因。曾經落魄的有錢人特別會做預算，因為當年就是預算幫助他脫貧，現在也是預算確保他不再陷入貧窮。不會做預算的有錢人……有錢不了多久，你懂我意思吧？

我要說的是，除非你賺的錢有如天文數字 —— 我講的是像傑夫・貝佐斯（Jeff Bezos）[11]那樣，有私人太空船艦隊那種等級喔。為了未來的自己，你要好好做預算，才能確保財務健全。

「但是，小惟，」你可能正對著這本書吶喊著，「我以為變有錢，就是為了再也不為錢煩惱啊！？」

仔細聽清楚：「我有要你煩惱嗎？」

這就是有錢人金錢管理的威力。有錢人做預算的方法，區別了他們和我們之間的差異。對他們來說，預算不是壓力的來源，而是機會。預算就是賺錢機器的燃油，負責供給他滋潤的生活。有錢人的預算甚至可能……很好玩？

這就是發財致富的預算方法。我接下來就傳授給你。

預算是什麼？

我們先回到基礎慢慢來。

預算，就是你的錢要怎麼用的計畫。預算就是在你所安排的時程中，最有效運用資源來取得最佳結果的策略。

我很確定，就算這輩子你從來沒有寫過預算書，但其實你早就在做預算了。舉個例子：你有沒有過根據想洗頭的時間點來安排運動？做預算所使用的腦力跟這沒有不同。當你自忖「嗯，這禮拜四晚上要約會，所以，把禮拜二的晚間運動挪到禮拜三早上好了，這樣禮拜四晚上約會時，頭髮還是香香的，太棒了。」你所做的就是策略部署，對錢也可以如法炮製。

所以相信我，朋朋們，你們每個人都做得到！

我們給了預算全新的定義，再來請容我為各位打破大眾觀點中各種預算相關的迷思與錯誤觀念。

---

11 美國知名創業家，投資人。亞馬遜創辦人兼董事長。亞馬遜是世界第一的電子商務平臺與雲端運算平臺。

預算不是剝奪

我也做預算，而且我一點也沒有相對剝奪感。講真的，不管你賺的錢是多是少，我百分百認為每一份預算之中，都要保留空間給讓自己感到幸福的事物，不管這些東西是不是「生活所需」（我們待會也會談另一個「不容妥協」的概念）。更重要的是，如果你的預算讓你活得悲慘不堪，你根本就不會去遵守。所以，為了達成預算而自我剝奪是沒有意義的……聽好了，預算的目的就是準備好足夠的錢，讓你能自由地當上夢想中的俏麗小騷包。

預算和臨時起意並不衝突

同樣的道理，預算就是預先準備空間，讓你能「臨時起意」。

我知道，這聽起來很自相矛盾。但你想想：臨時起意去見朋友，可能讓你在刷卡時因為不曉得帳戶餘額夠不夠而慌張。但如果有預算的話，你隨時都可以再叫一輪請大家，沒問題，因為你已經預先準備了 $$$ 啊。謝啦，預算！

預算不會讓你無法臨時起意，因為預算不會指定你必須在**什麼時候**花錢享受。預算表示你提前準備，讓自己在未來的某一天能好好享樂、大方花錢。預算是一張大綱，不是你得循序完成的逐字稿。

你的預算當然得隨著生活改變（不管是變好或變糟）。非得要這麼說的話，做好預算反而讓你有本錢可以臨時起意，因為每個月基本的開銷都準備好了，忽然有飯局邀約也不怕。

預算是自我接納而非懲罰

我想很多（甚至是所有）不擅長規劃預算的人，都是出於羞恥而無法好好面對。

那種感覺很真實，我們很快就要來面對。開始預算的第一步，就是深呼吸、好好看看自己，也檢視自己的花錢習慣。不意外，看著你的信用卡對帳單說「夭壽，我上個月竟然花了700美元點外送？！」……真的很難受、很羞恥。

所以，當你認真地看著，深深感受到那種不堪、那種恐懼，以及難以承受的恥辱感……這時候很多人就放棄了，像鴕鳥般把頭埋進沙裡。他們不但改不掉壞習慣，反而拒絕承認有這種習慣，抱持著「沒關係，只要我不知道，這事就不是一回事！」的態度。就算他們勉強開始做預算，結果也會完全走樣：「我得要洗心革面償還過去的罪孽。」好像預算是過往犯錯的懲罰，這種極端手法沒有人能長期忍受，只會讓人感到更深的恥辱、更覺得自己失敗，然後再次退縮到「無知的美好」。

聽好了，無知並不美好，相信我。我也不會騙你說預算都很輕鬆有趣。你得準備好先苦後甘，但我保證，一定會回甘。

預算就是人生的「先來一輪」

出門狂歡前，在朋友家先來一輪，喝個三杯烈酒，到了酒吧你們就不用花這麼多錢，讓自己維持在瘋狂嗨翻的狀態。這是科學事實。

其實預算也不過就是如此，一樣的原則。擁有預算 —— 特別是在預算中準備足夠的錢拿來**投資** —— 就是讓你餘生都能瘋狂嗨翻（或者平靜無憂）的武器。

我會在第五章深入探討投資的技巧和重要性。先預告一下，想退休你就一定要投資，句點，沒有然後。我是認真的，如果你對於躺平、高枕無憂的生活有任何程度的想望，不管預計在人生哪個階段，**你一定要投資**。

有預算才有投資。預算是投資的起點。這就是有錢人比什麼都懂的預算的真相。對有錢人來說，預算不過就是一種計畫，讓他能最大化自己身上財富的價值（換句話說，投資錢，讓錢幫他賺錢），他才能在餘生享盡滋潤的生活方式。

說到這個……

有錢人才懂的預算祕密

記不記得我們在第一章提過有錢人的寬裕心態？有錢人從事任何活動都同樣游刃有餘，但在預算方面更是如此 —— 我們又稱之為財務規劃、金錢管理、現金流控管。不管你用哪一個專有名詞，基本上指的都是同一件事情：預算。

但這不只是一種心態，有錢人有時甚至比窮鬼更有必要好好精打細算，原因如下。

有錢人的生活中充滿不容錯過的機會

有錢人與我們有一大不同：有錢人的世界常有機會找上門。有可能是有良好的法拍屋物件、稍微裝修就能立刻出租，條件是當下有現金才能得標；或是財政年度結算前，有機會捐一大筆錢給他中意的慈善單位（然後從國稅局手中拿到甜滋滋的稅務優惠）。其實啊，有錢人視為機會的地方，常常被我們一般人當作障礙。（股市下行？買、買、買，不買怎麼在景氣回溫時獲利呢？）

但這些機會，都需要**錢**。

有錢人也像你口袋空空

有錢人說「我的身價是 1,000 萬美金」時，不表示他有 1,000 萬美金的現金坐在銀行帳戶裡頭。

他實際上的意思比較像是「我擁有一系列的資產組合，而這些資產的總值合計，減去我身上的負債，包含是任何形式的債務、借款、房貸等等，結餘為 1,000 萬美金。」

現金只是資產的一種形式。

"

幾乎每一個有錢人身上，
都不會只有現金這一種資產組合。

事實上，有錢人的資產有很高的機率，是屬於非流動性（非現金）的持有，包含自宅、其他房地產、投資帳戶、退休金帳戶、公司持股，還有其他各式各樣不能像現金一樣自由「花用」的資產。

預算就是讓有錢人能從資產中提取現金的方式，讓他平時使用的現金帳戶不至於見底。有了好的預算，他就知道應該計畫什麼時候、將哪些資產組合重新調整分配，來確保他日常所需的現金能夠即時存取。

有錢人要錢幫他賺更多錢

有錢人也不喜歡留太多現金在日常使用的銀行帳戶中。為什麼呢？因為他想要錢出門賺錢啊，記得嗎？他們希望錢努力工作賺錢，而錢待在銀行帳戶裡，可沒有在賺錢。有很多現金帳戶是沒有利息的——就算有，也可能少得不像話。傳統的活存帳戶也多不了多少。有錢人瞥一眼那侮辱人的利率便立刻掉頭說：「哼，我才不要。」

所以他們絕對不會把幾百萬現金放在銀行裡，而是將這幾百萬分配到不同的投資機會中，以求得最大化的報酬率。他們策略部署、分頭進擊。他們計算自己能承受的風險，自己或請人研究不同的投資工具，然後將現金分別投入。

換言之，他們有預算。

請記得，有錢人的心態是：「我要怎麼運用我既有的資源來賺更多錢？」要這麼做，他一定要有計畫，絕無例外。

沒有預算習慣的有錢人囂張不了多久

若不能掌握有錢人的心態，年薪幾十萬美金的人也有可能捉襟見肘。

這是為什麼呢？朋友們，謹記這五個字：由奢入儉難。

簡單來說，過慣了好日子是很恐怖的。這句話的背景是，高收入者容易過起日益奢華的生活。不管是從正職還是投資中，當人們越賺越多時，如果不好好計畫管理，也很容易越花越多。你可能會因為升官了，所以搬到比較好的大樓、買了奢侈品牌的包包、一臺新車等等，整體而言，在日常生活的開支上都比以前大手大腳。

生活品質的提升很誘人，而且常讓人渾然不覺（所以我說恐怖啊），但只要採取一些進階的預算技巧就能避免捉襟見肘的狀況，例如，採用價值開銷法並考慮「不容妥協」的部分。（我們很快就會談到這個概念！）

▌那，我的預算呢？！

你去做臉的時候，美容師都只叫你躺下來，不由分說地開始往你臉上猛拍一些不知名的油膏嗎？

怎麼可能。

他一定先好好地端詳你的臉，可能還拿出放大鏡或毛孔專用顯微鏡。

這就是預算的第一部分——開銷稽核。你就把它想成是金錢版的毛孔顯微鏡（至少沒那麼噁心吧）。我們會湊近你的開銷，仔細一條一條檢視，一顆痘痘都不放過。

開銷稽核

啟動開銷稽核最基本的兩個步驟是：

1. 追蹤所有消費。

2. 集中紀錄。

「所有消費」指的是過去一個月中你所花費的任何記錄。如果你的花費都在信用卡或簽帳卡上，那你只需要從銀行下載對帳單就能一條一條檢視。銀行就是透過對帳單給你交代，讓你知道這個月每一毛錢都去哪兒了。

下載對帳單的方式：

1. 登入你的網路銀行或信用卡帳號的網站。

2. 選擇你的帳號（適用於簽帳卡消費）或者卡號（適用於信用卡消費）。

3. 找到「對帳單」的連結或按鈕（如果你還沒有更改設定，我建議你趁此機會將對帳單設定為無紙化，這樣對帳單每個月都會寄到你的電子信箱）。

4. 通常對帳單是 PDF 格式，但有的銀行也會提供匯出試算表的選項功能。後者對於試算表軟體達人來說非常方便。（還沒有成為達人？可以先參考我網站上的 Your Rich

BFF試算表樣板！）

5. 重複上述步驟，將每一張簽帳卡和信用卡的消費紀錄都下載下來。

實 戰 演 練

我建議你匯出並稽核當月往前1到2個月的資料，如果現在是6月，就看4月和5月。不管你選哪個月，記得每個帳號都要是同一個月份。在開銷稽核上，我也建議你避開11月和12月，購物季、聖誕節期間的消費往往特別高。

另外一個開銷稽核的方式，是使用追蹤消費的 APP（現在有很多免費的選項），這些應用程式能夠安全地存取信用卡和銀行對帳單、將所有紀錄綜合分類（可掃描右方 QR Code 或從我的網站 yourrichbff. com/richafresources/us/spendingapps 看我推薦哪幾款 APP）

現代人多數消費都在卡片上沒錯，但就算你把所有的消費都集中到某一張信用卡，還是會有幾個大型開銷不會出現在該信用卡的對帳單中：房租或房貸、車貸，以及任何貸款的還款。通常這些會是你開銷中最大的項目，你也不太可能用信用卡付學貸。所以**別忘了把銀行對帳單也匯出來**，或者乾脆用紙筆寫下以免遺漏。

所有資料都湊齊之後，就輪到「集中紀錄」的工作了。有印表機的話，你可以把對帳單印出來，或者把每一條消費輸入

到試算表中，手寫到子彈筆記裡也可以。真的，只要你方便就好。畢竟我們每個人都有不同的學習風格。我個人最喜歡 Your Rich BFF 的試算表（廢話），如果你像我爸爸，喜歡把東西印出來，搭配黃色螢光筆作業，那也沒問題。

好的！（揮汗）資料想必不少吧，你做得很好。相信我，我知道你的開銷現在看起來像是一大疊混亂的資料，但這只是過程。你可以把整理開銷想成 Netflix 節目《麻理惠的怦然心動之道》，把衣櫥、梳妝檯抽屜都淨空，把所有東西都倒到床上。

然後……就好好來分類吧！

實戰演練

掃描右側 QR Code 或從我的網站 yourrichbff. com/richafresources 下載 Your Rich BFF 預算試算表。

分類、計算、重新調校：錢都花在什麼上頭了？

整理開銷分為兩個步驟：

1. 首先，每一筆項目都去到該有分類中。
2. 再把每一個分類都評上生存必要性等級。

好的，先來分類！分類跟你的生活方式有關。在此用我自己偏好的分類方式給你參考。通常我一個月的消費大約有六種不同的分類：

1. 住（租金、房貸、水電瓦斯）。

2. 食（日常採買食物與日用品）。

3. 外食（外帶、去酒吧、買咖啡）。

4. 交通（優步、悠遊卡等）。

5. 娛樂（串流服務、各種表演門票等）。

6. 維護（上髮廊、接睫毛、按摩）。

對我來說是大約六種，但每個人的情形都不一樣。如果你每個月都會治裝，那你可以為服裝開一個獨立的項目。如果你家裡是透天厝，每兩週就要往特力屋跑一趟，你也可以針對房屋維護開獨立的類別——否則把燈泡、浴簾等都算入「住」的類別也沒有問題。你可以把健康保險費放進跟感冒藥一樣的醫藥類別，或者獨立一個保險類別，來涵蓋健康保險、車險、房屋險跟房東保險（如果你用的是我的 Your Rich BFF 預算試算表，我已經幫你準備一套常見類別，可以立刻上手，也可以進到類別中根據自己的需求修改喔。你用其他類似 Mint 的軟體也一樣。別忘了，先確認他們的分類沒有跑掉）。

不管你最終用哪些類別，請記得你的最終目標是對錢的去向有所掌握。對你來說最重要的，並不是每一個類別中分別買了什麼，而是整體而言，那個類別的花費對你的人生有多必要。所以請盡量避免「雜支」類別過大，因為這樣就失去分類的意義了。除此之外，唯一的規則就是**做自己**。

溫 馨 提 醒

其中,最常被忘記的三個類別是什麼呢?存款、還債跟投資。如果你的直覺反應是:「小惟,我沒忘記。我根本就沒在做這些事!」很好,你來對地方了。接下來我們要帶你做出嶄新的預算,以確保你能釋出一些現金來存錢、還清債務、再讓錢滾錢。現在對你來說這三個項目都是零,沒關係,我們很快就會用得上。記得,打造預算的首要目標,就是讓你盡早開始投資!

把所有的開銷都分類並加總之後(不管是手動或用試算表計算都可以),我們就來評估吧~這個動作需要上色嗎?是的,要上色喔。

我們用最直覺的方式,採取紅綠燈的風格吧——就用紅、黃、綠三色—— 找出這三種顏色的螢光筆或者到 Excel 內開啟選色工具。

→ 紅色類別

代表**<u>沒有任何彈性的開銷</u>**。所有你能存活、維持工作、不違法亂紀的情形下,無法刪減或徹底移除的開支,都屬於紅色的類別。

紅色類別中幾乎不可能沒有這兩種:住和交通。以住房來說,你有合約在身(也許是租賃契約或房貸合約),租金或還款金額到合約期滿前都無法改變。你總要有地方遮風避雨呀。

→ 黃色類別

這類是**<u>必要開支,但頻率和金額有彈性</u>**。這就是你可以召喚

自覺與判斷力的地方了。日常採買當然是必要開支，畢竟我們都不該挨餓，但跟姊妹到超市的熱食部一起午餐？也許更像是「外食」體驗而不是日常必要。再來，類似手機門號租約和寬頻服務都是必要開支（這類型開銷每個月的金額是固定的）也屬於黃色，因為他們的存在有其必要，但金額有彈性爭取的空間。（預告一下，我很快會教你怎麼省！）

→ 綠色類別

最後這個類別則完全是**自主開銷**。包含：看電影、上酒吧、接睫毛、做美甲。這些項目應該不需要多解釋（只要不是紅色和黃色，剩餘的項目應該都要屬於綠色）。

綠色項目也標記完成後，你就可以開始做評估（換句話說，這就是近藤麻理惠教你拿起毛衣自問：「你是否仍讓我怦然心動呢？」的環節）。從綠色開始，先好好看看每一個數字。我說真的，你只要觀察自己直覺的感受。也許，看著你的外送總額你腦海隱約出現「屎定了」的聲音，或者，你看著泰勒絲演唱會門票所花的 $$$ 仍像個傻子般燦笑 —— 記住這些感覺（不管你錢花哪去了，都不需要在這個步驟自揮巴掌）。

掌握你對每個綠色項目的怦然心動指數後，再來，我們改從**機會成本**的角度來檢視這些開銷。機會成本的概念，就是每做出一個選擇，就等於把其他的選項都拒於門外。這跟網路交友沒兩樣，如果 Bumble 上有兩個小鮮肉同時約你今晚去吃飯，你腦海中浮現「我該去見誰呢？」的聲音，就是你在進行機會成本評估的證明。因為你知道，如果去見了鮮肉一號，他若無

聊又噁心又有暗黑隱藏人格的話，那你肯定整個晚上都在後悔：啊啊啊，把我寶貴的時間還來，不敢相信我還特別除了腳毛。你所損失的不只是與鮮肉二號享受美好晚餐的機會，你同時也錯過了待在家休養生息的選項。

　　成本的思考角度能幫助你看清哪一部分的支出可以刪減，來配合你真心在乎的事情。過往你可能有錯覺「永遠不該在 X 項目上花超過 Y 的金額」，機會成本讓你從這樣的不成文規矩中解放，讓你知道你可以為自己的開銷做判斷，畢竟承受這些開銷決策後果的也只有你。認清自己錯失的機會，會讓你深刻地感到後悔，覺得你浪費了寶貴的時間、金錢和資源——所以，如果你對任何的開銷項目有類似感受，請好好記住這一刻的感覺（在腦中紀錄或寫下來）。

　　對綠色項目都跑過怦然心動檢查和機會成本分析之後，也用同樣的方法檢視黃色的項目，問自己同樣的問題，但這次你得記得，這些開銷可以縮減，但無法完全免除（你也可以試著看看你的紅色項目，但這些核心開銷可能更沒這麼有彈性了）。

　　記住，在這個階段我們還沒有要進行任何的刪減或調整。現在我們的目的是讓你了解你的開銷現況，評估你所有的開銷對生活帶來的價值，讓你直接了解兩者間的比例關係。透過這些步驟，能培養你對於價值的正確心態：

1. 價值是個人的主觀感受。

2. 價值是相對的。事物的價值，是相對於同樣的錢能買到的其他事物。

有了正確的心態之後，你就能像個有錢人般思考。

等等，我現在到底賺了多少錢？

嘿，你做得很好喔。透過金錢的人生整理術，從頭到腳完整地檢視了你錢的流向。

然而，流向只是財務的一個面向。你的開銷預算不是絕對的，因為**你能花多少，取決於每個月進帳的錢有多少**。

所以，在你擁抱嶄新的預算風格之前，你還得好好檢視個人財務中更重要的面向：你的收入。

我猜你們每個人都能立刻就回答我你的薪水或者時薪是多少。但對我們來說，唯一有意義的數字，是能夠支用的金額，也就是你的**淨收入**。淨收入表示會進到你銀行戶頭的數字。也許你的年薪有十萬美金，但這之中有很大一塊會立刻被吃掉，包括雇主預扣所得稅（本地稅、州稅、聯邦稅），如果你有選擇參與的話，則各種稅前優惠，包含健康保險和退休金提撥、通勤福利或彈性開支帳戶，都會排除在淨收入之外[12]。

如果你的收入來源就只有一份薪水的話，那只要看看你的薪資單上的「實付額」，再乘上你每年收到薪水的次數（例如：你是每個月收兩次薪水的話，你的財政年度就有 24 次的薪水），如此便可以得到你的年度淨收入。

---

12 此處的稅前優惠是指英美國家常見支持受薪階級的國家政策，例如將通勤、育兒、健康保險和退休金扣在稅前開銷。臺灣亦有退休金、勞健保費等免稅的福利。

真心話時間：你最後一次好好看薪資單是什麼時候呢？如果答案是「從沒看過」也別緊張。薪資單基本上就是薪水的收據，它跟一般收據一樣無聊，除非忽然有解讀的需要，不然，薪資單被忘在一旁也很正常。

莫驚慌。每間公司的薪資單不盡相同，但基本上的分類差不多。通常你會在左上角看到**本薪**的字眼，這理論上全是你賺的錢……但，很快你就會看到雇主預留支付以下項目的金額。

預扣所得稅

- 美國政府之聯邦所得稅。

- 居住地之各州所得稅。

- 本地所得稅：上繳至你所居住的城市、鄉鎮等區域政府。

- 社會保險與健康保險稅：基本上是由受薪階級幫社會年長者支付這些公共服務的費用。

其他免稅扣款項目

- 個人健康保險費。

- 任何通勤福利。

- 育兒費用（如果透過雇主支付的話）。

- FSA 或 HSA 自主提撥*。

- 401(k) 或 403(b) 等由雇主贊助之退休計畫*。

最後，你會看到類似小結或摘要的部分。這裡簡單分為：

- 稅前本薪。

- 所有扣款項目總額。

- 實付額：最後會進到你銀行帳戶的金額，也就是稅前本薪減掉所有扣款。

* 我發誓，這些看起來可怕的縮寫我晚點一定會解釋清楚（詳見第五章）。

不過說實話，現在只有單一收入來源的人不太多了。如果你有副業、兼差或其他不提供薪資單的收入來源，也許可以透過去年的報稅資料來推得你約略的年度淨收入。

把你最近一次報稅的表單挖出來（之前沒有存檔的話，用報稅軟體登入就能隨時下載），找到兩個數字，並且把它們相減，就會得到這個公式：

調整後的稅前收入 (Adjusted Gross Income, AGI) - 總稅額 = 你的淨收入。

登愣～這就是去年一整年你拿到手的所有錢（不過這種方法只能當作約略的計算 —— 如果去年到現在，你的收支有已知的巨大改變，不管是開始兼差當保母，還是不小心中頭彩，都請你務必盡力將這些金額考慮進來）。

溫 馨 提 醒

等等，進到我退休帳戶的錢怎麼算？難道不應該放進收入之中嗎？

好問題。如果你有在自動提撥退休金（例如透過雇主贊助的 401(k) 退休帳戶），一定要記錄每年你提撥多少（就算不知道在幹什麼，也不知道為什麼，都沒關係。下一章我們會好好解釋），那些是你所賺來的錢，所以的確是收入的一部分。只是這筆錢已經預先指定用途，直接送進退休投資基金中。換句話說，這個部分是早有預算，而在你接下來要擬定的預算計畫中，會將這些提撥的金額算在「存款／投資」的類別。

如果你還沒有開始提撥退休基金，也不要慌張。接下來我都會一一說明怎麼做、要提撥多少。讓我們按部就班來。

有了年度淨收入，我們就能快速掌握你的財務現況。把你在前幾頁做出的月開銷乘以 12，再將這個年開銷總額跟你的年度淨收入相比。哪一個金額比較高？

（緊張刺激的倒數音樂聲）時間到！

如果你的收入比較高，很棒喔！請直接跳到第 124 頁〈為自己打造預算〉的部分。

如果你的開銷比較大，不要慌張！真的不用。回到你的月開銷，這一次，忽略所有綠色的類別，把紅色和黃色相加以後，總和乘以 12。

紅色和黃色類別的年度總和跟你的年度淨收入比起來，是不是年度淨收入就比較高了呢？是的話太棒了！雖然現在你還在赤字的狀態，只要好好擬定新的預算，這個狀況不會持續太久。接下來關於預算策略的部分就請仔細研讀了，特別是「價值開銷法」的段落對你會很有幫助 —— 相信我，那些讓你後悔「機會成本過高」、「我幹麼花這種錢」的綠色類別，就是最適合拿來投資、讓錢賺更多錢的魔法來源。

就是你嗎？

首先深呼吸。的確，如果你現在的花費比賺進來的多，那我們接下來要聊的事情會完全不同。但這不表示你的人生失敗、沒有希望，更不表示你應該放棄，完 · 全 · 不 · 是。

就算只看紅色和黃色類別，你的年度開銷還是高於年度淨收入的話，你的赤字狀態不會改變。就算有最「好」的預算（且不管「好」的定義是什麼）也沒辦法解決這個問題。這是因為你無法靠預算的方法讓自己脫離赤字黑洞。這句話到我死之前都會不斷地提醒大家。

這時候你該做的事情如下。

- **跟雇主談判**：回到第二章，仔細再讀我所說的 —— 你有沒有跟雇主要求加薪？有沒有試著申請新工作呢？這些解決方法絕對稱不上立即有用，但只要給自己時間，就算一次只拿到 5% 的加薪，多次累積起來也很可觀。如果你都還沒試，別再等了，現在立刻去做。

- **開啟新的副業**：短期的現金需求最適合透過副業來賺取。就算你一週只能勉強擠出兩個遛狗時段，若你不去遛狗也不會得到這筆收入，每一筆都很有用，特別是這樣的行動會給你信心，讓你知道你有能力改變。

- **減少固定帳單開銷**：先跳到第四章，我會教你如何跟供應商談判，減少你在黃色項目的帳單金額（例如手機和寬頻月費）。跟薪資談判一樣，花一點點時間，你就能一年賺進幾百美金，何樂不為。

- **面對債務問題**：如果還債是你花費中的一大部分，那你應該要採取行動來減少高利率的懲罰，甚至跟債主討論月還款金額。請跳到第六章的第 268 頁看詳細的做法。

做得好！按下存檔鍵、把螢光筆蓋闔上。朋朋們，我們可以準備進行下一步了。

沒錯沒錯，終於到了打造預算的時間！

還記得我說的嗎？預算就是把每一塊錢分配到存款、開銷、債務和投資之中。每個人手上的預算，都是各自不同的分配。親愛的，你的預算，當然得根據自己的需求**客製化**。

▌為自己打造預算

打造預算跟做手部美甲沒有不同。你有很多選項，

壓克力還是自然材質？霧面、凝膠還是一般？顏色呢？法式甲尖？要剪短還是銼刀修飾就好？方角、圓角還是杏仁角？要上彩繪嗎？要貼假鑽嗎？

我個人非常喜歡在有大場合要出席的時候去做美甲，讓我覺得更有自信，這就是我對美甲師的唯一要求。但我知道有很多女性朋友對於凝膠指甲非常講究，也有人花錢訂閱品牌福袋包、每個月都會收到新指甲油來嘗鮮。

重點是，我們每個人對指甲的要求都不一樣。每個人都能選擇最適合自己的風格，符合各自人生中各種場合的需求，也讓自己感到快樂。

接下來將介紹，經過你的有錢富朋友認證、最受歡迎的四種預算方法——但是！這些都只是一個起跳點。就是你在美甲

沙龍看到琳瑯滿目的指甲油牆面，所以挑一罐順眼的來試試就好，沒有正確答案，隨時都可以更換。幾個禮拜、幾個月後覺得不喜歡，卸掉重來便是。

532 法則

我不偏心，但我得說，532 法則大概是我最喜歡的預算策略了，因為它好簡單。這就是傳說中隨切即烤的預拌餅乾麵團，銀行帳戶版的食材到府服務。

原則很簡單：

- 5：50% 的稅後收入是基本開銷。
- 3：30% 是自主開銷。
- 2：20% 拿來存款／還債／投資（接下來幾章，我會帶你看如何存款、投資。現在只要先指定用途就好）。

講完了。真心簡單。

我觀察到，532 法則其實最適合不太需要預算，但想要有工具幫忙控管開銷的人。它也非常適合把預算當成觀賞遊戲直播的宅男宅女們—— 喜歡用追蹤 APP 來看錢都花到哪去、但又不想自己打造超級複雜的開銷分配系統。

而且，因為我們已經把所有開銷都分類上色，採用這個預算法起始成本不高：只要將你已上色的類別，分別歸類到 5、3、2 的指定用途。但它有一個條件，因為有 20% 必須要能夠存下來或者投資，這表示你所有的開銷——紅、黃、綠全部加起

來，不得超過淨收入的 80%（也就是 50% 基本開銷加上 30%
自主開銷）。如果你現在的開銷超過 80%，那麼，我們就該從
30% 的自主開銷，也就是綠色類別開始調整。

查 看 更 多

如果你拿不定主意這 30% 之中，哪些開銷可以保留、哪些開銷該放棄，
可以參考我在這一章最後提的價值開銷法。

最後一點提醒：隨著你的收入增長，這裡採用的比例也會漸
漸不再適用。最後你的存款／投資／債務類別，會比 20% 大上
許多，這才是我們要努力的目標。532 只是預算的起點。

零基預算法

別被這個名字給騙了，這份預算不會讓你只有 0 元可用。在
零基預算法中，你會把所有得以花用的錢都分配到開銷的類別
（包含你的基本開銷、自主開銷、額外的玩樂費用，以及你的
存款和投資目標）。每一塊錢都被賦予特定的任務，就算這個
任務只是「我忘了分配的雜項支出」。在你分配完成後，你的
收入減掉支出應該等於 0——這是因為你已經計畫好，所花的
就是這個月賺的錢，不多也不少。

稅後月收入（美金）		預計月支出（美金）	
薪水實付額	$3,400	房租	$1,600
副業	$420	買菜與日用品	$375
		水電瓦斯	$200
		交通	$125
		租屋保險	$75
		喝酒／出門／玩樂	$250
		不容妥協	$150
		債務還款	$550
		存款	$375
		雜支／我忘了要預算的部分	$120
總計	$3,820	總計	$3,820

$3,820 - $3,820 = 0

　　採用零基預算法，赤字就不會發生。因為這種模式會透過技術面直接讓赤字的機會歸零，畢竟一塊錢無法同時出現在兩個地方，也無法被花兩次（從前只能用現金交易的時代，人們還會將紙幣分別放進不同的信封呢，這也是為什麼零基預算法又稱為信封預算法）。

　　你是否覺得零基預算法看起來比 532 法則費力多了？嗯……不瞞你說，的確是如此。但相信我，額外付出的努力不會白費，針對收入不穩定的族群，零基預算法特別可靠。

啥？收入不穩定是什麼意思？容我用實境節目《捕鱷人》[13]
為例來解說。

不熟悉這部當代電視實境節目經典傑作的朋友們，《捕鱷
人》的主角是獵捕美洲鱷維生的獵戶。他們的工作就是深入
沼澤、捕捉美洲鱷，除了讓親友飽餐一頓，還能將處理後的鱷
魚皮轉賣。這份工作報酬豐潤（想想市面上鱷魚皮包包的價
格），但天下可沒有白吃的午餐。

是這樣的，獵捕美洲鱷有所謂的**季節性**。捕鱷人們一年工作
三個月，也就只工作那三個月，但那三個月裡，他們可是不眠
不休地追捕鱷魚。換句話說，捕鱷人一整年的生計只能靠那短
短的捕鱷季節，以三個月的收入，支持家庭四季的開銷。

當然，捕鱷人也不是唯一這樣只能靠不穩定的一筆筆進帳來
撐過一年的勞工。靠競賽獎金維生的專業運動員、家教、自由
工作者、全職的優步司機、作家、藝術家……就算是
全職工作的受薪階級，也可能有不穩定的現金流，他們可能是
佣金制度、季節性工作者或者在工作上高度仰賴小費。如果你
也是這樣的人，零基預算法可以幫你的開銷做策略規劃，這樣
你的現金才不至於在下一次收入進帳之前見底。不管你進帳的
頻率和額度如何，這種方法都能在不知不覺中敦促你做出價值
判斷 —— 你想買**哪一樣**都可以，但就是不能**每一樣**都買。

反向預算法

反向預算法的原則，是在做出任何花費決策之前，強迫先把

部分現金存入儲蓄或投資帳戶。就這麼簡單。採用這個方法時，不會同時考慮存多少和花多少在基本及自主開銷上（532法則），也不會強迫將收入都指定用途、讓收支相減歸零（零基預算法）。反向的意義在於，**你在第一步就先把存款和投資的目標完成**，而不是在預算開銷後，剩多少存多少。

這種方法很天才，對正在努力改掉揮霍習慣的人特別有效。如果你經常不到一週，就把上個月底勉強存下來的錢提出來用掉，反向預算也是你的歸屬。反向預算法等於是把你的錢藏起來、眼不見為淨，最好把錢第一時間就存進退休帳戶，要你等上許多年、到指定年紀才能領取的那種帳戶最好（我在第五章將進一步說明）。

不過，反向預算法的好處不只是透過設定自動轉存、強迫你發揮意志力，這種方法特別彈性，它不強制你得存下收入的特定多少比例──而只要求你不管要花錢買什麼之前，養成習慣先付一筆錢給未來的自己。一旦熟悉了這個節奏，長期來說，維持預算習慣的成功率會大大提升。這些小小的提撥也許看似微薄，但要有信心，只要時間一長都會看出成果（感謝複利！），你會覺得怎麼毫不費力就變有錢了？

半額預算法

顧名思義，半額預算法最適合每月支薪兩次的族群。基本上你得把所有帳單分為兩大半，你的第一筆薪水支付前半，第二

---

13 《捕鱷人》（*Swamp People*）為由美國歷史頻道首播之美洲鱷獵戶日常實境節目，第一季於2010年8月首播，至2024年已播出14季，仍在熱播中。

筆薪水支付後半。

也很簡單……但不誇張,對當年的小惟簡直如有神助。我第一次愛上半額預算法,是在搬到紐約後不久,我發現自己每次到了月底就要勒緊褲帶。因為我知道就算第二筆薪水快進來了,但一付完房租就沒了。也不知道是什麼神奇的心理因素,只要我把第一筆薪水的一半先保留下來等付租金,上半個月就靠第一筆薪水的一半維生;等第二筆薪水進來以後,再把一半留下來付租金,這樣我至少還有第二筆薪水的一半,能夠支撐我度過最艱難的下半個月。透過這種方式,我不再感到好像整份薪水全都進貢給房東的剝削感,更讓我對自己有信心能掌控全局、人生操之在己。我有多少就花多少,不覺得窮困,每半個月都有那半份薪水可以支應開銷。

實戰演練

還無法決定哪一種預算法最適合你嗎?可掃描右方
QR Code 回答小測驗的問題,幫助你找到答案!

價值開銷法

還記得我人生第一個 Prada 包包嗎?

就在我買下它不久,我的導師就注意到了,並開口問我。我當然很興奮、滔滔不絕地說,對呀,是新的喔,我才剛買不久,

我真的超級超級愛這個包包的。

她淡淡一笑，說「沒有什麼比得上人生第一個名牌包」。

我也學她淡淡一笑，然後忍不住笑得花枝亂顫地說「喔，對呀，哈哈哈，真的耶」。

在那之後，我陸陸續續又買了好多包包。你知道嗎？她說得一點都沒錯。沒有什麼比那第一個包包感覺更美好。事實上，當我手上的奢侈品越來越多，我開始出現所謂購物懊悔症候群：**我真的有需要嗎？我到底什麼時候才用得上這東西？**

有時候我的懊悔是錯覺，我買的東西後來證明很有用，一天到晚在穿。這種買到好的單品，變成衣櫥固定班底的感覺，我愛死了。

但也有些時候，我的懊悔不幸成真。我花了好幾千塊美金買了一個從來不曾從防塵袋中拿出來用的包包。我感覺浪費了好多好多錢。無可否認，這種錢花得完全沒價值。

我們剛談完了預算的運作邏輯，我想暫停一下，與各位一起深入讓人揮霍成性的根源：**價值**。

大體而言，只要購買商品帶來的正面感受，高於不再擁有那筆錢的負面感受，這次的購物就有了價值。這種感覺我們也常形容它為「值得」——到手的物品值得我們放棄手上的金錢。問題在於，很多人其實不了解手中的一塊錢其真正價值是什麼，這不是因為我們不夠努力，而是我們從來沒在腦海中描繪過那一塊錢能帶給我們什麼。

事後想起來，我從第一個 Prada 包得到的價值真的很多，因

為當年的我非常清楚那些錢能買到什麼。我努力工作，還為了這個包包設定專屬的存款目標。你們的有錢富朋友我可是每次拿到薪水就把幾百塊美金轉進「買包基金」中。我大聲對自己說：「今年我做到爆肝也無所謂，因為不管怎麼樣我一定要買到那款美死的包。」我甚至算得出來為了這個包我加班了幾小時，而且滿心愉悅、覺得每一個小時的苦力都值得。

　　我敢打賭，我們每個人在職涯的開始都曾有過這樣的一刻。當然不一定是包包：也許是第一次搬進自己的公寓、第一次跟父母去餐廳後伸手拿起帳單，或是買下人生中的第一臺車。這是你初次感受到你有財務自主能力，第一次清楚地知道你不再需要仰賴他人來得到你要的東西。就是這一刻，賦予你從未擁有的自由與力量，沒有什麼比這一刻還來得有價值。

　　同時，也印證了我導師的那句話：沒有什麼比得上人生第一個名牌包。

　　這是因為 —— 在那之後一切都不同了。你會變。評估事物價值的標準也隨著你而改變。

　　我第一次邁向 Prada 大冒險的存款之路上，是真心想要買一件奢侈品，一個價值足以代表我的收入、我的血汗的精品。但有了幾個名牌包之後，我開始重新思考，思考每一次購買新包包，這背後要做幾個小時的工作？我想像自己在交易桌前奔走、回覆電子郵件、進行市場調查，甚至想像自己通勤的辛勞，然後自問：**如果要我忙整整兩個禮拜，就換這一個包包當報酬，我開心嗎？**

最後，我的答案是不。我再也不想要買新包包了。我發現，這就是所謂的揮霍，不是我沒有足夠的錢買名牌包，而是因為我用錢去交換來的東西，已無法帶給我想要的價值。

在我的買包旅程中，「值得我忙這麼久嗎？」的捫心自問，就是價值開銷法的精髓。價值開銷法，就是用賺得這筆錢你所需要付出的工作量，來衡量潛在購買目標的價格，然後自問：**好，那你覺得值得嗎？**

價值開銷法既簡單又有威力，有可能為你省下很多錢。當我們漸漸忘了銀行戶頭的存款背後是多少工作（以及多少血汗與眼淚），人很容易開始不知節制地花錢，而且依舊不滿意金錢所換來的物品。價值開銷法將問題從「這東西我買不買得起」改為「這東西有值得我工作這麼久嗎？」

你的有錢富朋友在此公開價值開銷法的祕密公式 ——

商品價錢 ÷ 有效時薪。

換算出工時之後，你就能捫心自問，願不願意工作這麼多小時，來換得想要的洋裝或假期。

價值開銷法也是關鍵時刻幫我們懸崖勒馬的絕佳工具。舉例來說，看到喜歡的東西，我們經常反射性地想：嗯，我上次買的那個包包好像沒有真的很到位，但這一款也許能給我期待的信心與美麗。

有了價值開銷法之後，你就會捫心自問：**等等，我到底在想什麼啊？包包其實從來都沒有為我解決問題過**。這時，你就會

理性地重新評估了（也就是透過價值開銷法的反覆自問，避免不知不覺上了「過慣好日子」的恐怖列車）。如此一來，你也就不太會毫不猶豫地花大錢在不是真心想要的事物上。

價值開銷法也能讓你不斷調校你的生活與開銷，比方說：

1. 隨著收入提升，每一塊錢對你代表的意義會漸漸改變。

2. 你的生活也是會變的——當你有了房子、有了小孩，這時候對你來說，花2,000美金買傢俱或嬰兒推車，可比一雙2,000美金的名牌高跟鞋來得有價值多了。就連一場臨時的午後雷陣雨，都有可能改變事物在你眼中的價值。也許你從來不願意花20美金在藥妝店買品質普普的雨傘，但如果你才剛從髮廊出來就開始傾盆大雨，這時候20塊美金可花得很值得。（沒錯，你可以容許自己花錢買方便。我保證！）

你可以用價值開銷法的心態為當下做決策（包含在開銷稽核中，分析自己的花錢習慣，或者衡量即將要發生的大筆支出），但你也可以用這個方法來規劃未來（在打造預算時，決定接下來要保留還是刪除某些開銷），為每一樣物品給一個新的標價單位（你得工作幾小時才賺得來）、並從中反思你從這樣物品中能得到什麼，這樣，你對於每一塊錢的價值，將會有更真切、更私人的感受。

我們每個人都值得不容妥協的美好
（緊握著抹茶拿鐵至死不放手）

有時候，我們買東西就只因為喜歡。喜歡擁有、喜歡使用，或喜歡吃。

我懂。但，是不是超～可怕的。

我知道，這些東西都要花錢。但這些生命中的小確幸 —— 這些常在迷因圖裡被描繪成個人財務的敵人，像是你的拿鐵、你的酪梨吐司、你的護髮療程、你的高級調酒……不管是什麼，這些其實不單純是個錢坑，他們是有作用的。這些美好事物能安撫我們的人生，帶給我們幸福和存在的意義。

所以呢，花錢換小確幸是 OK 的。（花錢本身也很 OK 的！）

相信我，每個人都會。（**有錢人當然也會！**）

我深信每個人在生活中都有（或者該有）只為取悅自己而為的一點小奢侈，或是娛樂嗜好。不管是什麼，這就是我稱之為「不容妥協」的概念。

對我來說，不容妥協的就是接睫毛。我每三個月左右就會去店裡接一次，將半永久性的假睫毛黏在原有的睫毛上，這種服務還真不便宜，每次大約要花我 110 到 150 美金不等，就看我那一天療程不小心眨眼弄掉幾根。

我懂，有些人聽了反應會是「什麼？你叫別人把合成毛黏在你的睫毛上？什麼？是在你自己原本就有的睫毛上嗎？（超困惑的停格）呃，請問這重點是什麼？你不知道有睫毛膏的存在

嗎？這怎麼會值得你每年花這麼多錢？」

我可以告訴你「這麼多錢」是多少錢，因為我有算過：我一年大約花 2,500 美金接睫毛。對，我就是花了這麼多錢在小小的假睫毛株和黏膠上！

但我買到的，當然不只是延伸出去的假睫毛而已。這 2,500 美金帶給我的，是日常的信心。我再也不必為了出門前要先化妝而緊張，不用浪費時間刷睫毛膏，因為我的眼睛已炯炯有神。不管是在我本人素顏跑雜貨店時、在我發布的網路影片上，還是在我盛裝出席的任何活動中，我都自覺美得冒泡。這其實是錢買不到的──我每天都能多睡幾分鐘，還像吃了惡魔果實般有著自信的超能力。

當然，不是每一樣預算中的物品，都能被當作不容妥協的項目。因為除非你有貝佐斯的財富，否則你的預算頻寬並沒有大到你什麼都能要。重點在於：

> ## 你可以選擇任何一樣東西，
> ## 但你負擔不了每一樣東西。

你可能要跟你自己好好談判一下，**什麼才是對你而言真正有價值的**（嘿，似曾相識的價值開銷法）。舉例來說，我放棄做美甲，以能有預算接睫毛，這是我心甘情願的取捨。但你真的可以（也應該）在預算計畫中保留位置給至少一項「不容妥協

的美好」—— 就算你還說不出為什麼。你想，光是有這一項，就會讓你感謝自己「打造預算」了，不是嗎？沒錯，能帶給你幸福和滿足感的事物，其他人可能不屑一顧，但請記得：這是你的預算，不是他們的預算。

每個人都值得在生命中，擁有一兩樣不容妥協的美好，不容他人置喙，不應遭受批判或羞辱。在你認真檢討開銷的當下，請用心為自己保留這些帶來快樂的小確幸。我是認真的，要做到喔。

▍有錢阿姨的美麗與哀愁

中文裡的「應該」一詞，表達的是義務或是命令。

在很多文化，特別是移民文化中，小孩子會受到強大的社會期待，要出人頭地、賺大錢，並把大部分的薪水上繳給父母、回饋家庭。這概念就好像奉養家庭應該是你人生的首要目的。而且這種觀念根深蒂固、難以動搖。我是從真實經驗跟你談這份切膚之痛，不只是在中國移民家庭教養中長大的我的經驗，還有我的朋友的經驗。我在小摩根有位同期同事，父母是非法移民沒有身分，而他們認為孩子賺的每一毛錢都應該寄回家，根本不管他第一年就來到極其昂貴、自己都難求溫飽的紐約市中心，根本沒能站穩腳步。

我為什麼要提這個？因為在你嶄新的預算人生開花結果時，你可能會開始感受這股來自家庭的壓力越來越大。終極來說，

預算就是你為自己設下的界線，而當周遭人們不斷對你設下的界線施壓再施壓時，你很容易失守。就算不是移民家庭後裔，你也可能會發現，當財務狀況變好之後，你在家裡的地位就有了微妙的變化——如果你的家人和朋友圈中，多數人都沒有好的財務習慣，你的感受會特別明顯。你賺得比以前多，或甚至只是開始掌握你的開銷，因此有現金預算可以花在不容妥協的美好，這時候，你周遭的人們好像忽然每個都想當你的朋友。

在這裡，我分享幾個能幫助你為家庭和金錢設下健康的界線的臺詞，讓你能支持所愛的家人，又不會被他們的財務問題給拖垮。

「我不借錢。」

我認真的，你就直說吧。

像這樣直接把界線明確講出來讓對方知道，威力非常強大。還有，請注意每一個用字。

請不要說「我無法借你這筆錢」。先別說這可能根本不是事實：很可能你現在的確有現金可以借。如果是這樣的話，你的說法根本是在邀請對方再問一次。然後你們就一直「你可以！」「我無法！」來來回回，是不是很心累。

你也不該說「我現在沒辦法借你這筆錢」。你以為這種說法能軟化對親友造成的打擊，但事實上這句話的後果，是讓對方覺得他應該晚一點再來敲門。到了那時候，你們又要承受一次

這種不舒服的對話。

與其拐彎抹角，請直說「我不借錢」，這不只為對方，也為**自己**設下界線。請將「我不借錢」的行為特徵，內化為你自我身分認同的一部分。

容我澄清，這句話並沒有什麼魔法。如果你的遠親又跑來跟你借錢，你還是得承受不舒服的對話。但反過來說，你也可以利用大家庭系統的能量，來加強你不借錢的行為準則。如果你跟爸爸媽媽特別要好，可以請他們幫忙共同執行一致的政策，幫你設下界線，不要再讓那個遠房親戚跑來借錢。

「每個月我能寄回家的就是這個數字，無法更多。」

即便如此，如果來借錢的就是你的爸媽，這時候對話會更棘手。面對養育你成人的父母，要說「不」的難度的確高上許多。

這時候，我認為你是可以在**某個健康的界線範圍以內**伸出援手的。畢竟，你應該是真心想要幫忙父母 —— 只是你也不希望幫忙以後，自己的銀行帳號餘額歸零。

如果你的情形確實是如此的話，那麼，可以在預算中規劃出能夠負擔的額度，並讓父母知道。你對父母誠實且坦白表示，這就是你最多能夠提供的援助，畢竟你自己也有需要（包含存款、投資、不容妥協等種種）。

如果父母不能接受，請再次重複說明你的界線：「這就是我能提供的金額，沒有辦法更多了。」不需要說明你的預算規劃和細節，給對方討價還價或甜言蜜語的空間。你不需要回答

「為什麼？」、「你錢都花哪裡去了？」或任何類似的問題，因為這跟他們無關。你已經為支援他們做了預算，請對方要麼接受、不要就拉倒。

「我已經沒有錢可以送你。」

有的時候，家人跟你要的並不是每個月寄錢回家，但你知道接下來他們會定期請你「借」他們一筆錢。在這種狀況下，你也可以在界線內設定年度贈款的預算。

對，**贈款**，不是借款。你得將這筆錢當作開銷來規劃預算，因為你必須假設這筆錢不會再回來。這是你給家人的禮物。

你不必提前讓家人知道這份禮物的大小，這是你在心裡為自己設下的門檻。如果你阿姨來開口跟你借 500 美金，你也答應了，很快消息就會傳出去，堂表兄弟姊妹姑姪等都會聞風而來。最後，在你的贈款達到年度預算上限時，你就能坦蕩地開口明說「我的財務狀況已不容許我再給錢」。

他們一定會反駁、抗議，說什麼「不，不，這不是給我錢，只是跟你借錢，我會還你的！我只需要撐到⋯⋯」等等，但請你這時候務必要堅定立場，提醒他們：你不借錢，你只願意給錢，而現在，你已經沒有錢可以給了。

當然，能準備多少錢送給家人，這個界線只有你自己知道——有可能是 100 也可能是 1,000 美元以上。要記得，你不必告訴他們這個數字是多少，只要講明已經口袋空空、沒辦法再給就足夠了。

「等我覺得財務更穩定之後，我們可以再重新評估。」

有的時候，你也能採取拖延戰術。我能理解，你是真心想要幫助家人，但你不想要在還沒奠定基礎的早期，就開始妥協你的財務計畫。

沒問題的。從設定目標的角度來說，決定一個開始回饋家庭的里程碑，是很好的動力來源，也能有效地幫你把家人們的要求暫時往後推。

在跟家人分享你的立場時，你得找到說太多與說太少之間的甜蜜點：**注意不要給出明確的金額，讓自己有彈性進退的空間**（例如「等我的學生貸款沒那麼可怕的時候」，意思可以是學貸完全付清，或者你已經付完一大部分），不要讓對方有機會削弱你的邏輯或對你設下的里程碑討價還價。

在你延後應對的同時，也不提供未來的保證。你並沒有向對方承諾未來會給錢，只同意未來會再評估一次——就算你達到了里程碑，也還保有改變心意的轉圜餘地，也許這個時候的你有其他考量，覺得給錢並不明智。

「我處事公私分明，事業與家庭不混為一談。」

這句臺詞很棒、很萬用，特別適合非單純現金交易的情境。家人可能請你擔任借款的連帶保證，「因為如果沒有連帶保證，我自己申請無法通過，但我絕對有足夠還款能力」，或者要求你辦附卡給他使用「這樣我才能重建我的信用評等」，諸如此類將你的財務與他們掛鉤的手法。

請不要同意。直接句點，沒有商量餘地。

我們將在信用評等的章節詳細深入探討。這裡先容我簡單說明：若需要連帶保證才能借款，基本上，就表示這個人並不符合借款資格，沒有還款能力。而作為連帶保證人的你，就得獨力背起他這次所借的債務全額。同樣的，幫其他人辦附卡，就是讓他們隨心所欲地花，而這些費用最後都是**你欠給銀行的**，真的不好。

這時候你得再次設下界線。你的事業與家庭（或事業與朋友）從不混為一談。請句點，沒有然後，沒有任何商量餘地。

「我很樂意去 XYZ，但必須誠實說，我沒有這個預算。」

這裡的項目小至偶爾的外出花費（週末小旅行、演唱會門票），大至婚禮或海外假期預算。面對這種昂貴、一生一次的體驗，必須堅決說不的感覺很差。但延遲抵達自己的財務目標，來滿足他人的人生成就，既不合理也不公平——朋友結婚為什麼你得破產呢？真正的朋友不會要求你為了姐妹們的旅行而掏空所有存款。又因為開口談錢太難受，我們經常不自覺地避免……然後自己擔起債務。

你應該做的，是學會如何面對不舒服的對話。

如果有朋友要求你一起負責你負擔不起的新娘派對，或者你的閨蜜邀請你出席在海外高級度假勝地舉辦的婚禮，這時候你不用逃避，不要不接電話，出去喝酒也不需避開對方。好好地一起喝杯咖啡（如果你會緊張的話，寫一封電子郵件也可

以），說明雖然你很榮幸能被邀請，但仍得誠實地說：你的學生貸款壓力很大、你正在努力存頭期款買第一間房、你今年的旅行預算已經用盡，或者直接明說「手頭很緊」。

如果你手上還有一點點預算能夠支用，這時可以明白告訴對方這個數字是多少，並告訴對方你不希望他的人生大事侷限在你有限的預算內。如果你願意單純作為賓客出席，也讓他知道。別忘了真心恭喜他和他未來的伴侶，並表達你的激動與祝福。如果是真朋友，一定會了解。

萬一你就是那位準新娘（或新郎），又不想要朋友為你的人生大事散盡家財，能怎麼做呢？請寄出以下這封電子郵件（可以用密件副本或是只有你才看得到結果的網路表單）：

嘿寶貝們，我好高興能找你們來當我的伴娘！非常期待今年五月能跟你們一起度過我人生最後一個單身週末。我知道婚前派對很容易爆預算。我想先說，尊重你們的預算對我來說非常重要，我希望我們每一個人都能真心狂歡而不擔心超支，對我而言，這次旅行最重要的，是珍惜與姊妹們相處的時光。

所以，我想知道你們每個人能夠負擔的預算範圍，我會根據大家的預算來安排，這樣我們每個人都能好好放鬆、玩得盡興。你的答案只有我看得到，有任何考量隨時傳簡訊或打給我也都可以。😘😘

「請準時還款。」

知名的付款 APP Venmo[14]既是救星也是個噩夢,這個平臺合法且快速又便利,但也容易讓你陷入別人買單後,「你以為」之後會還錢……卻從來沒還的狀況。

我個人對於回收 Venmo 上的代墊款項超堅持。我絕對不吃虧。不是我吝嗇或惡劣,這種陋習根本對友誼有害啊。讓代墊的朋友吃悶虧買單,是一張通往怨恨的單程票。理想的情境是從餐廳起身離座之前,我一定請每個人都先把自己的部分付清,再叫車。但如果有人忘了,或者這次分攤的花費是較大額的旅館住宿或租車,我第二天一定會堅定而禮貌地提醒……第三天也會。

人家都很忙、事情又多又瑣碎?沒錯,但這不表示你不能開口:「嗨瑪蒂,我知道你很忙,但我答應先幫大家代墊帳單的時候,預期每個人都會補上自己的部分。可以請你盡快付給我嗎?如果有必要分幾次付也可以商量看看。」(如果他們真的說得要分期付款,那就幫他一把,請他今天先付部分,並讓你知道下一次付款是什麼時候,你才能跟進。)

但如果朋友神隱、避不見面……除非你告到法院,不然只能自認倒楣。很不幸的,面對逃債的人,你從他身上能拿來抵債的東西,只有一個昂貴的血淚教訓。希望你沒有付太多錢買這個經驗!

YOU 法則

（又稱為・預算的唯一任務）

這一章我們談了很多，但我真的需要你記得的是這件事：預算沒有單一的標準方式！

這點我無法過分強調。所以，如果你讀完這一章的感覺是：好多規則、你已經完全迷失歐買嘎～麻煩先冷靜一下。我知道預算會讓人不知所措，但容我再次強調：

> ## 最好的預算方式，就是你能夠
> ## 持續遵守，而不感到剝削的方式。

此外，你只能透過嘗試來確定這些方法是否適合你。就當試乘新車、試住新地方。因為規劃預算不是一蹴可幾，你得用時間來培養。如果你嚇到不敢開始，那就永遠沒有機會感受預算的力量能帶給你人生的驚奇。

很有可能你得神農嘗百草，試過幾種我提過的預算方法、混合使用或發明你自己的系統。都很棒喔，朋友！這都是正常的過程。你也不用逼迫自己每天都完美執行。如果有一天不小心爆預算，就把相關資料收集起來，當作下個月的參考，讓預算越來越貼近你的需求。我再次強調，預算需要時間培養，搞砸

---

14 美國知名的手機支付解決方案，於2013年被Paypal併購，Venmo讓使用者方便平分帳單、彼此間小額付款（p2p, peer-to-peer payment）。

也是必經的一環。

不管你最後的預算長什麼模樣，只要記得，規劃預算只有兩個任務：

1. **讓你對自己的花錢習慣感到滿意**。你的基本需求都滿足了嗎？對於每一塊錢為你買來的價值，相對於你賺得一塊錢付出的血汗，覺得滿意嗎？你有沒有為自己保留那些人生中不容妥協的美好呢？

2. **確保開銷之外，你還有能力存錢或投資**。好的預算不只是讓你免於負債、安全活到月底，更重要的是讓錢幫你工作，也就是幫助你抵達「錢滾錢」的有錢人專屬地位。最理想的預算不只是幫你存錢：它能幫你最大化這些存款所帶來的回報，這就是有錢富朋友式的致富法則。

目前這樣可以嗎？太好了！因為存款就是我們揭開本書第二部分的序幕。

金錢管理任務

預算章節的小抄：把以下項目搞定，你距離成功就不遠了。

☐　上我的網站 richAF.club 下載所有預算相關資源。

☐　找到所有開銷單據。

☐　統合到同一份文件上。

☐　稽核所有開銷，用紅、黃、綠三色分類。

☐　選擇一種預算方法開始實驗。

☐　確保預算中有不容妥協的美好。

☐　隨著時間和經驗修正預算，以更貼近需求。

☐　面對會不斷嘗試犯規的家人與朋友，練習嚴格劃清預算界線。

PART 2

讓錢為你
拚命工作

04. 照顧未來的你

―儲蓄之章―

讓我用下列這兩個故事來告訴你存錢的重要。

故事一：小惟是怎麼用麵包刀剁下一塊手指、肉如何長回來，與緊急預備金的重要（警告：以下內容有血腥、醫療債務與酒醉場面）。

在 25 歲生日當天，我訂了酒吧的包廂，想和幾個朋友盡情喝酒、吃下酒菜。我很興奮，希望一進包廂就立刻嗨翻天。

所以，那天下午我小睡了一下（不想到了酒吧才突然睡意襲來），醒來後我想：「好像該先吃點東西。」（畢竟不想醉得太快，雖然我也打算點下酒菜，還是先來吃些食物墊個胃。）

然後呢，我就把早上去高級烘培坊買的麵包拿出來，抽出一把麵包刀準備做個三明治。但就在我用力地想切開那顆歐式麵包的硬殼時，刀子滑了一下。

我低頭一看，發現白色的流理檯上多了一塊肉。

我看著這塊肉，再看看我的手，又看看這塊肉。

只能說：「喔不，我好像得去看個醫生。」

我男朋友跳了起來，抓起一張廚房紙巾，把我的手指包住、並且超級用力的施壓。我們一邊搭著電梯下樓，他一邊用手機

搜尋「最近的醫院」，手裡還拿著保鮮盒，裡頭裝著我的一小塊肉。

這真是我活過最紐約的一天，我們跳進了黃色計程車，在風光旖旎的第八大道上飛馳，直奔西奈山醫院的急診室。我的震驚在計程車上消退，到達急診室之後，我開始歇斯底里地啜泣，因為手真的好痛。人類的指尖有幾千兆個神經末端，而我的每一個都在喊痛。

然後，在經歷了抵達急診室的惡夢後，我還得走過金屬探測器、坐在大廳裝沒事，而壓在我手指上的紙巾早已溼透、鮮血一滴滴滲出（而且，我坐在那邊等的時候，還聽到廣播系統說「清潔單位請派員到大廳」，回頭發現他們是在講我腳邊的那一灘血）。

很幸運，有醫生能為我看診，他在我的指尖上滿了局部麻醉藥，拍了 X 光，並把傷口包紮好。我在醫院待了六個小時左右。真是史上最糟的生日。

這個故事在幾個月後迎來了幸福快樂的結局：我的手指自體再生地長了回來（原來手指這麼厲害？誰曉得）。

但它同時也有一個悲傷的結局，也是整個急診室體驗中最令人憤怒的部分。一個月後，西奈山醫院寄給我一張生日派對的帳單。

請款 16,000 美金。

還好，我有醫療保險，所以個人負擔沒這麼多。但我該繳的

部分依然高達 1,300 美金，也是一筆不小的開銷。

朋友們，這也是為什麼我建議大家在開始投資前，一定要有存款跟緊急預備金。如果當年我的錢卡在投資標的中，標記為「緊急預備金」的戶頭裡餘額不足 1,300 美金，那我就無法準時繳交醫療帳單的費用，這可能會導致我陷入醫療負債，而醫療負債一定會影響信用評等。

💰 💰 💰

好，我們深吸一口氣、緩和一下情緒。接下來的故事好多了。最近我的父母慶祝了結婚 30 週年（我不知道你怎麼想，但我覺得這就是我在感情生活上的長期目標）。

身為他們成年、事業有成又感恩孝順的女兒，我決定要好好表示一下。

鮮花？卡片？高級餐廳？

當然不是。我決定送他們去郵輪度假。我在講的是那種驚喜不斷、費用全包、上船以後一根手指都不用抬的奢華郵輪。因為他們真的值得這種享受。

經過初步研究，這樣兩個人的郵輪之旅費用上看 6,500 美金。我計畫在他們的結婚紀念日送上這份禮物，所以我的時程非常明確。然後我就只需要設定一個結婚紀念基金（也就是一個存款帳戶），將之取名為**爸媽的夢幻旅遊**。再來，開始定期存入現金，只要按照我安排好的頻率和金額，就能在首期付款

截止日之前，順利達到存款的目標。

他們玩得超開心，說真的，我也規劃得很開心。這個目標如此龐大，達成的感覺好棒，讓我覺得自己是個有模有樣的成年人。而且，用我的存款策略，這次的夢想旅遊基金我甚至毫不費力就達成了。

跟你講這兩個故事，並非要探討什麼有錢富朋友式的人之兩面性。故事的共通點是情節中，主人翁都需要**存款帳戶**才終能迎向幸福快樂的結局。

存款會在你搞砸的時候（或倒楣的時候）救你一命；存款也會在對的時間讓你的夢想成真。

存款會賦予你有錢人般的寬裕心態和從容，也能讓你享受富裕的生活方式，讓你想多鋪張就多鋪張，隨時都能登上費用全包的高級郵輪。簡單來說：

> ## 存款就是財務安全的基礎。

當然，存錢並不能讓你變有錢。但存錢的確能讓你從月光族的循環之中跳脫出來。而脫離月光，就是**建立個人財務信心的第一步**。更重要的是，不再讓你陷入各種危急的狀況。

因為，你知道什麼樣的人會在財務方面做出最爛的決定嗎？

跟性別、種族和年齡層都無關——是沒有退路、狗急跳牆的人。就像你肚子餓了好幾天去超市買菜,不知道你會不會像我這樣,如果好幾天沒吃飯才去買菜,我一定推著整車的多力多滋和彩虹糖去結帳,而不會有深色蔬菜和全麥食品。

有一定程度的存款,你就不會被迫在危急關頭做出決策,也能保證你的決策都是從容而有餘裕的。你可以安全無虞地審慎思考,而非慌亂地想解決問題。因為你知道手頭有足夠的錢能夠支應基本開銷和偶爾天外飛來的帳單,再從這個起點,慢慢存錢買想要的東西。你有安全感、穩定感,也因此能放鬆。

我說的並不是存款能讓你免於風險(雖然存款的確有助於減少風險),我想強調的是,**這份安全感會改變你的心態**。

先前提過,有錢人並不會為了炫耀,就跟風去買最新款、最閃亮拉風的東西。因為他們有錢,他們已經財務自由,所以不覺得有虧欠什麼。從這角度來看,有錢人可說是無欲則剛。也正因如此,他們從不認為自己需要努力在誰眼中留下好印象,更不需要「一般人」豔羨的目光。

有錢人唯一會想在彼此間炫耀、比誰有更好的成就,是買到會賺錢的資產:搶到一間急售的多戶住宅來裝修出租、每年用完所有美國 Series I 國債購買額度[15]、把退休預備的資產組合越做越周全。

反觀平凡百姓,因為買不起那些巨大資產,只能把夢想投注在負擔得起的奢侈品上,這邊買一點、那邊買一些。心想,**我的電視最大、我的 iPhone 是今年剛上市的、我有最新款的**

Nike 球鞋，透過這樣的購物行為來賦予自己暫時的滿足與安定，這跟超市賣的超甜瑞典魚形糖果會讓你的血糖值暴衝是一樣的道理。

然而，這些奢侈品最終都是負債，也就是價值會隨時間遞減，還得花錢維護。尤其是在你的豪華超跑煞車開始發出怪聲，手機不得不升級時，你就知道這些錢換來的價值是暫時的，並不持久。更糟的是，正因為你一點一滴地花掉這些錢，你永遠無法存到足夠的錢來買「會賺錢的」大型資產。

這一切都指向有錢人與眾不同的核心真相——**有錢的時候，錢會為你工作；窮困的時候，你得為錢工作。**

儲蓄能夠帶來穩定感，有了儲蓄，你就不必在危急狀況下調頭寸。你不必慌亂、不需為了基本開銷帳單而傷透腦筋。

所以，既然你已經把開銷都掌握好了，這時我們可以再往前一步，開始為你打造財務基礎。我絕對不會逼你過上窮酸阿宅或折價券女王的生活，這一章的重點是說明**為什麼儲蓄能保護你，在人生難免的意外中不至於陷入困境**。我會談許多重要（但也很讓人困惑）的主題，包括選銀行、開存款帳戶，以及如何掌握每個存錢的機會——不管是用信用卡蒐集回饋金，還是向業主爭取調整帳單金額等，任何好康都不放過。

因為只要你存錢，你的開銷就有了保障，不必為了帳單到期焦頭爛額，也能準時畢業，然後做一些酷斃的財務決策，像是投資、準備退休金、買房子以及任何讓錢為你賺錢的東西。也

---

15 由美國聯邦政府發行的固定利率國債產品，無市場流通性，特色為保證回報固定利率加上消費者物價指數，利率每半年調整一次。2024年每人每年額度上限為10,000美元。

就是說，你能開始活得像個有錢人。

像個有錢人般使用銀行

每次說到存錢，我們在談的其實是兩個不同的行動：

1. 少花一點錢買東西。

2. 把省下來的錢放進一個特定目標的容器裡（如：一個銀行帳戶）。

除非你都把紙幣都塞到床墊底下、買什麼都用現金付款（或者靠以物易物系統維生？），不然你應該早就有銀行帳戶了。但你認真想：你真的知道銀行帳戶運作的原則嗎？你手上的帳戶到底是不是最有利的呢？

我的第一個銀行帳戶跟多數美國中產階級的人一樣，是在大學開學時申辦的。我把所有家當丟到宿舍之後，隻身前往校園的體育館參加新生博覽會，因為我聽說會有一些免費的贈品，而沒有人比大一窮學生如我更愛免費的贈品了。所以很快地，第一個揮著贈品向我招手的人就賺到了我的生意，也成為我人生的第一間銀行。當時 ABC 銀行只對我說了一句：「今天開戶，就可以得到免費的托特包喔！」我就買單了。

沒錯，因為這個原因選銀行真的超瞎的（雖然我也真的想要那個托特包！），我既沒有研究，更沒有試著找最有利的選項，我啥也沒做，就現場填了表單、拿走贈品。但，就如我所說，我不是美國唯一的傻妞，很多人都是這樣開始的。

　　但有錢人就不同了，他們從小就開始和銀行打交道，四處找產品，像打造復仇者聯盟團隊般地蒐集具備不同長處的銀行帳戶。他們對於腳踏多條船一點都不感到羞恥：存款放在 A 銀行的殺手級高利率存款產品、日常生活使用的現金帳戶則放在 ATM 提款不限次數免手續費的 B 銀行。有錢人知道銀行都想回饋並保留忠實顧客，所以何不一次和多個銀行打交道，這樣每一間銀行的顧客優惠他都能享受？（分享一個真實案例：我未婚夫與我第一次申請房貸時，我們與好幾間銀行都有往來，所以當然讓他們彼此競價。過程中，我們多次請各銀行調降利率到競爭對手的水平，最終拿到了極優惠的利率。長期來說，這讓我們**省下了好幾千美金**。）

　　為什麼呢？一部分原因是有錢人自視甚高，他們很有本錢這麼做。而我們老百姓隨便就讓任何躍入眼簾的銀行捕獲成為顧客，但有錢人不同，他們很清楚銀行就是靠顧客賺錢，也知道自己對銀行來說很有價值，更不是什麼「我們是一家人，我們珍惜每一位顧客」的虛幻價值，是等同於白花花鈔票的價值。

　　你想想，你把錢放進一個現金帳戶或存款帳戶時，錢不會只坐在那裡不動的。錢會出發去賺錢，不是幫你賺，是幫銀行。我用一個簡單的對話幫助你了解背後的運作吧。

　　小惟：嗨，銀行你好！請你幫我保管我這兩萬美金好嗎？

　　銀行：當然好啊小惟！謝謝你讓我使用你的錢，我還可以分給你幾分錢唷！

　　小惟：幾分錢耶！（暫停）等等，**使用我的錢**是什麼意思？

銀行：借給別人呀。我可以把錢借給需要房貸的人，跟他
　　　們收個，嗯，大概 7% 的利息？如果是個人信貸或車
　　　貸，利息還能更高。

小惟：但，利息……是給你喔？

銀行：嗯哼～

小惟：你借給他們的是**我的錢**耶。

銀行：對呀。但你不用擔心喔。你需要錢的時候，我隨時
　　　都能還給你。這是法律明文規定的。

小惟：等等，那……我有什麼好處？

銀行：嘿，我不是說了會給你幾分錢嗎？當然還有我們現
　　　在開戶活動會送托特包喔！

查 看 更 多

也許讀到這裡你開始想，**等等，如果所有人都在同一時間跟銀行要錢怎
麼辦？！**問得好，這種狀況很難收拾不是嗎？這就是黑色星期四，也就
是 1929 年 10 月 24 號星期四開啟的 1929 年華爾街股災序幕，這個事件
最後形成了經濟大蕭條（近年矽谷銀行倒閉事件也是類似的情形）。民
眾發現市場景氣不佳、開始慌張找銀行提款而造成擠兌，導致很多人領
不到錢，因為銀行已經把錢借出去，最後便造成整個經濟基礎崩盤。

所以，你擔心得沒錯，銀行不會有足夠的錢一次讓所有存款戶兌現。他
們的運作方式，是靠取得大量顧客來打造足夠的現金流，以用來應付存
款戶即時的需求。還好，只要你跟有信譽的銀行來往，你的錢都是有
FDIC[16]存款保險的。不管銀行發生了什麼事，政府都會確保你能拿回屬
於你的錢（但只到政府保障的上限）。

　　也就是說，當你把錢放進存款帳戶時，其實你是借錢給銀行或信用合作社。他們轉頭就會把錢借給別人，當然，他們一定會向對方收取利息。銀行為了感謝你提供資金給他使用，通常會提供每年 0.07% 左右的利息給你（這是一般美國實體銀行的行情[17]）。意思是，你若存了 100 美金，一年後存款戶頭的餘額會是 100.07 美金。也因為銀行自己所賺的利息，比他分給你的多了許多，代表他真的很需要你當他的顧客。

　　再回頭想想那個托特包，是你的銀行付錢印製分送的，對吧？他們也不傻，銀行之所以這麼做，是因為托特包的成本，比從你身上賺到的利潤來得低。托特包就是他**獲客成本**的一部分。獲客成本就是所有獲取新顧客所耗費的免費贈品、廣告、網紅合作和行銷活動的費用總和。根據消費者情資公司 FI Works 的研究結果，美國的銀行獲取新顧客的成本高達每位顧客 500 美金（有趣的是，這個數字比其他的消費者產業高非常多）。既然他花了這麼多錢才獲取你這位顧客，那麼，失去你對他來說可是虧大了。如果你把錢都放到其他銀行，他們就得找到新的顧客來取代你，那又得花上不少獲客成本。

　　然而，上述的邏輯逃不出有錢人的火眼金睛。這就是為什麼他們完全沒有忠實顧客的包袱、理所當然地騎驢找馬、到處尋覓有利的帳號來加入他們的復仇者聯盟，此外，他們也會利用自己身為顧客的價值，讓銀行不敢輕忽怠慢。有錢人很清楚，銀行需要他們來賺錢，所以銀行若膽敢亂收什麼手續費，還是

---

16 聯邦存款保險公司（Federal Deposit Insurance Corporation），簡稱FDIC。
17 編注：在臺灣，銀行的平均定存年息大約為1.7%。

提供的利率低於行情，或者任何地方讓有錢人不滿意，他們會立刻搬出《麻雀變鳳凰》裡茱莉亞羅勃茲反嗆勢利店員的經典臺詞：「敢怠慢我，大錯特錯。」然後轉頭就走。

簡單說，要像個有錢人般使用銀行，就別忘了這句臺詞：「那錢放你這裡能為我帶來什麼好處？」

讀到這邊，讓我幫你整理一下，要像個有錢人般使用銀行的兩大重點：

1. **銀行不希望你跳槽**。銀行希望你懶，銀行知道你寧可躺在沙發上滑手機，也不想換銀行、找更高的利率或更低的手續費。銀行最喜歡你這種像盤子一樣的顧客了。好好思考這一點，開始騎驢找馬。找找看有沒有其他（可能更好）的銀行可以讓你存全部或部分的錢。就像高中時代的男女朋友，你的第一個現金帳戶在當時來說可能滿方便好用的，但外頭的世界很大、選擇很多。

2. **銀行為了挽留你會做的事情超越你想像**。他們不僅會免除你的滯納金、寄給你免費的支票本等等，更樂意送你這些福利，因為這一切符合做生意的盤算。他們寧願損失你35美金的滯納金，也不想多花好幾百美金找其他新顧客來取代你。被收超領餘額的費用？ATM手續費？直接打電話要求客服把費用取消吧——他很輕易就會答應，你一定會嚇到。

該怎麼選？關於銀行、純網路銀行、信用合作社

真的很多人會被選銀行給搞瘋。不誇張，我篩選幾則私訊給你看看。

幫幫忙！錢到底該放哪裡呢？我分不出來哪一個最好 🙀

這問題可能有點蠢，但我真的很擔心，用當地的小銀行會不會不安全啊？我是不是該選擇全國性的銀行呢？

信用合作社到底是啥………是信用卡的意思嗎？

我懂，外頭的世界很大，選擇很多，銀行不惜重金做行銷，就想確保你知道他們的服務有多好。其實每個銀行或信用合作社能提供的，終極來說都是一樣的產品：裝錢的桶子。銀行的規模不重要，只要有 FDIC 存款保險（信用合作社得有 NCUA 存款保險）[18]，你的錢就是安全的。你的選擇不會錯。

基本上，你可以把銀行和信用合作社想成是裝現金的桶子：**它們就是你放錢的地方**。這兩種機構都提供一系列不同的「消費性金融產品」，包含現金和存款帳戶，也有投資、借貸、信用卡等服務。銀行和信用合作社最大的不同，就是銀行是營利單位，而信用合作社是非營利機構。也就是說，銀行是股東持有的，銀行的營運是為了讓股東（投資人）賺錢，而信用合作社不是。我們來深入看看這些選項究竟有什麼不同吧。

---

18 這表示若銀行或信用合作社不幸倒閉，FDIC（聯邦存款保險公司Federal Deposit Insurance Corporation）或NCUA（國家信用合作社行政管理中心National Credit Union Administration）會賠償你的存款。換句話說，你的現金很安全，不會一夜蒸發（保障有上限——這兩個單位針對每一個人在每一個存款機構的保障額度限制為美金250,000元）。

銀行

銀行的規模大小不一，小至地方性的組織，大至超級盃開場廣告裡看見的那些知名品牌。銀行都有實體分行，要存現金或者兌現支票很方便，經常使用投幣洗衣服務的人也能到分行換硬幣。不過，現在也有些銀行只提供線上服務。大型銀行通常會有比較多的分行和 ATM（需要提領現金時很方便），也有更多資源能投資在數位科技上，也就是說，他們的行動銀行功能相對進步許多（提供像是拍照存支票、快速轉帳、預算、即時信用評等功能）。

純網路銀行（Neobank）

像是 Chime、Current、Varo 等，是美國近年興起的純網路財務科技公司。他們提供現金和存款帳戶服務，但並不是真的銀行，純網路銀行並不具有銀行的掛牌執照[19]。銀行業的規矩很多、一般公司很難通過門檻。這些純網路銀行所做的，是在既有的傳統銀行基礎建設上打造便利的數位平臺。由傳統銀行持有存款，而純網路銀行則透過賺取商家刷卡費用或 ATM 的手續費來支付傳統銀行。因此，你可以想像純網路銀行的手續費往往比傳統銀行來得高，才足以應付這些間接成本。此外，由於他們其實是科技新創公司，很多純網路銀行是透過創投資金在運作——資金一旦用罄就得關門大吉，Azlo 和 Simple 就是血淋淋的案例。這就是為什麼以現在來說，**我並不推薦純網路銀行**。坊間有許多傳統掛牌的銀行能夠提供一樣優秀的線上

服務，而且更讓人安心。

信用合作社

通常只在特定的區域地方運作，所以他們幾乎都有實體分行，往往能提供較低的手續費，以及較有利的存款帳戶利率或借貸利率。畢竟是在地化的組織，信用合作社的客戶服務口碑通常都很不錯。相比之下，全國級的大型銀行彈性較小，也較難爭取特殊待遇。不過，信用合作社只能為特定的客戶群服務，通常有地理上的限制，所以不管你要申請哪一家信用合作社，都得先確認你是否符合資格、屬於他們的會員服務範圍。對於外部廠商來說，信用合作社的優先權會比銀行低（例如製造晶片的供應商，還記得 2022 的簽帳卡缺貨之亂嗎？），所以，你可能得多等幾天才能拿到你的新卡片或支票本。

不過，老實說……最好的銀行就是對你來說最輕鬆的銀行，也許有些客戶服務比較到位、有些手機應用程式比較流暢，但他們提供的都是一樣的核心產品。這裡我提供一些常見的考量點，來幫助你評估要使用哪一間銀行或信用合作社：

- 手續費如何？要避開手續費會不會很麻煩（例如要維持基本餘額，或每個月要存入幾筆存款）？

- 這間銀行有沒有提供免費的支票本（如果需要的話）？

- 有沒有方便的實體分行能夠造訪？還是線上就能打理我所需要的一切？

---

19 與臺灣的規則並不同，在臺灣，純網銀掛牌之發起人之中應至少有一傳統銀行或金融控股公司所認股份超過一定比例。

- 有沒有提供行動銀行？有的話，他們的 APP 好用嗎？
- 是否提供線上帳單付款（透過線上寄支票給水電公司或房東等等）？
- 附近有沒有方便的 ATM 據點？更好的話，他們會不會每個月回饋我部分或所有的 ATM 手續費？

▊ 設定你的現金帳戶

好的，要使用哪些銀行或合作社機構你都調查清楚，也選定了吧？接下來，我們要設定你的現金帳戶「們」。

對，我說的現金帳戶不只有一個 —— 是多個帳戶。容我說明原因。

現金帳戶就是拿來付錢的主要帳號，就這麼簡單，因為錢在現金帳戶並不會待太久。你的房租、買菜金、水電瓦斯、通話費、網路費等等，都從這個帳號支付（現金帳戶也是你的信用卡帳單預設扣款的帳號）。有了多個指定開銷類別的現金帳戶，你在日常開銷的管理上，就可以省下不少腦力。

舉例來說，我在幾間銀行裡合計有一打不同的帳號，一個帳號專門支付紐約的房貸、一個帳號支付我在邁阿密新家的房租，再來幾個分別支付不同的信用卡帳單，另外我的事業收入和平時出門提取零用錢的現金都有各自獨立的帳號。這也表示，我一眼就能知道在每個開銷的類別中，餘額有多少。不用擔心房貸或者信用卡的自動扣款同時發生時，會導致我超支，

因為我從源頭就把它們分開了。而且設定多個現金帳戶也沒多花錢，因為往來的每一間銀行都讓我開戶無上限，全部免費。

Ⓢ Ⓢ Ⓢ

這還只是開始而已，接下來的部分會更有意思。**你的現金帳戶還能自動為你做預算**。這個有錢人都知道的理財妙方，可以幫你省下好多錢和麻煩。

方法如下：在開始新工作之前，員工資料表（不管是線上系統還是書面表單）會有一個區塊顯示「薪資轉帳目的地」，你大概填入了當年的現金帳號之後就再也沒去管它吧。

其實，任何時候你都能重新設定「薪資轉帳目的地」。你可以做相當細緻的安排，例如 X 美金或 X% 的薪資轉進某個帳號，Y 美金或 Y% 轉進另一個，以此類推。也就是說，可以讓薪資轉帳跟現金帳戶們自動幫你做預算，讓你多睡點美容覺。

更棒的是，這些帳號可以是同一間銀行（比較簡單），也可以分散在好幾間不同的銀行（幫你賺取不同的福利）。例如，我的房貸是從同一家銀行的現金帳戶自動扣款，因為從自家銀行扣款的話，他們每個月都會給我折扣，但其他現金帳戶則不在這一家。

研究看看你最喜歡的銀行都提供了哪些服務和福利，能夠配合你預計用錢的方法（舉例來說，平時出門提取零用錢的現金帳戶，最好不收 ATM 手續費）。

至於你到底要準備幾個現金帳戶呢？這該由你和你的預算決定（可回頭複習第三章）。舉例來說，如果你使用 532 法則，那分三個帳號分別持 50%、30%、20% 的收入最為剛好。如果你採用的是零基預算法，那你應該有不同的帳號來負責房租、食物、玩樂等不同類別的支出。在實驗半額預算法時，兩個帳號可能就夠了。接下來只要按照每個帳號的指定類別來花費，你就永遠不會在追蹤預算進度的路上「迷失」。

聽起來很複雜，但我強力、超級強力建議你，不管使用什麼預算法，試試看同時使用多個現金帳戶。這種方式會讓你的財務井然有序，每一分錢都有目的，也能讓你和多家不同的銀行培養關係，到了你要申請房貸或個人信貸的時候會很有幫助。此外，這也會讓你漸漸習慣獨立自主，為自己的財務把關。

設定你的存款帳戶

再來，存款帳戶也是一樣的邏輯，對嗎？

對⋯⋯嗯，也不對。

我們已經了解，大體而言為什麼要使用多個銀行和合作社，來打造我們復仇者聯盟中的銀行帳戶團隊。但談到存款帳戶，要考慮的層面就更多了。現金帳戶裡的錢來來去去，金額不高、在扣款前也不會在帳戶裡停留太久；存款帳戶則完全不同，你的存款可是幾千幾千美金在累積著，對吧？我們怎麼可能讓這些錢呆坐在帳戶裡，而不去賺錢呢？有錢富朋友式的思

考當然不容許這種做法。

沒錯，我們希望錢在銀行裡能為我們賺利息——利息，當然越高越好。請輸入關鍵字：**高利定存**。

傳統的存款帳戶，也就是一般你透過銀行或信用合作社開的那種，雖然會支付利息，但我們已經聊過，那些利率都非常差（銀行拿小惟 100 美金，但一年只分給她幾分錢，記得嗎？）。而這時高利定存（HYSA，全名為 high-yield savings account）在旁邊痴痴望著你，內心掙扎著要如何讓你知道它的好。高利定存的年化利率有時比一般的存款帳戶高上十倍之多。我寫書的此刻，美國高利定存的利率介於 4% 到 5% 之間，相當於每 100 美金就有 4 塊錢左右的利息，4 美金可以讓你買一大包口香糖耶！

沒有啦，我認真說，這 4 塊美金的意義，在於讓你的存款能夠更快速地複利成長。當然，利息是以百分比表示，也就是說，你存得越多，利息生得越多。多簡單。

所以我要求你——不不，是我懇求你，好好坐下來、打開電腦，在設定存款帳戶時，務必花點時間選擇高利定存產品（不開玩笑，我們的有錢富朋友之旅願意在這裡停車，等大家都找好高利定存帳戶再繼續往前）。高利定存也許不是讓你一夜致富的特效藥，但我認為沒有不辦它的理由：這是讓你財務升級最簡單、最快速的途徑。你真的只需要把錢放到高利定存帳戶裡，銀行就會給你利息。利息，就是你不曾擁有的「免費的錢」。這真的非常簡單。

　至於要選擇哪一個高利定存帳戶，其實不用想太多。高利定存問世的歷史背景，是從非傳統消費型銀行，如：高盛集團、美國運通、Sofi、盟友金融等決定透過提供新世代的個人存款帳戶來增加使用者開始。這意味著：

1. 銀行願意支付更高的利息讓你把錢委託給他們。

2. 銀行會遵守傳統存款帳戶的規則（如一個月只能有六次交易），也有 FDIC 的存款保障（就算銀行倒閉，你的存款仍是安全的）。

　更加分的是，這些機構很多採取數位優先原則，他們的策略鎖定喜歡輕鬆地使用手機來與銀行互動的年輕族群，這些公司在手機 APP 和相關數位科技體驗上都做了不小的投資。

　沒錯，選擇高利定存也表示，你的現金帳戶和存款帳戶可能會分屬於不同的財務機構。但請相信我，真的沒有想像中麻煩，而且非常值得（現在也有銀行同時提供高利定存和高利活存，這些選項中如果有銀行同時能滿足你的現金帳戶需求，那不用考慮了，衝吧！）。在高利定存中，就算利率只是一般般，仍然會提供比一般存款帳戶高上許多的利息，因此，千萬不要只為圖個方便，便將就於普通銀行的存款帳戶 —— 桌上有錢時，請不要懶得伸手去拿！

幸好你開口問了。如果你還沒從這個關鍵字爆紅的狀況看出端倪，讓我清楚地告訴你，加密存款帳戶只是佯裝成存款帳戶，並不是存款帳戶。

社群網站可能常常推送給你相關的內容，但請相信我，千萬不要衝動。這些自詡為「加密貨幣存款帳戶」的產品號稱能給你高達 9% 的利率，跟高利定存的 4% 比起來真的像做夢一樣……前提是那 9% 真的是利息，但不是啊！

事實上，這裡所談的 9%，是投資報酬率，也就是對方無法保證，這跟存款的牌告利率概念完全不同。仔細看那些加密貨幣產品說明書上的小字，你一定會找到類似「產品報酬率隨時間起伏，不提供保證」、「此產品非銀行帳號」、「敝公司不參與 FDIC 存款保險」或「投資有賺有賠，風險自負」等相關免責聲明。

簡單來說，不要被騙了。**加密貨幣帳戶沒有安全保障、沒有保證利率**，而且跟高利定存不同，這不該是你存放緊急預備金的地方。合法的存款帳戶都會有 FDIC 存款保險，表示你的存款受到聯邦級的政府保證，不用怕被偷或銀行倒閉。而「加密貨幣存款帳戶」純粹是高風險投資，冠上騙人的名號而已。

你問我，存款帳戶裡存的錢要做什麼用呢？就像你的現金帳戶一樣，每個存款帳戶都該有自己的任務。在存款的類別中主要會分為兩種用途：**緊急預備金**或**沉沒基金**。緊急預備金就是平常存來應付不可預測的……呃，緊急的情形（像是不小心把手指肉剁下來的時候）。沉沒基金則是為了某個未來的大開銷預備的存款（像是爸媽或自己的夢幻郵輪之旅）。讓我們深入了解一下這兩種用途吧。

緊急預備金

我要你立刻設定的人生第一個存款帳戶，就是緊急預備金。這是最高優先順序的項目。執行上非常簡單，只需要少少的算數和一丁點紀律。就像把紙鈔塞在床墊底下一樣（只是這裡床墊改成你剛找到的高利定存帳號），確保自己有能力應付未來的不時之需。

在這之前，你至少有聽說過緊急預備金的概念吧，而欣賞了《屠惟安之西奈山醫院 25 歲生日派對》的悲劇之後，你想必很清楚緊急預備金在什麼時候能發揮妙用了。但緊急預備金也不只是為了緊急診療室準備的。

緊急預備金基本上就是你確保個人財務不會瞬間崩塌的緩衝墊。不管是車子掉了一個輪胎、屋頂塌了一角，還是狗狗不小心吃掉你的巧克力棒，人生中充滿各種不可預期的情境可能讓你破財。有了隨時能存取的緊急預備金存款帳戶（而非卡在投資標的中的資金），你就不用承受緊急開銷造成的財務壓力。

除了能助你安全度過一次性的災難、修繕、麵包刀意外，緊急預備金還有一個關鍵功能：**在收入來源忽然消失時，你能仰賴它維生**。也許你們公司縮編裁員，或者你被砍班、受了傷不得不請長假。這時，緊急預備金就能拿出來給冰箱添食材、為你圖個溫飽。

這也就表示，緊急預備金的大小跟你的生活習慣有關。我一般會建議大家緊急預備金**至少要能支應三個月的日常開銷，理想上要有六個月**（在經濟不景氣的時候，則最好有九個月的預備金）。你可以用第三章整理的月開銷金額來運算出需要的緊急預備金。

哦，我得講清楚，有錢人絕對有緊急預備金。進一步來說，在晉升「有錢人」之後，緊急預備金的重要性更高了，因為個人財務狀況更不容許丁點差池。有錢人的房貸金額高、住的地區生活成本高、小孩就讀的私立學校學費高，甚至可能家裡有幫傭、司機或管家。

所以我才說：緊急預備金會跟你一起成長。你的年事越高、預備金就越大。

其一，你的私人生活不斷地隨人生歷程在進化。養了寵物、有了伴侶、生了幾個孩子，忽然間，緊急預備金的守備範圍擴大了，從你溺愛的小傻貓吃下襪子後的獸醫費用，到你的伴侶公司縮編被裁員時，失業期間的收入。

其二，在理想的狀況下，你賺的錢會隨著職等和職涯發展不斷提升。不管是哪一種，我都建議你每幾年或者每次生活有巨

變時，都回頭檢視一下緊急預備金的大小。

$$\textcircled{\$} \textcircled{\$} \textcircled{\$}$$

　　以我為例，我第一次重新檢討緊急預備金是在 26 歲、第一次決定與伴侶同居後。我剛搬到紐約時，跟一位女室友合租一間一房公寓（除了省房租這點好之外，那種生活簡直是不堪回首的惡夢）。當時我們一人每月負擔 1,600 美金，以紐約來說真的超低廉。23 歲時我的緊急預備金大小，就是根據這樣的租金範圍，加上每個月其他的必要開銷所計算出來的。但到了 26 歲，我已經搬出那個小公寓，和我的伴侶一起分擔每月 5,000 美金的房租（我們一人 2,500），也就是說，我原本準備的三個月生活開銷，現在只能支應兩個月。這个打緊，當時的我把預算內的存款優先分配到緊急預備金的戶頭中，把它提高到所需的水平，不出幾個月我就回到軌道上了。長話短說，緊急預備金的大小因人而異。你只需要確保預備金足以在真正緊急的情況下支應你的生活，也反映你實際上日常的開銷水平。好好捫心自問：**如果明天丟了工作，這筆緊急預備金能夠撐到我找到下一份工作嗎？**

　　心裡有數之後，達成目標就只是時間的問題了。記不記得我教過你，可以在設定公司薪轉帳戶時，直接把薪水分散到不同的帳戶中？存款帳戶也可以如法炮製（就算你不使用反向預算法，我仍然建議你，緊急預備金應直接自動轉帳到平常看不到、碰不到的地方）。

用這種方法來準備緊急預備金，流程幾乎無縫，輕鬆到你根本忘了它的存在。曾經有個女生朋友，完全按照我的建議設定存款帳戶。兩年後我們又聊到了緊急預備金，她說：「喔完了，我得趕快來準備。」

我滿腦問號，「這位太太，你不是有設定每月自動轉帳嗎？你覺得那個錢是幹什麼用的？」

她立刻查了戶頭餘額，果不其然，裡頭好幾千美金安安穩穩地坐著。「哇塞，我忽然覺得自己好棒！」她說：「我該不會是存錢小天才吧？」

對！要當存錢小天才就是這麼簡單：做一點算數、開一個自動轉帳帳戶，然後忘了它的存在。

沉沒基金

緊急預備金能拿來應對像狗大便不慎飛到電扇上的慘烈意外，而沉沒基金則是你準備來支付計畫中的成本、開銷或購物所需的費用。你並不是故意計畫把手指剁掉、在醫院過生日，但假期旅行、婚禮、新車，都在人生的計畫中。換句話說，沉沒基金就是你為了**特定的大筆開銷和人生中的重大決定而準備的存款**。

沉沒基金是短期存錢購物最理想的方式，這有幾個原因。首先，將你準備要花的總額分成每個月（或者其他頻率）固定貢獻的小筆金額，有效地幫你感受到存款進度。我在幫兩老存錢買郵輪假期、甚至幫我自己買 Prada 包時，都採用同樣的方法。

173

我提前鎖定精確的存款目標，雖然需要的時間可能不短，但我每個月都能看到自己離夢想越來越近，也因此我比他人更能鎮定地面對天價般的數字。

其次，沉沒基金能讓你的每一塊錢都有指定任務。你知道在這個存款帳戶中的基金，有著非常重要的目的：為了讓你和未來伴侶能在夢幻婚禮中相偕走進精心設計的花海裡。這時候的你會更有動力保護這筆錢，也不會為了其實**沒這麼想要**的小東西來挪用基金。沉沒基金的運作法則和價值開銷法心態相同，並適合與零基預算法配合執行。

沉沒基金背後的數學也很簡單：<u>目標價格 ÷ 預計抵達目標的時間</u>。像是婚禮或郵輪旅行這種有固定日期的大型開銷，你的存款時程就很明確。而買包包這種任何時候都能執行的開銷，你就可以自由地為自己決定存款「截止日」，也可以根據每個月貢獻的幅度，來微調你的目標時程——如果一個月存不了500美金，但250勉強可以的話，那就把存款時程拉到兩倍長。或者乾脆反過來進行，用你每個月能夠放進沉沒基金的數字，來推算出要花多少時間，才能湊齊購買目標商品所需要的全部金額。

除了假期、婚禮、名牌精品之外，你也能憑藉沉沒基金的力量來準備買車或買房的頭期款，向「轉大人」的重大置產目標邁進。不過整體而言，我建議你存款目標設定在預計未來半年到一年會發生的開銷，時間太長的話可能會有兩個結果：

1. 容易因為目標太久遠而失去動力，也就枉費了你賦予每一塊錢的任務。
2. 還不如將這筆錢放進投資標的來產生回報（我們接下來的章節會談）。

除了上述之外，你想要幾個沉沒基金都沒有問題，這又是一個你打造復仇者聯盟的絕佳機會，每一個存款帳戶都有著自己專屬的任務。

▎談判：白金級的存錢之道

在我的第一則抖音短影音底下，重複出現很多類似的回應。一則又一則，內容不外乎：「好，我決定來試試。但我求求你答應我，千萬不要對我大吼，叫我不要喝 5 美金的咖啡或買我看上眼的包包？」

跟當年還在抖音學步期的我一樣，立刻就能在此承諾：我不會，我永遠不會。作為你的有錢富朋友，我熱愛分享「少花多存」的祕訣，但我絕對不會為了區區一杯咖啡對你大吼，人生苦短啊。

但，我也的確很想幫你累積財富，我想教你存錢。所以要去買星巴克的話快去快回，然後坐下來認真聽。

「不要買外帶咖啡」是傳統學院派針對存錢的建議，他們認為即使這裡幾塊、那裡幾塊看似不多，但時間一長，這些零星

的花費累積起來會拖垮你存錢的目標，有點像是儲蓄版的「溫水煮青蛙」。我們回頭看看喝拿鐵的例子，每天買一杯外帶咖啡，一年下來會花你將近 2,000 美金。這可不是小數目！這些錢就足以讓你出門旅行一趟，也是一筆不算太差的衣櫥翻新預算，更能讓你每兩週就去餐廳享受美食，一整年。

所以，某種程度上我其實滿同意這個看法。這個學派推廣的觀念，就是看似無傷大雅的日常習慣，時間久了也能累積造成傷害。也沒錯，日復一日地超支預算，會不會影響長期的財務水準呢？當然會囉！但，難道這表示**每一筆小開銷**都有問題嗎？不是的。關鍵在於：如果這些小開銷發生的次數太頻繁，會影響你未來負擔大筆開銷的能力，而這些大筆開銷，對你的人生來說，價值和重要性遠遠超過日常的小確幸。換句話說，少喝一杯 5 美金的咖啡，對於你是否買得起房子大概起不了作用。但連續 12 個月，每天喝一杯，卻一定會影響到了年底你能不能換一臺新的筆記型電腦。

但更重要的是，把時間拉長來看，這一筆錢如果投資到財務市場，能產生多少額外的效益？透過投資，你的錢既保留了原本的購買力，可支應日後的大筆開銷，更能在等待期間產生額外的收入。從這個角度來看，每一次花 5 美金買咖啡的機會成本其實相當高：你錯失的不只是日後一次性地負擔大筆開銷的機會，更錯失了這些錢能在投資中為你賺來的錢。

好，你現在回想爭取加薪的時候。記不記得我跟你說過，只要工作兩個小時就有機會賺到 5,000 美金？這個原則對存錢和賺錢都是一樣的。這是另一個學派的存錢理念——也是有錢人

比我們一般人更懂得活用的「白金心態」。

> ❝ **每一筆開銷都能談判。但是！**
> **小筆開銷不值得付出談判的心力。** ❞

因此，請你專心為人生最大筆的開銷爭取折扣（房、車、各種日常帳單等等），這樣你就能用最小的力氣，省到最多錢。

這可以說是「不要為了小事操心」的終極態度。根據這個另類學派的理念，你不需要為了咖啡之類的日常開銷斤斤計較、操碎了心，但談到人生的大筆開銷，你可得要全副武裝，這是因為白金心態的成功，需要你每一次的談判機會都不放過、每一次談判都態度強硬、堅持不在這類大型開銷上多花任何一毛錢。也因為這些大型開銷的總金額較高，就算談到的折扣比例很小，最終也會為你省下很多白花花的錢。

舉例來說，假設你是收入中等的美國人，想買一間價位中等的住宅。目前美國住宅房產的平均價格大約是 35 萬美金。如果你能跟賣家爭取到 5% 的降價（完全是合理的範圍），你立刻就為自己省下了 1.75 萬美金。如果爭取到了 15%，則你的房屋成本立刻少了 5.25 萬美金耶（稅後！），你知道你得少喝多少杯拿鐵才能存到五萬美金嗎？[20]

你想得沒錯，不是每一次談判都能得到自己想要的結果。

---

20 雖然只是修辭上的詰問，但我們還是把數學題給做完吧：5萬除以一杯拿鐵5塊＝1萬杯拿鐵。也就是每天一杯的話，那可是將近30年份的拿鐵。

但，不談判，就保證一定不會有任何結果。

　　請記得：你隨時可以開口問。

　　任何價格都可以談判，從車子、房子，到網拍賣場的二手家具。除了商品價格，服務費用也可以談判。想當初我把賣房的仲介費從 8,000 美金砍到 0 元，就只因為我真心抗拒，覺得**老娘才不要付這筆錢**。你還可以爭取電信費用的折扣，包含電視、網路、電話，每一項娛樂消費都可以爭取。你更可以爭取醫療帳單的減免——拜託，如果你是低收入戶，請一定要爭取（多數醫院都是非營利組織，如果你的收入未達某一水平，代表你是有資格接受慈善照護的。標準通常是貧窮線數值的某個倍數，倍數取決於你所在的地點。而慈善照護會為你的帳單減免一定的百分比，甚至全部）。

　　此外，你也可以爭取房屋保險的保費、房屋仲介的佣金、地契登記和轉手費用。其實，在買房子這件事上，每一個環節都可以爭取：像是要求賣方重新粉刷某面牆壁，請他留下某些家具和設備或除草機，你可以爭取早一點或晚一點交屋，甚至讓賣方為你支付法務代書費用或重新估價。

　　買車子也一樣。買車的時候可以談判的項目非常多，不只是價錢，還有車貸利率、期限、保固時限和保養費用。你當然可以向許多服務供應商談判，特別是大型活動、派對或婚禮時，比方說多找幾個 DJ 請他們互相競價，也可跟餐飲公司商量看看：「嘿，我們不需要甜點，單價可不可以再降一點呢？」

　　很不幸也很不公平的是，<u>所有生意都有談判空間，卻不讓一</u>

般消費者知道。但你也能想像，為什麼銷售這些產品或服務的廠商不想要你知道定價有談判的空間，因為如果連你都知道了，每個人都會來要。

而現在你知道了，什麼都能談判。那麼，下一步是學習談判的技巧。

追根究柢，談判藝術最核心的關鍵，也是有錢人存錢心態的兩大原則：

1. 了解自己的權益。

2. 不厭其煩的耐心。

換句話說，你的生意對這間公司來說很有價值（他們花了很多獲客成本才得到你的青睞，你若跑了他也很困擾），這點請你謹記在心。接下來，你只要再花一點點時間做研究（這樣你才會對競品的行情有概念，在談判時有資料當武器）。

談判的流程本身，我會用以下的步驟來示範，也提供腳本幫助大家爭取一樣每個人都用得到的東西（通常這類型的消費，大家支付的費用都太高了）：行動電話帳單。（電信公司剛好跟許多銀行一樣，每年花幾十億的廣告費來獲取新客戶，再把這些老客戶當屎般壓榨。你懂我意思吧？）

第一步：多方研究

不管你要談判的對象是誰，先好好研究市場上相同服務的其他選項。從不同的競爭對手中找到類似的方案，寫下各個方案

的價格和優勢。舉例來說,如果你現在使用電信公司 AT&T,那就看看 Verizon 或 T-Mobile 有沒有活動,比較一下數據量、通話分鐘數、簡訊數量和其他福利等等。

如果你要談判的服務並沒有競品資料,或者產業的資訊不透明,那可以就你所知範圍整理一下你身為客戶帶給對方公司的價值:你是該公司幾年的老顧客、你從來沒有滯納款項,甚至可以聊聊你有多喜愛這間公司。

第二步:開口請求

打電話給你的供應商詢問是否能提供更好的方案。

「你好,我正在看我的行動電話帳單,發現月費越來越貴。能不能請你幫我看看現在貴公司有沒有其他方案,能幫我省下一點錢?」

他們有可能立刻說好,然後釋出一些折扣。如果是這樣就太棒了!但先、不、要、答、應喔。請跳到第五步。

有較高的機率,對方會委婉說明月費的轉圜空間有限。沒關係,請前往第三步。

第三步:(溫和有禮地)威脅跳槽

「喔,這樣的話,我想換到〔XYZ 競爭對手〕,麻煩你幫我轉接到取消部門,謝謝。」

很多人不敢直接撂出這句話,因為他們並不是真的**想要取**

消現在的方案。其實不用擔心！如果你眼前是制度完整的大公司，那麼，在你明確指示客服取消前，你的帳號是不會隨便就被關掉的。你可以花好幾個小時談判然後起身離開，最糟的狀況，也就只是回到起點。此處的高手祕訣是：一旦從你口中說出關鍵字──「取消」，你就會被轉接到顧客保留部（負責……挽留你這個顧客的部門）而不是取消部。他們絕對不會這麼輕易放你走。

如果你的對手是個人或廠商，那我建議你將第三和第四步驟合併以緩和氣氛。再強調一次，務必溫和有禮地好好說明，若對方無法提供更有利的方案，你至少很清楚競爭對手已釋出更大的優惠等著你。

第四步：堅持到底

大方把你所知道的事實跟對方分享：拿出你所蒐集的競品情資，並提醒對方，做為顧客你既可靠又忠誠、為該品牌帶來多大價值。

「嗨，〔顧客保留部人員〕我對貴公司的服務很滿意，但如果沒有合理的待遇，我真的沒辦法繼續跟你們續約。〔XYZ競爭對手〕類似的方案比貴公司低了〔X美金〕，還額外贈送〔ABC〕。我知道你們的獲客成本高達好幾百美金，而我已經使用貴公司服務〔#數字〕年了，在這個狀況下，你能幫我爭取什麼呢？」

高手祕訣在於：「你能幫我什麼？」這樣的問法，幫助對方開放性思考各種可能的解決方案，而不是反射性地依公司預設的回答，一翻兩瞪眼的可以或不行。

第五步：得寸進尺

到了這裡，對方有頗高的機率會回答：「好的，我們可以為你爭取到以下……」然後說明新的方案條件（如果他們沒有這麼做，請跳到第六步）。

很多人到了這裡就會心滿意足的簽下合約。大、錯、特、錯。請你先感謝對方，但溫和有禮地再要求幾樣東西。不要只糾結在標價上：要求優惠價的檔期延長，要求額外福利和小贈品，或者綁定其他服務，讓合併價格更低於市價。

「我真心感謝你幫我爭取，我覺得我快要放棄取消了。但我不想要現在答應續約，結果一年後價格又回到現在的水準。你能不能幫我把這個優惠價鎖定兩年呢？」

如果他們說好，那就簽下吧。當然，別忘了請他後續書面確認電話中同意的那些「方案外」的福利和小贈品。也請你把客服人員的名字記下來，如果真的有需要回撥電話時也比較容易找到他。

還有，別忘了說「謝謝」。談判不表示你就得當個討厭鬼，這些客服人員只是按照公司規章辦事，電話對面那位 21 歲的年輕人，並不是切斷你前三通電話的人。他的工作就是讓你非常

滿意，所以既然他給了你今天所爭取到的福利，當個有品的客戶才上道，好好表示你的感謝，並且不吝在電話後的問卷給對方高分！

（非必要）第六步：鍥而不捨

如果對方的底線踩得很死，那也不要慌張。首先，對方可能真的沒有權限核准你想爭取的優惠或福利。這種情形下，請嘗試聯絡更高的層級：

「我明白了。請問貴公司是不是有其他人員有權限做相關的安排呢？我很樂意親自向你的主管或上級說明自己的需求，請幫我轉接。」

如果答案還是「不」，請你也不要輕言放棄。這時，請按下暫停鍵。

「感謝你的說明。我得花時間想一下才能做出最後的決定。謝謝你（嘟）。」

請記得，就算第一次爭取沒有得到想要的結果，還是可以再次爭取。改天再撥打一次客服電話，試試另一個窗口，也可以考慮再多做研究。每一位客服人員的回應都不同，至少，你的談判技巧會隨著每次的練習，越來越嫻熟。

因為你值得

我剛在抖音上發布影片時，得到的一則私訊至今仍讓我記憶猶新。

那封私訊是這樣的：我真的很想找一位財務規劃師……但，我其實是中產階級。你有沒有人選可以推薦給我？

讓我深深感到違和的，是這位朋友描述自己**身為中產階級的口吻**。好像她在坦承或揭露一件不怎麼光彩的事。

好像身為中產階級應該感到羞恥。

於是我寫了以下這則長訊息回覆她：「你知道身為中產階級是一種榮耀，對吧？你有好幾千美金可以支配、你的花錢習慣優良而有責任感，對企業來說你很有價值。做為中產階級沒有什麼好羞恥的，如果你遇過的理財專員或財務規劃師讓你有被瞧不起的感覺，那他們不值得你的生意。」

接著我請她去找五位財務規劃師，一一面談，看誰會認真看待她這筆生意、給她應得的平等和尊重（對了，初次面談都不該收費喔）。這整起事件讓我發現，人們會因為自己屬於中產階級，而認為不值得好的服務。以為要像珍妮佛羅培茲般帶著300萬美金走進商談室，才會受到重視。

這種觀念是錯的。

在此，我想再回到有錢人存錢策略的核心原則：有錢人會理所當然地主張自己的權益，毫不羞赧。沒錯，某些自以為是的

行為的確不好，但我想強調的是「我懂我的價值」的態度。有錢人比一般人有效率、有自信，非常了解自己的價值。他們從小就一再被灌輸，**你值得一切、你很棒、你很重要**。

在這樣的環境中長大，有錢人自然會有寬裕心態所帶來的自信。有錢人很清楚，自己現在受到的待遇是天經地義，而且隨時可以開口要求。

如果這間銀行不願意釋出更好的優惠，我可以索性換到另一間。如果這間髮廊把我的漸層染搞砸，我一定會請他修復或者要求退費。

如果我沒錄取這份工作，還有別的工作等著我。

有錢人能夠慢條斯理地主張自己的權益──不斷向對方跟進、有必要的話要求主管出面等等，這其中還有更重要的原因：**因為他們有時間**。他們有忍受暫時不便的餘裕，不只是在現金方面，更在時間和精力上。他們的富裕不止於金錢，更包含時間。

也許他們從投資標的裡賺到的報酬很高，因此，不必像老百姓一樣背後有老闆時時刻刻緊盯著工作，或者他們的職業屬於高階白領，在工時上有高度的彈性。這種人會在下午 13:00 離開辦公室，說：「嘿，我去吃個午飯，晚點回來哈。」然後打電話去騷擾銀行可憐的客服人員，明明白白地告知他，「你們公司根本不該在這個帳號跟我收取手續費，請你立刻修正。」

但如果你出生時的籤運沒那麼好，成長在一般中產階級或是勞動階級家庭，沒有爸媽從小灌輸「你值得呀寶貝」，你就不

會像有錢人那樣天生自帶理所當然享有權益的自信。當你從沒有見過像你一樣的人成功賺大錢，會質疑自己成功的機率和能力也是自然。

一窮二白的人，窮的不只是錢（廢話），更有可能窮於沒有時間。所有「營業時間」你都被綁在連自己都不喜歡的工作崗位上，而僅存的「自由時間」，大部分則獻給了通勤和生活雜事，你也沒有在下午 13:00 離開座位去找銀行理論的自由。所以當銀行不小心錯收手續費時，你只能忍著眼淚吞下去，因為要找到方法爭取退費得花上太多時間和力氣，而你平常已經忙翻、累壞了。

換句話說，你無法用寬裕的心態、理所當然地去為自己爭取權益，因為你認為那種天經地義的待遇是有特權的人才有，而你沒有。你覺得有特權的人不像你，有特權的人不可能是中產階級，同理，你以為特權人士不可能是女性、同性戀者或有色人種。

如果這形容的就是你，請容我再次聲明：你值得這一切。

特別在財務服務上，你絕對值得。我希望你能牢記且內化有錢人的心態，並駕馭他們理所當然的態度。

你的生意很有價值。能夠與你合作、為你服務是對方的榮幸。

你有權要求得到最好的服務。

你的帳號，不管是現金、存款還是信用卡，就是你的理財專員團隊，他們每個人都有獨特的任務。

因為你是客人，你就是他們服務的對象，你就是這些企業打造商業模式的唯一理由。銀行和信用合作社並不是在施捨、好心給你開一個帳戶──每一次你存錢，他們都你身上得到近乎零利率的借款。

不管你的存款金額是大是小，生意都不是憑空而來的。

請牢記在心，面對銀行，你可以有絕對的自信和從容。

這章我花了不少篇幅、盡量講得鉅細靡遺，因為我知道，要駕馭這種態度的難度很高。我知道，為了讓你適應這種心態，打從心底堅信「我值得」，到能夠積極地為自己發聲……這些我要求你所做的事情，會完全違背你的直覺，甚至讓你感到恐懼。所以，第一次你當然會覺得很彆扭、很不舒服，甚至覺得可怕。你很有可能會聽見自己胸口轟隆隆的心跳、掌心滿是濕黏的汗水。

但記得，不管是在選擇新的財務規劃師還是申請房屋貸款，你所做的評估和爭取都是合理的。你值得**好的產品和服務**。你可以堅定的爭取理所當然屬於你的權益，同時也能溫和有禮。請你以雙贏為目標，讓對方賺得手續費或佣金，而你也得到理想的利率，彼此都不吃虧。你只要在搜尋引擎花上十分鐘找到一個更好的方案，或單純只是開口要一些小贈品、升級或紅利。真的，有時候就是這麼簡單。

別忘了，談判永遠是一個選項，而且是每個人都有的選項，當然你也有。

> **請相信自己現在受到的待遇
> 是天經地義，因為事實就是如此。**

一旦你能駕馭這種心態，那不只是你的銀行帳戶會越來越富足，你人生的所有面向都會日漸豐潤圓滿。

朋友們，這精彩的一生，可是無價的！

金錢管理任務

準備好存 $$ 了嗎？執行清單在此：

☐ 研究不同的銀行和信用合作社，跟你現在交易的銀行比較。而你該繼續跟同一間培養關係，還是換地方能得到更多呢？上我的網站 yourrichbff.com/richafresources 或掃描最下方 QR Code 看看我推薦的選手們

☐ 檢討你的現金帳戶設定，並運用自動轉帳到多個現金帳戶的機制，來為你達成無腦的預算策略。

☐ 為緊急預備金和沉沒基金各開一個（或多個）高利定存帳戶。

☐ 根據當下的生活開銷回推緊急預備金的大小，並根據每個月的存款數字預估達到目標的時程。

☐ 為每一筆近期將支出的大筆開銷都開一個獨立的沉沒基金。

☐ 腦力激盪一下，有哪些花費是你可以談判的（日常帳單、住房成本、買車等等），花時間好好研究一下相關資料，為談判日做好準備。

☐ 額外紅利：上我的網站 yourrichbff.com/richafresources 或掃描最下方 QR Code，下載你的有錢富朋友終極清單，裡頭有我最有效的致富撇步、APP 和各種配合的活動，能幫你賺取更多現金回饋、紅利點數和免費贈品，真香！

◀ 更多資源

05. 你沒能含金湯匙出生，但你的孩子會

─投資之章─

談到投資，我一定要先分享有錢富朋友的三個投資真理：

1. 投資看似複雜，但不必複雜。

2. 投資並不需要你變身股市神童（如果你自以為神童，那你大概已病入膏肓）。

3. 投資才是你的致富之道，存錢不是。只懂存錢是不會變有錢的。

覺得投資很複雜的朋友們並不孤單。我有在私募基金工作的朋友，你懂的，金融咖。他根本是靠投資吃飯的，每天活在 Excel 當中。而連他，都整整工作了四年，才知道要為自己開一個退休投資帳戶。

我和其他朋友們發現了之後，反應都是：「哇你在衝蝦毀啊？你的錢都白白送人了！你的錢都進到馬桶沖掉了知道嗎？」

他的反應漠然，「不曉得耶，我覺得好複雜喔，要設定帳號很麻煩。所以就……沒去弄。」

好，先來一則免責聲明：要開投資帳戶的確有很多繁瑣的書

面文件，但從「可是學校沒教啊」的角度來想，投資帳戶的世界如此複雜，正是因為在上頭的人沒有動機讓事情變得更好懂。從我朋友的例子就看得出來，設定雇主贊助的 401(k) 帳號真的夭壽麻煩，麻煩到他原本這輩子都不打算去處理了。這對他來說真的**虧大了**，因為他錯過了這四年的投資報酬和節稅機會，但你知道對誰來說是賺到了嗎？

他的雇主。因為他的雇主有 401(k) 比照加碼的計畫，員工每提撥一美金、雇主會加碼一美金，也就是員工提撥數額雇主都會加一倍進去。所以啊，雇主怎麼會去幫像我朋友這種傻員工搞懂辦理的手續呢──他甚至不會說明為什麼要辦理、會有什麼好處。

如果繁瑣的書面工作和財務術語沒有嚇到你的話，很好。下一個門檻，是個常見的誤解：你也許以為，要透過投資賺錢，你得要懂得怎麼選股票。

不不不不。從我的經驗看來，這個法則完全顛倒了。如果你自認為是選股達人，那你很快就會賠一屁股錢。大學還沒畢業前，我曾在華爾街實習十個禮拜，當年的我還沒有執照，連一個按鍵都不准碰，但當時的我以為自己早已對投資瞭若指掌。

是這樣的，那個暑假，每個實習生都被要求進行專案研究，了解特定產業類別中的選股法則。我被分配到的產業是生物科技，我承認，那時候壓力滿大的，我對自己的選股沒有信心。還好，跟我同桌有位醫療界的專家很友善。有天早上，我帶了甜甜圈和咖啡給他（你懂的，投桃報李）並感謝他的幫忙，就

這麼剛好，他那天有 30 分鐘可以撥給我，聽我練習我的生物科技產業簡報。歷經了他的拷問、回答所有問題，最後我順利完成了該年度最棒的實習生簡報（沒有之一）後，我的自我感覺極為良好，覺得自己超懂生物科技！

實習結束，我的聘雇合約也在畢業後終止，這時的我，才終於得以合法在個人帳戶上進行相關類別的股票交易。你猜我做了什麼？我立刻把自己的 4,000 美金放到我在實習簡報中力推的股票裡，因為我對自己的研究和投資理論充滿信心。而且，我們團隊中最懂醫療產業的專家告訴我，我的眼光很準！

你猜，後來怎麼了？

這間公司即將上市的旗艦級新藥，也就是我花了無數時間研究的大祕寶，在第三期的臨床試驗中失敗了，這款新藥最終無法上市。股價應聲崩跌，我的投資在一天之內損失了一半。

雖然我的運氣不錯，當年並不需要那筆錢來維生，但這筆昂貴的學費讓我至今難忘。當年的我有著公司和團隊強大的後盾，資料來源比一般 99.99% 的投資大眾要多得多，但就連我，**都還是選錯了**。所以，從我的錯誤中學點教訓吧 —— 就算你對目標產業有相當知識，選擇多元化的投資組合，仍是比自詡為選股達人、孤注一擲來得有利多了。

但是，我說了這麼多，不是要嚇得你不敢投資。完全相反，投資非常關鍵，它左右著你的財務未來。

這就是我說的第三個真理：**只靠存錢是不會變有錢的**。

　　你的預算和存款，都是財務基礎不可或缺的部分。但請記得我曾說過，有錢人有錢，並不只是因為他賺得比較多。他有錢不是因為他比你「有紀律」或「不浪費」。他有錢的原因，是他懂得讓錢去賺錢，他懂投資。

　　沒有什麼會比你的錢還更努力為你賺錢了。

　　錢，不需要呼吸、睡覺、吃甜甜圈、喝咖啡。錢，可以全年無休 24 小時都不停運轉、帶給你存款帳戶永遠無法企及的報酬率，而比起你在正職工作中投入的血汗，讓錢滾錢根本毫不費力。

　　投資，應該是一個在背景運作的系統，輕輕鬆鬆，卻能隨著時間像滾雪球般讓你越來越有錢。投資真的可以很簡單——我能保證，不管是還沒上大學的 18 歲學生，還是想在退休前趕上進度的 40 歲勞工，你一定能找到適合自己的投資策略，你可以完全理解、貫徹並藉此抵達你的目標。就算一開始沒有很多錢，也分不清楚股票、債券跟共同基金的差別，相信我，你都會找到屬於你的投資方法。

　　這章我們就會一一來拆解，從基本的如何開啟投資帳戶，到要買什麼樣的投資標的，還有道瓊到底是啥（或，是誰？）。

　　一旦看懂了錢是怎麼賺錢的，你會很驚訝，為何以前的自己會覺得這種故事是天方夜譚。（蛤，你說投資用到的數學嗎？比微積分簡單很多，有的人甚至覺得比代數還簡單。重點是，你根本不用自己算。）

在哪裡投資？

證券商＝幫你買賣投資商品的公司。

就把它想成雜貨店：他們賣你想要買的東西，但那些東西並不是雜貨店製造生產的。證券商提供服務，為你和投資標的牽線，然後藉此賺錢，就像你家轉角的雜貨店，也是透過把可口的食材送到你眼前來賺錢的。想買 Oreo 餅乾，你不需要認識納貝斯克食品公司的董事長，同理，你也不需要認識什麼大咖才能買投資商品——你只需要證券商。

用什麼帳戶？

帳戶＝持有投資商品的容器。

這就像是你去雜貨店會帶上的購物袋，入店前你的袋子裡頭裝著錢，離開時你的袋子則裝滿食物。

投資什麼標的？

投資標的／資產＝那些放在你的帳戶裡、會為你賺取回報的實際「商品」。

這就是你購物袋裡一樣樣的雜貨商品，就好比 Oreo 餅乾。

▍一生只需要一次的投資大解密

美國財務相關教育最大的錯誤，就是一次只教一個觀念。這就像是給你一片拼圖，要求你畫出一整幅畫。我認為更有效的方式是先後退一步，充分了解整體架構，再趨前研究每一片拼圖是如何互相連結，進而形成整個系統。

只要你對整體系統有 fu，就可以開始讓它為你工作了，但前提是你得先了解**整體架構**才行。

如果明白我用心良苦的話，各位，請讓我們掌聲歡迎：小惟的獨家專利「極致官方豪華版有錢富朋友投資流程圖」。

這就是你的投資策略設計圖。

一旦你熟悉了整體架構，我會接著一步步深入教你做投資前的準備、帳戶設定、購置資產。因為接下來的篇幅，會詳細說明流程圖中的術語，所以我建議你把下一頁貼個標籤，好隨時可以翻回來參照。

投資概論

在哪裡投資

證券商

自行管理

Fidelity, Vanguard
Charles Schwab, Robinhood

自動化投資理財顧問

SoFi, Wealthfront
M1, Betterment

用什麼帳戶

退休金準備

IRA

退休提領：存入時免稅，提取時扣稅

Roth IRA

退休提領：存入時扣稅，提取時免稅

兒童帳戶

529

具有稅務優勢的高等教育基金（大學）

配合雇主專屬

401K / 403B

雇主贊助之退休帳戶（類似IRA但由雇主補助）

ROTH 401K

雇主贊助之退休帳戶（類似Roth IRA 但由雇主補助）

HSA

健康儲蓄帳戶：存入、提領都免稅！

一般投資

個人證券投資帳戶

一般投資人帳號，可以投資任何商品，但沒有節稅功能

投資什麼標的

如果你不知道從何開始，可以選擇券商代管服務或者投資多元化投資組合的指數型基金。同時，請考慮開一個指定日期的退休基金（目標設定在滿 60 歲那一年）

最高風險
期貨、選擇權
收藏品
加密貨幣

注意：
風險越高 =
損失或賺錢
的潛力越高

中等風險
ETF/ 共同基金
股票
高收益債券
不動產

最低風險
政府國債
貨幣市場基金 *
定期存款單 *
現金

＊貨幣市場基金與定期存款單基本上就是同意將你的資金鎖住一段時間，換取比一般活期存款稍高的利率。

像有錢人般投資的輕鬆六步驟

　　請將流程圖當作教戰手冊，接著，我們要來談談實戰策略。現在你已經了解系統的整體架構了，再來我將教你如何像個有錢人一樣百戰百勝。

第一步：了解投資的真諦

　　沒含金湯匙出生的我們經常誤以為投資就是「買賣股票」。腦海中浮現的畫面是虛構的《華爾街之狼》般的地獄場景，人們整天盯著股票指數上下飄移，時不時對著電話大吼「買！賣！買！賣！」。

　　事情不是這樣運作的。

　　投資最基本的觀念，就只是把錢放進未來有價值增長潛力的投資標的。時間到了，你就賣掉，把價差收進口袋。那麼，你要怎麼知道什麼東西未來有價值增長的潛力呢？你當然不知道，至少並不完全知道。但只要你把錢均衡地放進不同的投資標的，你就是在賭整體經濟未來的成長。

　　你知道嗎？賭這一把可以說勝率非常、非常高。歷史上從來沒有哪一次經濟不景氣過後沒有回溫的。的確，我們會遭遇短期的下行，但**時間一旦拉長，市場一定會復甦**。你極有可能在整體投資組合中買一些個股，但你腦海中對股市的想像，不會是你的策略。

　　因為你腦中是不是還有那個華爾街之狼崩潰狂吼的場景？

那叫做交易，不是投資。我的導師曾如此精闢地對我說明：交易是做搬家的生意，投資是做倉儲的生意。你可能也聽過**當日沖銷（當沖）**，也就是在一個交易日之內快速買賣資產，而投資，則是買了然後牢牢抱著。

有錢人也會買賣股票、債券、基金等聽起來很華爾街的東西，但整體來說，他們並不做當沖，當沖的工作量和壓力極大（你應該不需要我提醒你，有錢人最討厭這兩樣東西了），而且從數據上來說，賭當沖可能會損失慘重（在所有的當沖交易員之中，有85%在長期來說是賠錢的）。**有錢人做的是投資**——他賭的是整體經濟會順著歷史趨勢日漸上行，這就是你該學的投資方式。

第二步：穩健的財務基礎和預算

有錢人在投資策略上往往攻勢積極，但他絕對不會讓自己冒風險露宿街頭。他們知道市場的運作是怎麼一回事，也很清楚短期的價格修正並不影響長期的經濟增長和回報，即便如此，他們仍會確保這些短期的震盪不會衝擊到他滋潤的生活。換句話說，他們有緊急預備金隨時可以支用。

在你做任何投資決策之前，請確定你已經**準備好三到六個月的生活開銷做為緊急預備金**。這不是因為一旦把錢投資出去，你就承擔了賠錢的風險，而是因為多數時候，投資就是把錢鎖在標的一段時間。就像你提撥薪水存入退休金帳號，這筆錢一直到了法定退休年齡才能提取（否則要支付大筆的罰金，除非

有什麼特殊情形，我接下來會說明）。

你也應該算出每個月能投資的金額是多少。舉例來說，使用 532 法則的朋友，淨收入的 20% 是存款和投資，而這兩成收入在存款和投資間如何分配，就是你個人的判斷了。我們幾乎能確定的是，你不可能每個月都把這 20% 全部放到投資裡。

儘管如此，有一點我要先澄清：不管你能投入的金額有多少，放手投資就對了。每個月採用 532 的法則基本上錯不了，但就算每個月只有 20 元美金，也不該放棄累積資產的機會。

這才是有錢人投資的方式。不管能投資的錢是多是少，**就算只有幾毛錢，他們也絕不放棄任何把資金放進投資帳戶的機會**。更不會被「在幾歲之前一定要投資多少錢」等不成文的規矩給拘束。

第三步：了解債務和利差

請注意，我從來沒說要「先還清債務」。我再重複一次：就算身上還背著債，你一樣能夠投資。有錢人絕對會這麼做。

為什麼？因為不同的債務有不同的價值，重點是利差。

（如果你忘了代數課老師教的 delta……也忘我了第一章講過的概念）基本上，利差（delta）就是兩個不同利率之間的差距。在這邊的例子裡，利差指的是「債務累積利息的速度」與「投資賺取回報的速度」。

如果你的**利差為正值**（代表你投資所賺的回報，比債務累積

的利息來的高），那麼，長期來說你就賺錢了。沒錯，就算你技術上仍是「負債」狀態也一樣。你把這想像成一個在漏水的水桶，水會從桶子底部一滴一滴的流失（你的債務利息），但只要你有在用高壓水管注水（你的投資報酬），桶子仍會越來越滿。

簡單來說，只要利差為正，就算身上有債，你仍然能從投資中賺錢，而要讓你桶子裡的水位漸漸上升，首先你得要知道水管的進水率，也就是平均來說，你的水管每年能為水桶（投資帳戶）注入多少水（也就是錢）。

還好，你不用猜錢進到水桶的速度。因為我們有數十年的歷史資料，可以用簡單的一個數字，顯示市場平均的成長速度。而這個魔法數字，就是 7%。7% 是過去 30 年來 S&P 500 的平均年化報酬率[21]。為什麼要參考 S&P 500 呢？因為 S&P 500 的組成是美國股票交易市場最大的 500 間公司，也因此，S&P 500 被視為能有效預估長期經濟成長速度的可靠來源。至於那 7% 是怎麼來的？就是計算這 500 間公司很長、很長時間的平均表現（像我說的 30 年），並將通膨折算進去（當然），而且只採納平均回報區間的低點（比較保守安全），就這樣，我們得到了平均「水管進水率」7%。換句話說，有幾年你的水管會從投資標的中產出 3% 的涓涓細流，有幾年則會是 20% 的高壓水柱，時間夠長的話 —— 時間是重點！你就可以合理期待每年有平均 7% 的進帳。

在我們的水桶比喻中，已經有了你的進水率，再來回頭看看

你的債務，水桶的漏水率。你的目的是搞清楚哪些債務導致你損失（漏洞太大、水流太快），而哪些債務只是一滴一滴慢慢漏、遠遠不及水管的進水速度。換句話說，請你釐清哪些債務的利息比 7% 來得高，並在你開始投資之前請先償清這些債務。

把這些高利貸款給還完之後，你就抵達了正利差的絕佳位置，也就是你的利差（投資回報減掉債務利率）高於零。從此刻開始，所有的債務都只滿足最低還款要求，同時開始投資。朋朋們，這就是你人生第一臺印鈔機。這兩個利率間的利差就是你賺到的錢，你可以把這筆錢拿來加速償清債務，或者做更多投資。不管你如何選擇，多賺錢都不是壞事。

容我多說一句：如果此刻債務讓你感到壓力山大，暫時不想考慮投資，也完全沒有問題。債務帶來的心理負擔很沉重，好好地面對催收機構和債務造成的信用評等問題，比投資更重要。有需要的話，請先跳到第六章第 268 頁的〈債務〉小節來擬定策略。

第四步：遵守政府規定

請跟我大聲唸：**有錢人討厭繳稅**。

像個有錢人般投資，表示政府只能從你的投資回報中抽取最小、最小比例的稅金，而且你犯不著偽造文書逃漏稅，只要運用 100% 合法的稅務優勢投資帳戶。把錢交給這些吃了無敵星星的夥伴們，就能夠立刻或者延後，甚至永遠不用繳稅。

---

21 換句話說，有些年的回報率可能高達25%，而有些年的回報率可能是-2%，但平均而言，在過去30年的期間，S&P 500的年化報酬率是10%──將通膨折算進去後，每年的回報在8%到10%不等，也就是說，7%是偏低、非常保守（因此安全）的預估。

「不對喔，等等。」你可能正心想：「這不是免費的錢嗎？肯定有鬼。政府怎麼可能會白白讓我們少繳稅呢？」

這問題如果你去問有錢人的話，他會告訴你，因為政府把我們美國人都當成臭拎呆、笨小孩。我們既固執、又不聽話，需要政府各種好說歹說，才勉為其難地照顧自己；而如果沒有人把我們關進嬰兒圍欄裡，我們一定會自己走到車陣裡被撞死。政府想要我們做的事情，會用許多好康賄賂；政府不想要我們做的事情，則會設下極大的懲罰。

那麼，在我們出手投資時，政府會想要我們怎麼做呢？**把錢存下來退休再用**。為什麼？你想想，如果你不上班了、不再有收入、家徒四壁身無分文，這時候你覺得是誰會照顧你的衣食、房租、醫療？沒錯，就是美國政府山姆大叔，而且要幫你買單讓他很不爽。所以，他要你在還能掙錢的全盛時期拚了命地存，退休時你的帳戶才有滿滿的錢，夠你治療類風濕關節炎、負擔氣候溫暖的佛羅里達州公寓。

正因為美國政府不信任我們這些臭拎呆，認為我們不會為了退休乖乖存錢，所以政府願意釋出好處來賄賂民眾：存退休金節稅。美國的稅務系統中有許多具有節稅優惠的投資帳戶。用這些特殊的投資帳戶投資，表示我們願意接受某些程度的限制（例如到了特定年紀才能存取），但也因此能換得許多好處（例如少繳點稅給政府）。

這裡最大的諷刺在於，有錢人的退休計畫其實最不需要政府操心，有錢人並非無知落後的族群，**他們永遠不會忽略長期存**

款的重要！他們根本不需要任何**利誘**！但，他們當然還是很歡迎任何合法節稅的機會，因為，這又是免費的錢啊。（不過，某些具有稅務優惠的投資選項是有收入上限和其他限制的，例如自主提撥 IRA 個人退休帳戶，所以也不全然是有錢人通吃的狀況。）

要像個有錢人般投資，你得優先利用具有節稅優惠的退休帳戶，再考慮其他選項。接招吧，山姆大叔！

第五步：釐清自己的目標、時程和風險容忍度

且不論節稅上的好處，有錢人存錢當然不會只為退休。他們手上的錢有很多目標，而取決於目標的不同以及何時想要達成目標，他們就會計算出不同的風險容忍度。

這聽起來很複雜，但我們其實時時刻刻都在考量風險容忍度，只要我們必須在某個截止日之前達成某個目標，就需要做風險容忍度評估。

舉例來說，想像你今天即將出席一場盛大的宴會，但你還沒有準備好禮服，你會怎麼辦呢？要是我的話，我會立刻前往最近的百貨公司，挑一套經典的黑色小洋裝。因為距離宴會開場只剩幾個小時，我絕對不會浪費時間跑好幾個地方去精挑細選（因為我的時程非常緊湊），也不會冒險挑戰過度誇張的訂製服（因為我想要美美的出席）。沒錯，我也能跑幾家稀有的古著店，有機會找到品味獨特的絕美禮服，但我也有可能什麼都沒找到。我沒有時間承擔風險，在宴會前倒數計時的當下，我

的**風險容忍度比較低**。所以，就是你了，經典小黑裙！

反過來說，如果今天是星期天，我漫無目的地在蘇荷區四處逛街購物，我可能會挑一件藍色的鴕鳥皮上衣。沒什麼不行啊？因為，我的目標沒有變，我還是想美美的，但沒有什麼馬上要驚豔全場的壓力，我的時程非常彈性。如果最後我發現其實沒這麼喜歡，拿回來退換就好。若我越穿越喜歡，還能來再買一件。在這種情形下，我的風險容忍度高。

透過這個案例理解風險容忍度，一言以蔽之 —— **你的目標時程越近、你所選擇達到目標的方法風險理應越低**。

而這個概念，對你以及你的投資來說有什麼樣的意義呢？整體來說，在投資這件事上，時程越長，你的風險容忍度可以越高。那你知道對你來說，時程上最遙遠的目標是什麼嗎？

沒錯，是**退休**。

距離你需要存取那筆錢，還有好幾十年，如果這中間市場有任何起伏，你都有時間等它復甦，也就是說，這時候你可以盡情投資、承受較多風險。隨著退休的時限越來越靠近、你的年紀越來越大，這時候你的風險容忍度就該調低，你可以重新分配你的投資組合，將整體風險降低（這樣你才能確保這筆要支撐你到老死的錢，在套現時不會蒙受損失）。

如果你的目標時程較短（像是為小孩準備大學學費），那麼，也請你將投資鎖定在較低風險的標的 —— 你還是希望錢滾錢，但市場不景氣、投資市值縮水時，你沒有時間等它回溫。

至於非常短期的開銷呢？有錢人還是會投資，因為對有錢人

來說，「錢不賺錢、天誅地滅」，就算他的風險容忍度低到不行，他還是要投資。你當然也該這麼做。那些你預算中已指定用途，不管是即將要買新車，或準備兩年後辦婚禮的現金，都可以先投資到低回報、低風險、時程短的投資標的中。這樣一來，到了你要用錢的那天，不但能夠自由存取，還會拿到一個小紅包呢。

第六步：請對 YOLO（你只活一回）和 FOMO（美好事物錯過就不再）說不

最後，也是最重要的，有錢人絕對不會因為網路上的人一窩蜂在買，就跟風去買莫名的投資標的。最酷的加密貨幣他們不買，迷因圖上「保證漲到上月球」的股票明牌他們也不買。

因為有錢人懂投資是怎麼一回事，真的不是靠社群網路口耳相傳。

有錢人知道市場的運作原則。

他們不會過度在意進場時機，也不會講究要在哪一毫秒下單，因為他們知道，只要時間拉長，投資幾乎一定會帶來回報。（記得 7% 的魔法嗎？）。

他們知道什麼東西不能相信，因為價值不會憑空出現，而那些爆紅的 NFT（非同質化代幣）真的……沒什麼屁用。

他們也知道要耐心等待、延遲享受。他們不需要一夜致富，只要能永遠坐擁財富。

- 購買多元化、分散風險的投資組合，以確保你能捕捉到整體經濟成長。
- 盡量在預算中固定規劃每月投資額度……任何投資都很好，5塊美金也很好。
- 身上背著債務也能投資 —— 只要先把利息高於投資報酬率的債務還清。
- 優先投資在具有稅務優勢的投資帳戶。
- 投資的時程越長，風險容忍度可以越高。
- 請不要浪費錢買網路上迷因圖報的明牌，拜託。

親愛的，資產來了：投資到底要買什麼

你有沒有去過高級餐廳吃晚餐，卻點了一道其實你不太確定是什麼的東西？

像甜麵包（Sweetbreads）？這肯定是甜點沒錯吧？

或者洛磯山脈蠔（Rocky Mountain Oyster）是吧？我超愛生蠔的，點這個應該沒問題齁？

然後餐點上桌時，你無法掩飾內心的驚嚇，原來甜麵包是口感黏滑的牛犢胸腺肉，而洛磯山脈蠔則是公牛的睪丸。

　　這就是開始投資時經常會發生的事。菜單上有琳琅滿目的選擇，很多你可能聽過，但略懂略懂的狀態其實最危險。一不小心，你可能就在獲利機會為零的投資標的上浪費了錢。

　　所以，在你找證券商開戶之前，讓我們先緩一緩，看一下投資菜單上有那些選項吧。

　　我們才剛學到，投資基本上就是把錢放到未來有價值增長潛力的投資標的。而那個投資標的，我們稱為一個**資產**：資產就是你所持有、具有市面價值，且能為你賺錢的東西。資產可以是有形的，就像房子、畢卡索名畫、一堆金磚，也可以是無形的，就像股票、債券和加密貨幣。

　　但是！技術上能稱作資產的東西，不表示它會自動幫你賺錢——換句話說，就只因為菜單上有這個選項、而且聽起來很厲害，不表示他對你來說是合適的選擇。有些資產未來增值的機率很高，而有些資產增值機率是一半一半。雖然不同類型的資產（又稱為**資產類別**）只要時間拉得夠長，通常會有類似的變化曲線，但是沒有人能夠百分百對你保證 X 資產一定會在 Y 日期之前達到 Z 的市值（有兩個例外，我們很快就會談到）。

　　換句話說，所有的資產都有風險（請回顧第 191 頁：小惟的華爾街實習故事），然而，只要你知道不同的資產類型，他們各自的風險等級，並了解**風險來源**，你就能為自己選擇最合適的選項。同時，你也會開始了解要如何打造多元化的資產組合，幫助你從「__經濟歷時必定成長__」的簡單預測中獲利。

　　以下就是常見（但絕非所有！）的資產類別。我會從你最有

機會聽過、熟悉的資產開始，一路講到較為抽象、較少機會碰到的資產類別。

藝術品與奢侈名品

班克西（Banksy）的畫作、卡地亞（Cartier）戒指、愛馬仕的柏金包（Hermès Birkin），很多人會將這樣的高級消費商品稱之為「**投資單品**」，技術上而言並沒有說錯，柏金包的確比你在量販成衣店購買的皮包更保值，所以這些單品能夠透過轉賣獲取利潤的機率也確實高於其他大量生產的消費型商品。

然而，有轉賣獲利的機率並不表示他們一定賣得掉。藝術品與奢侈品的市場就像《決戰時裝伸展台》般殘酷：勝者為王、敗者為寇。這是因為，你手裡十克拉的藍寶石戒指或者手工編織的東方地毯能不能套現，完全取決於市場上是否有買家想要買（他也得願意支付你的開價）。也因此，奢侈品在長期來說，比起其他資產類別風險更高。此外要注意的是，奢侈名品是實體、有形的資產，有可能被偷、搞丟、打破，或者被《鐵達尼號》的老太太丟進海洋中等等。你記得嗎？班克西曾安排在畫作拍賣後，立即啟動隱藏的碎紙機把畫作碎了一半？購買班克西畫作的得標者，原本以為自己買的是一樣資產……但班克西就是班克西，他立刻象徵性地粉碎了得標者的發財夢（這當然是玩笑，競標的投資人不會這樣就傾家蕩產，而且我很確定那幅畫就算成了碎紙，還是會有人出價。總之，你懂我意思）。任何的奢侈名品或藝術品都有機率遇上這樣的狀況：如果你人

生最大的「投資」，放在一條鑲鑽的網球手鍊上，那麼，只要遇上一場火災，或者在地鐵上被技巧高超的小偷盯上，你的財富就瞬間歸零了。

你的有錢富朋友我的立場是這樣的 —— 只要你真心喜歡、想要，這些東西可以買，但千萬別因為你想賺錢而去買奢侈品、名畫。我對奢侈品沒有意見，但奢侈品不會隨整體經濟成長（這才是我們的目標啊，記得嗎？），也不能利用開外掛的稅務優惠帳戶來持有（這點最討厭）。此外，這類型商品的價值成長率很難預估，因此，你在運算整體債務投資的利差時，無法將這筆投資考慮進去。只有三次機會，若沒打好你就三振出局了，朋朋謹慎啊。

房地產

房地產跟奢侈名品可說是完全相反。不是每個人都需要名牌羅伯汀紅底鞋，但每個人都需要遮風避雨的家。持有房屋、商用物業，或單純是光溜溜的土地，都是歷史悠久的投資策略，可以追溯到，嗯，人類歷史的源頭。這是因為人類始終需要「空間」來生存或從事任何活動。

最常見的房地產投資，對你來說可能根本**不像投資**：買房子、住在裡頭、最後賣掉（或者在遺囑中留給後代子孫）。好幾個世代以來，大多數的中產階級最常用這種方式保存並累積財富。房價通常會隨著時間不斷增長，到了你想賣房的時候，房子的價值早已遠超過你當年所支付的金額 —— 登登，利潤！

另一個房地產作為資產常見的利用方式，就是當房東：持有獨棟住宅、公寓大樓、店面，不管是什麼樣的房地產，並向他人收取使用費。這種作法真香，因為它讓你兩頭賺，你不僅持有會隨著時間而增值的資產，同時也從資產中定期產出現金流，不管是誰在使用你的房地產：租客、AirBnB 的住客、黃豆農夫等等，都得按時繳費。

房地產投資最經典的元素，在於資產幾乎永不歸零，就算只剩下地上的一堆磚頭也有價值。而且，只要耐心持有，所有房地產都傾向增值。不過，這些都還比不上有錢人最愛的組合技 —— **做為資產，房地產能讓投資人開槓桿。**

你想想，多數持有房地產的人，就算很有錢，也都不會把屋款一次現金付清。大部分的人會申請房貸，支付部分的頭期款來確保借款（通常頭期款預設為房屋估價的 20%，但這並不一定），簽下合約在房貸期間分次將貸款付清（以美國來說，30 年的房貸最為常見，但也有 15 年或 20 年房貸的選項）。也就是說，有了房貸，你就能用美金 6 萬的現金頭期款，槓桿出價值 30 萬美金的房產，基本上，沒有任何其他的資產類別有如此大方的貸款機制。

好，一開始的確表示你將承擔債務 —— 房屋購買價扣掉頭期款的餘款，就是你積欠銀行的金額，此外，銀行會按月收取利息。但，只要你持有房屋的時間夠長，房屋增值的幅度就很有

希望超過債務增長的速度，也就是說，即使每個月繳利息，你還是賺錢，更別說，與此同時，你也可以**使用並住在這間房子裡**。賺翻了。槓桿對出租的房產來說更加有利，因為房客所繳納的租金能夠用來支付每個月要付給銀行的房貸，也就是說，你的 6 萬美元現金，不但買到了價值 30 萬美元的房產，而且你每個月需要繳納的貸款為零（還有可能多幾百塊進口袋呢）。

　　說了這麼多，儘管房地產是百戰百勝的資產類別，但它的 $$$ 門檻真的不低（不只頭期款，更包含交屋所需的各種稅費以及房屋的修繕維護費用），同時，房地產考驗著你的耐心和信念（比起買賣共同基金的持股，買賣房產所需要的時間長得多）。所以，如果才剛開始投資，我可能不會從房地產開始。如果你已經在考慮買進人生中的第一間房，做為自宅，那我當然支持你追逐這個夢想，但如果你只是每個月預算中有一些現金，想要透過投資賺錢，那把這筆現金放進證券商投資帳戶，購買股票、債券或基金商品，會對你更有利。

查看更多

我承認，我沒說實話。投資房地產還有第三個祕密管道，不需要實際購入房地，只需要購買這種標的：不動產投資信託（real estate investment trust，簡稱 REIT）。這種金融產品的特色，就是讓你一口氣持有多種不同的不動產物件。不動產投資信託可以在股市買賣，所以持有不動產投資信託跟持有股票沒有不同。因此，這也不失為在資金還不足以購入房產時，投資不動產的好方法（此外，這種金融產品將不同的不動產類別合併，你的錢不只是放在獨棟住宅，也可以同時持有公寓大樓、購物中心、商辦大樓等等）。

股票

　　股票能讓你持有一間公司的小小一部分。當一間公司股票上市時，就表示他們從自己身上切割出一小塊一小塊的持有權供人購買，而這種持有權就稱之為股份。

　　讓我們以一間大公司為例吧。隨便說，就叫香蕉的科技公司好了。如果你把香蕉公司的總價值畫成一張圓餅圖，那麼，香蕉公司的股份就是從圓餅中切出來細細的一小片。花錢持有這一小片的你，等於是花錢買一個機會，能在香蕉公司大賺錢時也分一杯羹；但同時，若香蕉營運不佳，你的股價也會跟著下跌。如果香蕉在市場表現良好、賣了很多新手機、賺取極高的利潤，那麼，公司一整個餅的價值就會增加，你那一片也隨之增值。這時候，你就能決定套現，把你的那　片賣給別人；如果你覺得股價還會再上漲的話，也可以選擇繼續持有。

　　但是，如果香蕉的營運出現問題，舉例來說，他們的筆記型電腦會在使用者眼前爆炸，因此正面臨消費者集體訴訟，這時候，他們公司的圓餅價值就會忽然縮水，你的那一塊也是。你還是可以把你那一塊賣掉，但因為市場上沒有人願意付大錢買筆電會爆炸的公司股票，而這時候你選擇套現，可能只能取回當初投資金額的一部分。

　　股票也能以股息的方式為你賺錢，股息就是公司定期支付給所有股東的款項（在美國，通常是一年四次）。你在股息上所賺到的金額稱為**現金殖利率**（dividend yield），股息是透過股價的某個百分比來計算的。但整體來說，大多數的投資人透

過股票賺錢，主要還是押寶他們期待會賺錢的公司，購入其股票，然後在未來股價上漲後套現。

重點來了喔。

為自己購置資產時，**我不建議你挑選個別股票**。請相信我，我當年在華爾街的工作，就是靠交易個股吃飯（還要再講一次我在生物科技股賠錢的故事嗎？拜託，別了）。

這裡我必須強調，不選個股不表示「我太蠢了，搞不懂股市」。事實完全相反：正因為你太了解股市運作的原則，才會知道賭單一公司股票的風險有多大。你可以考慮利用產業類別或經濟區塊等較低風險的組合，來投資你認為未來大有可為的部位（我們很快就會談到產業基金）。如此，你仍然可以付出大量的時間與研究心力來打造自己專屬的股票組合，不一定要選擇個股。

如果你覺得我往你頭上澆了一盆叫做 FOMO（美好事物錯過就不再）的冷水，我懂你 —— 但請你相信我，還有很多能讓你施展拳腳的投資機會。

債券

股票讓你持有公司的一小塊，並在它成功賺錢時分一杯羹，而債券，就是你借錢給公司（或政府），他們還債時，你就會賺錢。

也就是說，買入債券其實代表著你借錢出去。你，就是銀

行。你從債券上賺錢，就如同銀行借錢給民眾，而從中賺取利息一樣。

購買公司債券（corporate bond），表示你借錢給私人公司，這間公司則會支付利息給你。比起購買該公司的股票，購買債券的風險較低，原因很簡單——公司倒閉的時候，債主有權先主張剩餘資產，畢竟還錢是契約上的法律義務。股權持有人（也就是股東們），在法律上並沒有主張的權力。

債券還有一個地方很酷，除了公司，你也可以把錢借給公家單位。政府公債（government bond）是各國政府舉債籌措資金的方式（因為稅金不夠用啊，是吧？）；而地方政府債券（municipal bond）則是由各地地方政府發行，為公眾利益（像是造橋鋪路、設立公立學校等）籌措資金。

債券更酷的地方在於直接內建了比價系統。每次你考慮買新的睫毛膏品牌時，是不是會上網看美妝博主的影片，總有人已經做了極其詳盡的研究，深入成分、刷毛構造、持久度等各種因素，這些影片能幫助你分辨這款睫毛膏究竟是你的蜜糖還是毒藥，而不用自己花錢買教訓。同理，在債券市場，你可以仰賴公開的**信用評等**（bond ratings），簡單說就是按照風險的程度，將債券從 AAA（非常低風險）到 CCC（高風險）做分類，這裡扮演美妝博主角色的，則是獨立的信用評等單位，例如穆迪公司（Moody's）和標準普爾金融服務（Standard & Poor's，簡稱標普 S&P），他們會深入各種影響風險的因素，最後歸納出該債券的信用評等，簡單易懂。

所以囉，在物色不同的獨立債券時，你可以關注債券的類別、信用評等、當然還有利率（公司或政府支付給你的利息），從這三個角度來找到你的真命天子，既能配合你的風險胃口、又能賺到理想的報酬。

　　說了這麼多，其實大體而言，**政府債券通常是風險考量中最安全的投資**——政府債券的信用評等極高，因為後頭有整個國家政府在撐腰。如果你想在投資的同時，也支持自己所屬的當地社群，那麼，地方政府債券也是不錯的選擇（有時候還幫你省一些地方稅喔！視各債券規定不一）。

　　準備好承受更大的風險嗎？你可以參考看看所謂的**高收益債券**（high-yield bond）。這些債券的發行單位，是信用評等較低的公司，但也正因如此，這些公司提供的利息比較高。

　　因為債券整體而言的風險比起其他資產類別來得低，所以幾乎每個人都適合持有一些債券，不過，除非距離退休只剩五分鐘，你大概不會想把所有投資都集中在債券身上。是的，債券的風險較低，但它的回報也比較低。如果你還有時間，可以等錢滾錢，那麼，將大部分資金放進股票或其他具有更高成長潛力的資產會更有利（當然，風險也更高）。

　　「但是小惟，等一下，」你可能正這麼想：「股票之類的資產？妳不是才說，不應該自己挑選個別股票嗎？如果不能買個股，又不能全部都投資債券，那，我到底還能投資什麼呢？」

　　朋友們，我很高興，你們問對問題了。

基金

基金其實是由各種小小的投資組合而成。基金裡頭，可能包含部分股票、部分債券，同時配合其他資產……基本上，如果把買個股和債券商品比喻成萬聖節買一大盒士力架巧克力棒，那麼買基金，就像是買多種糖果混合的澎湃組合包。

這也是為什麼基金如此夯：購買基金就等於自動將投資多元化、分散風險（購買多種不同的糖果），但你只需要選一種（澎湃組合包）。如果今年士力架巧克力棒剛好滯銷，你就不至於一整包都浪費了。

就像超市能買到各種不同的澎湃組合包，坊間也有許多不同組合的基金。要看懂基金，必須注意兩個關鍵。

第一，也是最明顯的，就是組合包的內容為何。舉例來說，股票基金就是一籃子裝滿不同的個別股票，而債券基金，就是一籃子不同的債券。

第二，你得分辨眼前的基金是 **ETF**（exchange-traded fund，又稱指數股票型基金）還是**共同基金**（mutual fund）。這兩種基金類別都是投資組合包的概念，成分也很類似──最大的不同在於基金組合的方式以及交易的流程。

投資 ETF 的交易方式跟買賣個股很類似，你能選擇這個基金要購買幾股。多數的 ETF 都是追蹤大盤指數（例如 S&P 500 或 NASDAQ）、區域市場（例如美國、亞洲、拉丁美洲），或特定產業（例如科技、能源或房地產），也就是與該類別相關股票的整體表現掛勾。因此，ETF 並不需要有專人在背後操盤，

而且 24 小時都能交易，就像股票一樣，價格隨時在變動。

共同基金就不同了，投資人必須越過相當的資金門檻，不管一股的單位價格是多少，你都得先投入 X 金額（通常是幾千美金）。多數的共同基金都是主動式管理，也就是有專業的基金經理人在操盤，監控籃子裡每一支個股的表現，隨時替換籃子裡的組成，好讓基金整體表現優於市場大盤。這也表示，共同基金的股價每天只會異動一次，在交易日結束時結算（就是背後的基金操盤手下班的時候）。

ETF vs. 共同基金

ETF 的優點

- 低門檻。
- 低手續費。
- 對於資金不足的初學者相對友善。

共同基金的優點

- 可以設定每週／每月／或任何週期的定期投資。
- 提供目標日期基金功能，設了就安心等退休（更多資訊請參考第 244 頁）。
- 對能通過資金門檻的初學者也很推薦。

加密貨幣

容我開宗明義講清楚：如果你還想把錢拿回來，那就不要把錢投資到加密貨幣上。**這絕對不是你存放所有資金的好地方**。如果你屬於我們這群普羅大眾投資人、正職工作也不是日進斗金的話，在你一陣腦衝亂入加密貨幣的市場之前，你該探索學習的選項還有很多。購買加密貨幣，你完全不會得到任何節稅優惠，也不會得到雇主加碼，而且與房地產不同的是，加密貨幣崩盤時，你的投資極有可能血本無歸。

好，最重要的訊息已經傳遞清楚了。我們來談談，加密貨幣到底是什麼？

嗯，加密貨幣的核心概念就是虛擬貨幣。加密貨幣的流通，是基於網路上所有持該貨幣的電腦，共同記錄精確的交易訊息，這個技術稱為**區塊鍊**。透過用戶共同持有交易紀錄的方法，就能在用戶之間進行點對點的交易，而不需要銀行中介（也就不會有手續費）。

雖然加密貨幣能滿足支付的功能，不過，大多數用戶購買加密貨幣並不是為了拿來花用，而是為了持有並等待增值。也就是說，把加密貨幣當作投資標的。在專門的加密貨幣交易所，就能用一般貨幣或其他加密貨幣幣別購買——從這個買賣機制的角度來看，投資加密貨幣和投資其他資產類別是沒有差別的，但共通點也就僅止於此。

舉例來說，股票必須遵守政府單位嚴格的管制，有相當多規

矩、並且不得對投資人藏匿不利資訊。加密貨幣則完全相反，沒有任何政府管制、去中心化的運作模式是其特點，用戶之間的交易沒有第三方介入收取手續費，但同樣的，也沒有第三方在用戶之間管理交易安全、遏制詐騙或非法交易。

加密貨幣市場，比起傳統的資產類別要來得詭譎多變。股票的價格雖然會上下起伏，但絕對不像加密貨幣那樣激烈（也不會變化得如此迅速），也就是說，加密貨幣是風險極高的投資。

你的有錢富朋友我怎麼想呢？基本上，健康的投資策略組合中，有加密貨幣不是壞事，但它絕對、不應該是最高優先權的選項。當然，它更不該是你唯一的資產類別。我建議你的投資組合中，加密貨幣維持在 1% 到 5% 之間就好。一旦你在某筆加密貨幣投資中嗅到不尋常的味道呢？塊陶啊！

▎證券商與投資帳戶

好的，你已經有了讓錢出發為你賺錢的心理準備，也學習了各種資產類別的特色與優缺點，備妥了手中的資金，準備投入市場、大賺一把。但是……實際上要怎麼做呢？

記不記得我在第 196 頁提供的精美流程圖？這時候你需要做的，就是找一間證券商開戶，設定你的投資帳戶。

證券商基本上就是第三方公司，扮演資產買賣中間人的角色。你找他們開戶以後，就可以存入現金、找到你想要的投資標的，再下標用那筆現金購買。證券商會接手幫你把交易完

成，在你的帳戶中替你保存買來的資產（不管是股票、共同基金等等），並追蹤這些資產的漲跌。也有些證券商會針對你的財務目標和風險容忍度，為你推薦合適的投資產品。簡單來說，證券商就是讓你的投資魔法成真的地方。

傳統上，證券商會向顧客收取每一筆交易的佣金，證券商的服務也相當多元，提供了各式研究、交易祕訣、不同類型的投資帳戶選項。對於需要這些服務的顧客來說，這些費用很合理，但對不需要的人來說，佣金則是會讓投資門檻變高。此時，如果你的投資金額不大，各種佣金和手續費很有可能會吃掉你所有的獲利。

不過，在美國，當類似 Robinhood 這般零手續費的證券商問世之後，這些老牌證券商開始有些動搖了。街區裡新來的小夥子們不抽佣金，而且提供交易的商品跟老牌沒什麼兩樣。忽然間，一般老百姓也能輕輕鬆鬆地開始小額投資、不必支付昂貴的佣金。縱橫交易市場多年的老字號證券商受到極大衝擊，紛紛被迫將佣金調到零元（小額投資的客戶才不會跳槽），而且，原本提供的多元服務也不受影響（高額投資的貴客們才不會氣噗噗）[22]。

換句話說，現在的證券商市場競爭激烈，顧客們只要支付經濟艙的票價，就能享受頭等艙的待遇。顧客基本上沒有理由為了交易支付任何費用 —— 如果你還在付錢做交易，那我建議你，至少找一個會提供各種研究、資源和工具讓你學習的證券商。講了這麼多，我並不想要你陷入選擇困難，因為沒有所謂

最好的證券商，只要找到最符合你需求的就行了。試試看使用者介面、手機 APP、網站，選一個操作起來最順手的就好。

跟證券商開戶之後，朋朋們就可以開始設定**投資帳戶**，通常，這裡就是以下這串亂碼來襲的時刻：401(k)、403(b)、IRA、HSA。

如果看著這串亂碼，讓你覺得「乾，我到底看到了什麼」，很好，歡迎來到小惟的投資縮寫教室。我還沒有遇過誰，看著這些投資帳戶選項菜單，能立刻點頭說「嗯，我懂！一切都很合理，產品的命名完全反映了帳戶的功能。」不過，一旦你了解了個別縮寫代表的意義，說真的也沒有那麼複雜啦。

首先，再強調一次，這些看似花俏的縮寫只是不同的投資帳戶而已。如果我們把你的投資標的（也就是資產）想成你的錢包、手機、唇蜜、水壺等等，那麼，你的投資帳戶就是集中這些資產專用的托特包。

再來，每一種帳戶類型的目的或有不同，也因此各會帶來些微不同的優勢，就跟不同的包包一樣。想想看，你從獨立書店買的高檔棉質布包，跟便利商店重複使用的醜醜塑膠袋，**技術上**都能裝一樣多東西，但實際上只有前者能跟你的托特包替換使用，對吧？出門前要拎上哪個袋子，取決於當天的需求。

實際上要怎麼選呢？每一個投資帳戶都有各自適用的目的、投資情境和用戶，你的朋友我，當然已經幫你整理好每個帳號的優點啦。

---

22 編注：目前臺灣的證券商仍有手續費、管理費等。

以下清單絕對不是全部，但已經包含所有對投資初學者來說最常見、最合理的選項。從合理的角度出發，由於政府規定每個人都能從退休投資中得到節稅優勢，所以每個人都該先開一個退休投資帳戶。句點，不要跟我討價還價。（記不記得我說過，政府會用減稅賄賂你，鼓勵你為自己的退休生活存錢、當個有責任的小老美？我在說的就是這個！）根據每個人的情況不同，適用的退休帳戶也不一樣。多數受薪階級可以開雇主贊助的退休帳戶（很快會談到），但最基本每個人都有資格能申請至少一組個人退休帳戶。

401(k) 和 403(b)

401(k) 和 403(b) 是能透過雇主申請開設的投資帳戶，讓使用者能為退休存錢（也讓錢滾錢）。這兩者之間最主要的差別是401(k) 適用私人公司的職員，403(b) 則是為了像老師、公務員這樣的公家機關人員或非營利組織的員工設立的（這兩種帳號名稱中字母和數字的組合，來自美國稅務法規中管理相關帳號的稅號）。

如果你的雇主有提供其中一種，請務必申請。

其一，這種帳戶會幫你省下很多錢。所有你自主提撥到401(k) 和 403(b) 的金額都是從稅前收入扣款，再由雇主直接轉存到你的投資帳戶，這一筆金額也不會計入你當年的所得範圍，也就是說，政府要你繳稅的所得總額變少了，因此，到了報稅季節，你要繳的稅務帳單就能比原來少。

當然，天下沒有白吃的午餐。401(k)和403(b)裡頭的存款不能在59.5歲錢提取，否則你會面臨鉅額的罰款——這就是政府鼓勵你不要去動退休金的方式。此外，**你也不能把所有的錢都放進退休帳戶**（畢竟政府還是需要你繳稅的啊）：每年自主提撥金額的上限是22,500美金（這個數字是2023年的額度，提撥金額的上限通常會逐年增加，以反映生活成本的提升）。不過，我們很快就會看到，跟其他稅務優勢帳號比起來，這裡的上限已經非常高了[23]。

好處不止於此，節稅只是開胃菜。401(k)和403(b)堪稱是退休帳戶的極致王者，因為他們通常有這個祕密武器：雇主加碼，也就是免費的錢。

雇主加碼的機制是這樣運作的。假設你的年薪是100,000美金，而你的公司針對員工401(k)的自主提撥提供1:1的加碼，上限設在薪水的6%（這是我前一份工作雇主給的條件，僅供參考）。在這種情形下，如果你自主提撥6%的薪水，也就是6,000美金到401(k)帳戶，到了年底，你的帳戶不但會有自主提撥的6%，還會有雇主比照加碼的6%，也就是總共12,000美金！

甚至連一毛錢都還沒投資，你放進帳戶裡的錢就已經保證翻倍回報，而且全無風險。你說，有什麼能比得上？

雇主加碼制度的歷史來由，是從提供員工福利的角度出發，在退休福利上找到的甜蜜點。我們來上一堂簡短的歷史課吧：

---

23 編注：在臺灣，除了雇主提撥6%之外，勞工還能自提勞退金，以月提繳工資上限15萬元之6%為限，等年滿60歲，即可開始請領。

很久很久以前，員工的退休金完全由公司負責，退休後的老年生活所需，公司都會支付。不過，這樣的方法對公司來說負擔越來越重，因為公司在會計上必須承擔所有退休金超支的風險（假設有一位副總活到105歲，公司就得每個月持續支付高額的退休金數十年）。

隨著時代演進，越來越多公司表示：「讓**員工**來承擔風險怎麼樣呢？畢竟，要退休的人是他呀！」越來越多雇主放棄原有的退休金制度，轉而加入政府的401(k)體制，讓員工為自己的退休生活負責，主動存款和提撥。但同時，雇主（和政府）仍希望鼓勵員工多多為了退休存錢，因此公司願意透過雇主加碼的機制，為員工的投資帳戶貢獻一部分「免費的錢」。

好的，的確不是每一個雇主都有提供加碼，（而時至今日，仍有雇主提供終生退休金！）但就算你老闆不加碼，你還是能得到節稅的好處。此外，若你不幸債務纏身，401(k)和403(b)的退休帳戶是受到政府保護、不會被債主強制執行的存款。有些公司也會在特定情形下讓你從退休帳戶中貸出款項（比如買房），只要你在限定的期間償還貸款，就不會受到提前提領退休金的懲罰。

401(k)和403(b)還有一個非常重要的特色，就是動用帳戶內提撥的退休金時，投資的選項有限 —— 這款獨特的托特包，不是什麼都能裝。這又是美國政府的一大美意，鼓勵民眾做「明智的決策」：由於這兩種投資帳戶的設計，受到政府嚴格的規範管理，以讓民眾能享受舒適的退休生活為目的。沒有人希望

看到大家辛辛苦苦存下的血汗錢，隨意放到風險超高的投資標的，一不小心就血本無歸。用托特包的比喻來看，你可以把投資帳戶想成超大型購物袋，你想裝多滿就能裝多滿，但，只能用來裝有益健康的食品。（雇主加碼呢？你就把它想成買一送一吧！）

實務上，這表示你通常無法在 401(k) 和 403(b) 中購買個別股票或交易選擇權。不過，雇主通常會提供一張招股說明書（prospectus），也就是公司提供的所有的投資選項組成的菜單供你選擇。

我強烈建議，如果你擁有這兩種帳戶的話，把那張招股說明書找出來，接下來我們討論基金類型的時候，你就能順便幫自己選擇最適合你的投資選項！

自由業者和自營商的朋友們，看了這麼多關於「雇主贊助」、「雇主加碼」的退休計畫，是不是覺得很煩很「阿雜」？請耐心待我詳細說明！

你知道嗎？其實在美國你可以自己設定你的 401(k)，而且提撥額度比你全職受雇的朋友們還高。

是真的！個人 401(k)（solo or individual 401(k)）是針對除了老闆夫婦之外沒有員工的自營或小型公司所設計的退休帳戶。運作方式跟一般透過雇主贊助設定的 401(k) 沒有不同，但因為你就是老闆，你同時可以用雇主和勞工的雙重身分做提撥，兩者合計總額上限高達 66,000 美金（按 2023 年的法律規定）。這……是不是好到有點扯？

許多線上的證券商都有提供個人 401(k) 投資帳戶（請參考第 222 頁）。開戶會需要你公司的雇主識別碼（EIN, employer identification number），所以，如果你的生意還沒有正式向政府申請公司註冊（做為有限公司 LLC 或者經營別稱 DBA），你得花一點錢去辦這些手續。但你想想，你的提撥額度這麼高，只要花點力氣申請，退休後就能活得像個「大老闆」，一定划算。

傳統 IRA 與 Roth IRA 帳戶 😝

我們先解構一下 IRA 這個縮寫：IRA 就是個人退休帳戶（individual retirement account）。

「個人」顧名思義表示 IRA 並非由雇主贊助，與 401(k) 和 403(b) 不同：預備退休的你才是老大，你得為自己開戶、提

撥，並且得以自由選擇投資標的。

至於「退休」的意思……就是退休，表示老了、不工作了。那「帳戶」呢？帳戶就是帳戶啊！

好啦認真一點，**個人退休帳戶**就是設計來為退休存錢、讓錢滾錢的地方。跟 401(k) 和 403(b) 一樣，在美國，每年有提撥的上限（寫作當下的年度上限是 6,500 美元，50 歲以上的人口，則能追加到 7,500 美元。），也不能在 59.5 歲前領取。或者我該說，你可以領出個人退休帳戶賺到的錢，但提領時必須支付資本利得稅，外加提前提領的罰金。記得吧？我們說過美國政府最會在他不想要你做的事情上下重手？沒錯，直到屬於你的光榮退休時刻來臨前，政府超級不想要你去碰退休金。同時，政府也會恩威並濟，一邊用「節稅」的好處哄你……而從節稅的部分，就能看出傳統與 Roth 風味的差別。

在開個人退休帳戶時有兩種口味的稅務優勢可以選擇：傳統 IRA 和 Roth IRA。這兩種的不同，我想用大家都有感的譬喻來說明：披薩。

傳統個人退休帳戶，就像哈辣墨西哥披薩。墨西哥辣椒配上傳統義式臘腸的口味，第一口就好吃，香濃帶勁……但，出來的時候，啊嘶，有點辣（避免你誤會，我是說跑廁所的時候）。這是因為，傳統個人退休帳戶，讓你在提撥當下預先享受了所有的節稅優勢。你提撥到傳統個人退休帳戶的金額，不計入當年度的應稅所得。我們用非常簡化的案例說明：如果你今年賺了 70,000 萬美金，但提撥 6,500 美金到傳統個人退休帳戶，

那麼，你今年的應稅所得就能一鼓作氣降到 63,500 （70,000-6,500 ＝ 63,500）。應稅所得越少＝上繳國庫的稅金越低。

查看更多

上述的案例非常簡單，但美國的傳統個人退休帳戶其實有一些規定和限制，如下：

- 如果你的稅務身分是單身（也就是未婚也不是戶長），且調整後之稅前收入（AGI, Adjusted Gross Income）低於 73,000[24]，或者你的稅務身分是已婚，兩人合計的調整後之稅前收入低於 116,000，你就能將「年度上限內提撥到傳統個人退休帳戶」的全額，都從應稅所得中扣除。

- 如果你的稅務身分是單身，而且調整後之稅前收入介於 73,000 到 83,000 之間，或者你的稅務身分是已婚，兩人合計的調整後之稅前收入介於 116,000 到 136,000 之間，那麼你只能從應稅所得中扣除部分「提撥到傳統個人退休帳戶」的金額。

- 如果你的稅務身分是單身，且調整後之稅前收入高於 83,000 之間，或者你的稅務身分是已婚，兩人合計的調整後之稅前收入高於 136,000 之間，那麼你不能從應稅所得扣除任何提撥到傳統個人退休帳戶的金額。

- 但是，如果你（已婚的情形下，也包含你的伴侶）並沒有類似 401(k) 的雇主贊助的退休計畫，那麼你們就不必受到以上的收入限制，沒有階梯式的扣除額遞減。你可以將年度上限內提撥到傳統個人退休帳戶的全額，全部都從應稅所得中扣除。

所以囉，無論如何，你得先了解自己的情形，來確定哪種方式最適合你。（我知道，真的很煩⋯⋯只能說，歡迎來到美國聯邦政府稅號的奇幻世界！）

---

24 所有數字都是美金，並以 2023 年美國政府規定為準。請上 irs.gov 檢索「IRA 扣除額上限」取得最新的年度額度。

但是，在傳統個人投資帳戶內賺到的錢，都要繳稅，只是可以晚一點，到了提領時才必須按照提領金額繳交所得稅（也就是你退休後慢慢開始支出所存退休金時），這就是我說「有點辣」的地方。

Roth 個人退休帳戶的情形完全相反，它就是彩蔬鮮菇披薩，既健康又營養，但說不上是最有風味的好選擇。不過，等時候到了，他要出來也比較不會痛（你懂我意思……抱歉，這比喻好像畫面太鮮明了）。Roth 個人退休帳戶的提撥金額不能從當年應稅所得扣除。不過，退休後開始支出退休金時，親愛的，你一毛錢都不必讓給政府喔。

也不知道是什麼原因，很多人對於 Roth 這個字眼非常糾結。但其實，Roth 不過就是「先繳稅、後享受」的專業說法而已。（對了，Roth 是人名，取自於發明這一種退休帳戶的人，並不是什麼縮寫，所以別再糾結了。）就算你不記得以上講的亂七八糟的定義，只要能把 Roth 這個字跟「**先繳稅、後享受**」連結在一起，牢牢刻在腦海中，你對於個人退休帳戶的認知也就足夠了。（其實 401(k) 也有 Roth 版本，但你是否能申請或選擇 Roth 401(k) 要看你的雇主有沒有提供。）

Roth 個人退休帳戶還有最後一個重點：除了每年有提撥上限之外，這一種退休帳戶還有收入的限制 —— 基本上，你在美國每年只要賺超過某一個額度的 $$$，你就完全不能選擇提撥 Roth 個人退休帳戶。

所以，除了讓你很想吃披薩之外（還是只有我餓了？），這一切的意義究竟是？傳統類型的個人退休帳戶會更適合現在收入較高，並預期未來收入將漸漸減少的你；在這種情形下，提前在**所得稅相對於收入比例偏高的時候**（也就是賺得多的時候）享受節稅的優勢更為合理。如果你的情形與此相反，也就是你覺得自己在接近退休時所賺的錢會比現在賺得多，那麼 Roth 個人退休帳戶對你較為合適，因為你能避免在所得稅率較高的時候，也就是你提取退休金時，不得不支付昂貴的稅費才能取得退休金。

不過，你我都不知道未來會是哪一種情況。沒有人能斬釘截鐵地說：「是的，我一定會越來越有錢！」不管選擇哪一種個人退休帳戶，很少人能有 100% 信心不會選錯。此外，會影響個人退休帳戶選擇的因素還有很多，舉例來說：如果你的學生貸款是以收入來計算還款計畫的話，你當然會想要讓年度

應稅所得越低越好，來減少你的還款金額，這時候，透過傳統個人退休帳戶來減少應稅收入就是合理的選項。同理，如果你適用《患者保護與平價醫療法案》（Patient Protection and Affordable Care Act，簡稱 ACA）的健康保險，減少應稅收入也能最大化你的保費減免額度。

　　你的有錢富朋友我認為，不管選擇傳統還是 Roth 個人退休帳戶，都不至於毀了你。但我很肯定的是，如果你兩種都不選，那麼你有很高的機率會繼續窮困下去。所以不要糾結太久，久到**什麼都沒做**，可就虧了——不管怎麼樣，先選一種開始累積退休金吧。

查看更多

「但是小惟，我已經有 401(k) 了，我還需要申請個人退休帳戶嗎？」你問得非常好。

簡答：你可以同時擁有個人退休帳戶和 401(k)，但要最大化你的收益，請務必要照我接下來說的順序去執行：如果你的工作已經提供了 401(k) 的退休計畫而且雇主有提供比照加碼，那麼，請你以這個帳戶為優先，先提撥到雇主比照加碼的上限，因為，親愛的，這就是免費的錢。再來，若還有餘裕，才考慮提撥個人退休帳戶。**想深入了解的話，我在第 238 頁的圖表上有提供完整的操作順序和步驟。**

健康儲蓄帳戶 😀（Health Savings Account，簡稱 HSA）

　　做好心理準備，要來認識在投資界號稱鑽石級、最具有稅務優勢的終極武器了嗎？容我為各位介紹：健康儲蓄帳戶。

是的，你沒有聽錯。技術上，健康儲蓄帳戶的確是你健康醫療保險的一環。它主要的功能，是幫助你支付醫療費用。顧名思義，它就是一個在美國專門用來支應健康醫療相關支出的存款帳戶。不過，健康儲蓄帳戶除了能夠確保你的醫療支出完全免稅之外，還能夠用來當作退休存款的利器。

查看更多

縮寫最讓人頭疼了！很多人會把 HSA（健康儲蓄帳戶 health savings account）跟 FSA（彈性開銷帳戶 flexible spending account）搞混。在你選擇健康保險時，這兩種選項都有機會躍入眼簾。它們的差別如下．FSA 有一咪咪節稅效果，也不能做為投資帳戶．開設 FSA 帳戶的話，你可以在年初先存一筆錢起來放在一邊（稅前喔！），在這一年當中，就能用這筆錢支付合乎保險範圍內的醫療相關開銷……只有這一年喔，在這之後呢？錢就不見了。

FSA 裡頭的錢＝沒用掉就沒了、不能投資。

HSA 裡頭的錢＝永遠都是你的，也可以投資。

希望這點說明能為你帶來幫助！

要符合美國 HSA 的申請資格，你必須滿 18 歲，也符合高自付額的健康保險（high-deductible health plan，簡稱 HDHP）條件。你身上除了這一個健康保險外不能再有其他健康保險，此外，在稅務上不得有其他人的扶養義務（例如你的父母）。有了高自付額的健康保險，你就有資格申請自己的健康保險帳戶。（更棒的是，很多時候，雇主也會比照加碼你的健康保險帳戶提撥額度，不管是一次性還是按比例。）

　　先說，所有提撥到健康儲蓄帳戶的額度都是免稅的，光這一點就非常有利 —— 你所提撥的每一塊錢都能從年底向美國國稅局報稅時的應稅收入中扣掉，減輕你的所得稅負擔。不過，這個帳戶特別的一點在於只要提撥額度越過某個門檻，你就能投資。這也就表示，透過 HSA 管道存下的錢，不只能當作沉沒基金、未雨綢繆，更能透過投資、讓錢滾錢。而且在這個帳戶中的投資收益，一律免稅。

　　當然，有時候你得從 HSA 提款來支付醫療費用，但也不要緊，因為提款也是免稅。若幸運地，我們沒用上健康儲蓄帳戶中的錢，這些錢就會在帳號裡越滾越多。如果能撐到老年（醫療相關開銷越來越多的時候）才提領，那你基本上等於是用投資回報來支付醫療費用，不是你勞心勞力的血汗錢，而是你存入的錢在投資中賺來的收益。

　　這，才是健康儲蓄帳戶被我稱為退休投資帳戶終極武器的原因。健康儲蓄帳戶有獨一無二的三重節稅必殺技：存款時免所得稅、投資收益免資本利得稅、隨時都能提領出來支付醫療費用……一樣免稅。

　　再來，就算其他退休帳戶（像 IRA 或 401(k)）的提撥上限都已經用好用滿，你依舊可以提撥健康儲蓄帳戶，畢竟，技術上這是健康儲蓄用的帳戶，並不是退休帳戶，所以它有獨立的提撥額度（2023 年，健康儲蓄帳戶年度限額是 3,650 塊美金，55 歲以上的人士，能再額外加上 1,000 美金）。但，存入健康儲蓄帳戶的這幾千塊，基本上跟你的退休存款沒有兩樣。如果到了最後，你有幸不需要將這些錢花在醫療相關支出上，從 65 歲開

始，你就能提領出來自由花用，不再限制於醫療開銷，一般花用的部分只要支付所得稅就好。

容我澄清，不是每一個人都能申請健康儲蓄帳戶。有的保險公司或雇主，並不提供高自付額的健康保險（HDHP）選項。而且如果你的醫療開銷很高，需要凱迪拉克等級的健康保險理賠範圍，那麼，高自付額的保費會花你更多錢（或者，會迫使你延後所需的醫療照護）。不管是哪一種情形，你的投資回報都不值得你支付偏高的自付額，或犧牲所需的醫療照護（因為健康才是最重要的投資）。如果你的雇主有提供，你也覺得高自付額沒有問題的話，那健康儲蓄帳戶就是你累積長期財富的絕佳工具。（不過，為什麼這麼好的投資工具必須跟醫療和雇主掛鉤呢？大曉得，這就是偉人的美國。）

個人證券投資帳戶（Individual Brokerage Account）

很可惜不是每一種投資帳戶都能幫你節稅，但可別就此洩氣，你還可以繼續投資：如果你已經把具有稅務優勢的額度用好用滿，還有餘 $$$ 可以投資，那就以個人名義另闢戰場吧，這就是個人證券投資帳戶登場的時候了。

我們曾分別用哈辣墨西哥披薩和彩蔬鮮菇披薩來形容傳統與 Roth 個人退休帳戶。延續這個比喻，個人證券投資帳戶呢，就是經典起司披薩。

滿好吃的，甚至有人會說它特別好吃。（因為，你懂的，它是披薩中的經典款。）

它是不是你一生中吃過最美味的披薩呢？大概不是。

是不是最糟的呢？那肯定也不是。

它值不值得你吞下這麼多卡路里呢？如果你還餓的話，那當然可以！

個人證券投資帳戶非常簡單。這就是坊間最標準的零售投資帳戶，只要跟 SoFi、Fidelity、Vanguard 或 Charles Schwab 等證券商註冊，就能開戶。個人證券投資帳戶沒有任何資格限制，我再說一次，任何人都可以開。它沒有任何節稅的優勢，但也因此沒有任何限制 —— 不限制你一年能投資多少錢、不規範你的收入等級、帳戶內能持有的資產類別也完全任君挑選。雖然（光衝著節稅這一點）你絕對該以各種退休帳戶為優先，但如果你投資的胃口還沒滿足（也就是說，你手裡還有現金可以投資）的話，伸手拿一塊香噴噴的起司披薩也不過分。個人證券投資帳戶絕對有能力幫助你累積財富。

有錢富朋友式的投資實作

好的，我們已經了解證券商是什麼、不同的投資帳戶（又稱托特包）各自有什麼目的，以及包包或帳戶內你可以塞的各種不同資產類別。

這就到了我們**出手投資**的時候了，我們來練習「買一樣資產」放進你的托特包裡。很刺激吧？接下來，我會一步一步帶

你做。

第一步：看看預算

我們總得要有現金才能開始投資吧。回頭看看你的預算，特別是存款與投資的類別。我再強調一次，**請你務必先確保緊急預備金已經備妥**，再來看你是否有足夠的資金可以投資。

理想上，所有在存款與投資類別的錢都可以拿來投資。但，短期內或許有一些沉沒基金需要你先填滿（例如婚禮基金或者已經預訂好時間的度假基金），火速計算一下這些類別會需要多少錢，再審慎務實地確認能拿出來投資的金額有多少 —— 這就是你將設定每個月自動轉帳到投資帳戶內的金額。

第二步：找證券商註冊開戶、設定投資帳戶、備妥資金

再來，你得決定這些投資的 $$$ 要放到哪裡去。

首先，雇主贊助的投資帳戶你沒有得選。雇主跟哪一間證券商簽約管理員工的投資帳戶，你就得用那一間的服務。（不過，我說真的，沒得選也滿好的。因為這樣你能省下很多時間、避免決策疲勞或選擇障礙。）其他的帳戶呢，就請你自行研究並找到最適合你的選項。請記得，他們提供的產品其實都非常類似，沒有必要糾結。

證券商開戶流程跟銀行的開戶流程幾乎沒有兩樣。會有一些紙本或線上表單要填寫、要求你提供社會安全碼[25]、聯絡方式

等完整個人資料，再指定與你的銀行帳戶連結，未來要投資的資金就從那個銀行帳戶轉進來。最後，完成了登入（也就是使用者帳號與密碼組合）設定，你就順利開戶成功了。接著，你就可以隨心所欲地選擇你想要的投資帳戶。

實務上，這表示接下來每個月你都會按照預算，把投資額度轉進其中一個投資帳戶。當然，你得從提供最大稅務優勢和雇主加碼的投資帳戶開始。在這一個帳戶達到上限之後，再轉而將資金注入次有利的投資帳戶，直到次有利的帳戶年度上限也滿了，再轉往下一個，以此類推。

用這樣的方法，你就能確保桌上沒有什麼免費的錢你還沒去拿，而且，你幾乎所有投資的資金，都已經獲得最大幅度的節稅效果。

你們很幸運，我已經幫朋朋們準備了逐步檢查清單，帶大家一起做。

我的檢查清單分為兩個版本：有雇主贊助的退休帳戶者請使用版本 A、沒有的人請使用版本 B。請從清單的最上緣開始，一步一步往下選擇適合你狀況的欄位、再一一按照表格內的步驟執行。

---

25 美國聯邦政府依據美國社會安全法205條C2的規定發給本國公民、永久居民、臨時（工作）居民的一組九位數字號碼。

檢查清單 A：適用雇主贊助之退休帳戶 401(k) 或 403(b) 者

請先設定好雇主贊助的退休帳戶後，定期轉入資金到公司比照加碼的上限。再依照自己的情況，分別對應下列步驟。

步驟 **A**	將健康儲蓄帳戶存滿到聯邦政府規定上限，只要超過 1,000 美金就能開始投資，將資金分配到不同的資產中。
步驟 **B**	設定 Roth IRA 帳號，存滿到聯邦政府規定上限，將資金分配到不同的資產中。
步驟 **C**	將 401(k) 或 403(b) 存滿到聯邦政府規定上限，並將資金分配到不同的資產中。
步驟 **D**	設定傳統 IRA 帳號，存滿到聯邦政府規定上限，將資金分配到不同的資產中（同時，考慮轉存到後門 Roth IRA，請與你的證券商諮詢相關細節與實際操作流程）。

若你適用高自付額健康保險與健康儲蓄帳戶 (HDHP/HSA)
- 年薪低於 153,000[26] 美金者 ➡ 步驟 **A** › **D** › **C**
- 年薪高於 153,000 美金者 ➡ 步驟 **A** → **D** → **C**

若你不適用高自付額健康保險與健康儲蓄帳戶 (HDHP/HSA)
- 年薪低於 153,000 美金者 ➡ 步驟 **B** → **C**
- 年薪高於 153,000 美金者 ➡ 步驟 **D** → **C**

＊**年度預算中仍有剩餘的投資資金者**
設定個人證券投資帳戶，每年將投資預算剩餘的金額存入，將資金分配到不同的資產中。

＊**有生兒育女計畫並想準備教育基金者（非必要）**
考慮設定 529 帳戶，存入資金並開始投資。529 帳戶在聯邦層級沒有提供稅務減免，但美國許多州都有提供獎勵計畫！

---

26 年薪153,000美元的門檻是以美國2023年的財政年度單身人士報稅為準，若你的情形是夫妻合併報稅（或有其他扶養義務），或者報稅年度不同，年薪門檻也會不同。請參考irs. gov網站以取得符合當下報稅資格與年度的數字。

檢查清單 B：不適用雇主贊助之退休計畫者

請按照自身的情況，分別對應下列步驟

步驟 I	設定 Solo 401(k) 帳號，存滿到聯邦政府規定上限，將資金分配到不同的資產中。
步驟 II	設定 SEP IRA 帳號[27]，存滿到聯邦政府規定上限，並將資金分配到不同的資產中。
步驟 III	設定 Roth IRA 帳號，存滿到聯邦政府規定上限，將資金分配到不同的資產中。
步驟 IV	設定傳統 IRA 帳號，存滿到聯邦政府規定上限，將資金分配到不同的資產中（同時，考慮轉存到後門 Roth IRA，請與你的證券商諮詢相關細節與實際操作流程）。

你自己當老闆[28]
- 年薪低於 153,000[29] 美金者 ➡ 步驟 I → II → III
- 年薪高於 153,000 美金者 ➡ 步驟 I → II → IV

你為其他老闆工作
- 年薪低於 153,000 美金者 ➡ 步驟 III
- 年薪高於 153,000 美金者 ➡ 步驟 IV

＊年度預算中仍有剩餘的投資資金者

設定個人證券投資帳戶，每年將投資預算剩餘的金額存入，將資金分配到不同的資產中。

＊有生兒育女計畫並想準備教育基金者（非必要）

考慮設定 529 帳戶，存入資金並開始投資。529 帳戶在聯邦層級沒有提供稅務減免，但美國許多州都有提供獎勵計畫！

---

27 針對不適用雇主贊助退休計畫的個人所設計的個人退休帳戶：比起標準的IRA，SEP IRA 的年度提撥上限額更高，並且持有該退休帳戶的同時，仍可以申請標準的 IRA。

28 這一個版本的檢查清單最適用於自由工作者和個人。但如果你是有員工的小企業雇主，流程就會更加複雜。如果你是這種情形，我強烈建議你找專業理財人士聊一聊（我在第六章會跟大家分享要如何物色專業的理財人士），請他們協助你在聘僱合約中擬訂最有利的退休福利！

29 同註解26。

記得，每一次將資金轉入投資帳戶後，都要盡快把錢分配到不同的投資標的中。就算你還在努力填滿該帳號的上限，在這段期間你的錢也不該只坐在那裡——**請積極地購置資產！**

第三步：選擇並購入投資標的

資金都循序存入證券商的投資帳戶後，我們就能開始購入資產了！資產分配的方法基本上有三種，也就是根據你想要DIY或自己來的程度，來決定購入什麼樣的投資標的。你可以把這三種方法想像成去美甲沙龍做美甲、使用彩繪指甲貼片、自己刷上指甲油：任何一種方式都能讓你美爆，所以，這裡你要考量的問題是，哪一種流程比較適合你？比方說，你想要花多少時間在這上頭？你對於所有裡裡外外的細節多有興趣？

實戰演練

若你在雇主贊助的帳戶中投資，這種情形下，選項難免會有一些限制（舉例來說，在401(k)帳戶中，你不能購買個別股票……不過，考量持有個股的風險，這種限制也不是壞事）。

請找出你的雇主退休計畫的招股說明書，這裡頭會記錄所有的投資選項，好好讀一讀，從這張菜單中選吧。

→ 美甲沙龍服務：投資理財顧問

到了美甲沙龍，你就能好好放鬆了。真的，這個選項最貴，但你能夠得到沙龍級的體驗以及專業的工具、技能和美甲師對你獨一無二的專注。

所以如果你想找專業人士來幫你全權料理亂七八糟的投資工作，好消息是，投資理財顧問正是你所需要的專家。

不過，他也會收取專業人士應得的高昂費用。

我先聲明，我對投資理財顧問沒有意見（事實上，適時聘請投資理財顧問有其必要，我們在第六章會談到），但他們真的不便宜。如果你才剛開始投資，你的淨值也還沒有很高，那麼我不太建議你這時候就開始使用投資理財顧問的服務（長話短說：如果你的淨值不到美金七位數，我個人不覺得你花在顧問上的錢能值回票價）。我認真說，有好好讀完這一章的你，其實已經掌握了大部分投資理財顧問會想傳授給初學者的知識（加油，只剩一些了！）。此外，獨立的投資理財顧問收取的費用之高，**投資金額不夠多的話，任何回報可能都會被顧問費吃掉**，所以……沒什麼意義。

有些證券商（例如 Vanguard）則是從你的資金全額中收取特定的百分比，來交換理財顧問服務。這種安排當然比你自己找獨立的投資理財顧問來得便宜，不過……我只能說每個人的情況都不同。從我見過的案例中來說，這類型的證券商投資理財顧問服務做得並不深，跟全客製化的 DIY 目標日期基金（target-date fund）比起來，能針對你的投資情境去客製化選項的程度也很低。（不過前者的收費當然比較高囉！）

但是，若你的雇主贊助退休計畫有提供投資理財顧問諮詢的話，倒是可以考慮約時間聊一下。如果你對於公司的 401(k) 系統有任何不了解的地方，還是對投資選項有疑問，或者不確定

哪一種對你最有利，都可以看看公司簽約的證券商是否有專員能幫你看看——這種雇主贊助的退休計畫諮詢通常是免費的。

→ 彩繪指甲貼片：自動化投資理財顧問

彩繪指甲貼片真的幫你省下好多煩惱：你不會不小心把顏色暈開、不會把指甲緣淹沒，也不會睡覺時不小心把花紋抹髒了。的確沒有美甲師專業的服務，但你也因此省下好多錢，而且貼片很防呆、幾乎永遠錯不了。

這就很像所謂的自動化投資理財顧問，是由你的證券商提供的線上平臺，用電腦演算法分析你的財務情形，並自動針對你推薦合適的投資組合和分配。自動化投資理財顧問可以說是簡單又可靠，透過這個平臺，你本人完全不需要花任何力氣做研究，就能得到為你量身訂做的投資組合，棒呆了。雖然並非所有的證券商都提供自動化投資理財顧問的平臺，但主流的證券商幾乎都有（如果你認為這是你想要的選項，那註冊開戶前請務必先確認你選的證券商有提供這種服務）。

自動化投資理財顧問會從問卷開始了解你、你的人生以及目標（類似的問題像是：「你今年幾歲？」、「你的年薪是多少？」、「你想要什麼時候退休？」），然後從你的答案中計算出風險容忍度。接著，自動化理財顧問會根據你的風險容忍度，為你做出投資決策。你把錢交給它，它會自動施展魔法，把資金分配到股票、債券、共同基金或者任何它計算出來適合你的投資組合中。

自動化投資理財顧問最貼心的地方，就是它永遠不會忘了你。它每一陣子就會寫信給你，要求你填寫問卷來確保它心目中的你跟現實中的你依舊吻合。當你年齡漸長，生命中的優先序隨之改變，你的自動化投資理財顧問也會因應這些變化，重新調整你的投資組合。

提供自動化投資理財顧問平臺的美國證券商，通常會針對使用此服務的顧客收取管理費（目前的行情莫約是投資總金額的 0.25%）。這樣的費用比血肉之軀的理財顧問專員低廉許多（後者大約收取 1% 到 1.25% 不等），但當然還是比你自己管理來得高（零管理費）。

→ 自己刷上指甲油：自行管理投資組合

自己刷指甲油還真的有風險（你可能會不小心把整罐 OPI 打翻在地毯上），而且要上手的確需要不少時間，（若沒有經過長期練習，你慣用手上的指甲油是否總比另一隻手難看呢？）不過，終極來說，自己塗也沒問題的，也沒有真的那麼難。

自己選擇資產類別也是一樣。如果你已經跟著我讀到這裡，在這一章裡我教的概念你也都學會了，那麼，你所做的財務投資選擇全都炸掉的機率應該非常低（因為你不會孤注一擲地把所有錢都拿去買網路迷因圖報的明牌，是吧？）

還有啊，自行管理的成分不一定是全有或全無。你可以讓自動化投資理財顧問或者透過雇主贊助的退休計畫幫你管理大部分的投資，另外再開設獨立的證券商投資帳戶，一個月放個幾百塊美金進去，由你自行管理投資組合，如果你越做越有心

得，就繼續做下去，不然就取消，沒什麼大不了的。

在購買特別資產的時候，你可以用數字代碼來搜尋，不管是 ETF、共同基金還是股票都一樣！你也能在 Yahoo! Finance 的網站用代碼事先研究這些投資商品的成分。再來，就登入你的證券商投資帳戶，選擇你要購買多少（股票或 ETF 可以選擇要購買幾股，共同基金則選擇要投資多少錢），再來，你的證券商就會接手幫你完成交易。

「但，我到底該買什麼呢，小惟？！」好，深呼吸！我給你兩個選項，對初學者來說，這兩種都是合理的投資出發點，從這裡開始研究就對了。

- 目標日期基金（target-date fund）：這大概是自行管理投資帳戶中，最常見的第一選項了。這種基金對第一次購買投資商品的初學者非常友善，而且從投資的角度這種基金的回報也不差。目標日期基金是一種共同基金，會在持有期間，根據指定的退休年齡，持續不斷地重新平衡股票、債券和其他資產類別間的比例。要找到適合你的目標日期基金，你得先計算你在哪一年會滿 60 歲——這就是你的目標日期。接著登入你的證券商帳號並搜尋「目標日期基金」關鍵字，往下找到你的年份（如果沒有完全相同的年份，就選擇最靠近的；如果你的年份介於兩個選項中間，那麼任選一個都可以，兩者的差異非常小）。有些目標日期基金有最低投資門檻限制，請跟你的證券商確認你的資金是否符合資格。

- **指數型基金**（index fund）：如果你有在追 #richtok，那這個字眼你應該聽過好幾次了⋯⋯但你的表情可能很無奈：「好啦，我知道這個選項大概不錯，但是到底為、什、麼，這是什麼巫術。」耐心聽我道來：指數就是特定公司股票交易的地方。你一定聽過那斯達克（NASDAQ）、標普 500（S&P 500）、道瓊工業平均指數（Dow Jones Industrial Average）。指數型基金，就是一籃子裡頭裝滿該指數所包含的所有公司。所以呢，如果你購買標普 500 的指數型基金，那麼你的籃子裡就裝滿了這 500 間公司的小小股份。接下來你的指數型基金就像小老弟、跟屁蟲、模仿精，老大哥怎麼動，他就怎麼動，標普 500 指數上揚，你的基金就漲，那它下跌呢？基金也會跟著跌。也因此，**指數型基金通常對初學者來說是滿好的投資選項，因為你就是在賭整體經濟中最大也最有影響力的公司股價會隨時間上揚，**而且入手的方式非常簡單。但購買指數型基金，你就無法得到如目標日期基金一般，針對年齡不斷重新分配資產的優勢。此外，不斷追蹤大盤指數的特色，在經濟不景氣、短暫下行時，也會讓人擔心（記得 2008？2020 年 3 月？）指數型基金有做成 ETF 和共同基金這兩種商品，有需要的話，很多指數型基金都有提供零股（所需資金較少）的購買選項。

好啦！如果你現在覺得很緊張，請放輕鬆！深呼吸，並回想我說的：你還是可以讓自動化投資理財顧問幫你操作。

第四步：耐心等待、定期視察

投資中大家最愛的部分就是……等。我真心說，各位真的不用像老鷹一樣緊盯著標的不放。時不時登入系統看看你的資產現值是沒關係（也很明智），但這麼做，只是為了讓你熟悉證券商操作平臺，同時讓你習慣任何投資都會有的（極其正常的）上下波動。千萬不要因為看到投資標的些微下跌，一陣慌亂中就把所有錢給提出來。不管是日常小幅度的上下波動，還是大型的「市場修正」，在你投資期間都一定會發生。請務必要做好心理準備，撐過低潮，耐心等待長期的回報。

記得，你手中有多元化的資產組合，你並沒有把所有的錢都放進不知名的「狗屎幣」還是「包漲寶貝公司」。你投資的是**整體經濟的未來**，而我們的經濟偶爾下行是絕對正常的。只要能持續合理的分散投資，你大可放心。事實上，根據 NerdWallet 所做的模擬，只要將資金投入追蹤整體經濟成長型的基金（也就是上述的指數型基金），在 40 年後，你至少還保有當年投資本金的機率高達 99%，更有 95% 機率，你的本金會翻三倍之多。

查看更多

你很可能在股市下跌時聽過人們一窩蜂地談「市場修正」——其實這單純表示某特定的金融商品或指數，歷經急速的價格改變。市場修正並沒有學術上的精確定義，但整體來說，某股票或指數下跌 10% 以上時，就會有人用市場修正來形容。市場修正期，可能持續幾天，也或許會長達幾個月或更久。雖然市場修正聽起來很可怕，但這也是健全的財務生態中不可或缺的一環。有了市場修正，資產價格就不會被過度高估，而這就能避免大家進入泡沫化（也就是大型崩盤前的過度炒作）的危機。

金錢管理任務

☐ 請回頭檢查你的預算，確保緊急預備金已經備妥，並且預算計畫中已有專為投資目的保留的$$$。

☐ 你在美國的話，請立刻向雇主確認公司提供的退休投資帳戶選項。如果你還沒有加入請立刻申請，（若雇主有提供）請一併確認比照加碼的上限。

☐ 請按照你的有錢富朋友提供的檢查清單A或B，循序填滿你的投資帳戶（第238-239頁）。並且上我的網站yourrichbff.com/richafresources下載我推薦的證券商和自動化投資理財顧問清單。

☐ 存入投資帳戶的錢一定要分配到資產中（你可以自行選擇要購買哪些資產，或者使用自動化投資理財顧問）。

☐ 可以放鬆了，定期觀察就好！接下來的幾個禮拜，可以時不時登入你的投資帳戶看看資產的現值表現。請記得，如果曲線沒有立刻上揚也不要慌張——短暫波動和市場修正都是正常的。如果你有按照我們這一章談的原則理性分配，長期來說真的毋須擔心。

06. 主宰財務、制霸人生

─致富的魔鬼細節─

第一次搬到紐約市中心時，我才22歲，剛從學校畢業，單身，急著融入～所以，很自然地，我花很多時間在約會。有一晚，我跟某個男生出門吃飯，其實一開始感覺氣氛還不錯，雖然說不上是一見鍾情，但也不需要我假裝接到緊急電話、藉機溜走。他很可愛，酒也很好喝，那個晚上的時光應該不至於完全浪費吧。

不過，我很難不注意到這個男生打扮很「精緻」：是勞力士手錶、Ferragamo 樂福鞋、外加愛馬仕領帶那種等級的精緻。我不免有一點驚訝，因為他跟我年齡相仿。他說他在華爾街上班，那個時候的我，當然也還在華爾街上班，所以，我對他的收入範圍算有一點概念。但據我所知，他的收入，應該無法隨意踏著 Ferragamo、繫著愛馬仕趴趴走才對。至少，我沒有賺那麼多：我得跟另一個女生分租一間不到17坪的一房公寓來省租金，也還在穿藥妝店的廉價絲襪。所以，我覺得有點可疑。

朋朋們，我在這本書裡談了好多有錢人翻身致富、富還要更富、更富了再求永富的心態和做法。但是我必須澄清一點：

有錢不代表你善於用錢。

你知道嗎？一小部分的有錢人反而特別不懂用錢之道。而我也是直到開始跟他們打交道之後，才深刻的體會這一點。那次約會就是一個例子。

那一個晚上，他老兄都在吹說他才剛去希臘米克諾斯島旅行、剛用激勵獎金買了這支勞力士手錶等等。嗯，你懂的，很愛現、很俗。我差點想要放棄回家了，但就在我們喝下第六還是第七杯龍舌蘭之間，他一不小心說漏了嘴。

原來，他身上有五位數美金的卡債。

沒錯，我聽到的時候也差點沒從高腳椅上摔個一屁股。喂，這位先生，你現在身上穿的都是你的債，我看著你，看到的全是債，你，就是行走的錯誤決策看板啊。

不用我說你就知道，這男生沒有第二次機會。（有點可惜？不，如果約會對象的財務現況和目標跟你並不合拍，那他極可能是你的地雷。）

我和這位夢想成為《花邊教主》男主角的華爾街金童，不，是華爾街飯桶，就只喝了一次酒。這個故事告訴我們，就算在金融業工作甚至含金湯匙出生的人（我剛剛是不是忘了提，這位老兄的爸爸是大公司執行長？）也不一定善於用錢。他的條件可以說是一人之下、萬人之上，但他還是不懂，為什麼不應

該一次幾千幾千美金地亂花，累積無法準時償還的卡債。

所以，了解賺錢、預算、存款和投資的基礎概念都很好、很明智，但要真的主宰財務、制霸人生，你還得突破下一個魔王關卡。**只要你懂運作規則，信用、債務甚至是稅務，都能成為你發財的利器**——但若你只隨興之所至、隨波逐流，這些財務工具也會無情地把你壓垮。

別怕，你們有我。朋友我已經準備好要教大家所有主宰財富的祕訣。這一章我們要來談跟金錢有關的高層次主題：借錢、還錢、分政府一杯羹（繳稅哭哭）、擬定讓你制霸人生的大型財務計畫。（不過，如果你的計畫是想要舉債買名牌樂福鞋……這我幫不了你。）

▌現金 vs. 簽帳金融卡 vs. 信用卡：分別用在哪

現金、簽帳卡、信用卡到底有什麼不同呢？

你不要以為我準備開什麼老掉牙的玩笑。這個問題其實很合理，不是嗎？我們到底為什麼需要這麼多種用錢的方式？掏出一疊紙鈔跟一張美國運通卡真的有這麼不同嗎？在空蕩蕩的森林中刷下你的信用卡，會有聲音嗎？

好的，我們並不是在上哲學概論，不過大概你懂我意思了。其實每一種支付的方法都有其優缺點。了解這些異同處之後，

你聰明分配開銷的能力會大大提升。

現金

多數時候，我非常反對使用現金。這是因為：

1. **現金沒有任何保障**。如果你在人行道上跌倒，口袋裡的20塊美金掉了出來，恭喜你，這20塊美金就不是你的了。不管下一個經過的路人是誰，這20塊就屬於他了。我不希望這種鳥事發生在任何朋朋身上。

2. **現金很容易不知不覺就花光**。在銀行的對帳單上，除了「提款機領現」之外，沒有任何資訊。花現金的你很容易開始用這種莫名的邏輯自欺欺人：未來的我不會記得我花了這筆錢，哈哈哈！

3. **花現金沒有任何好處**。沒有信用卡福利、沒有紅利點數、也沒有現金回饋。

所以啦，除非你在轉角的便利店買飲料，否則我真的找不到用現金的理由。

不過，現金偶爾也會派上用場。像餐廳、髮廊等等的各種服務供應商，針對現金客戶都有提供折扣，而且折扣的幅度有機會比你在信用卡回饋上得到的多。每間商店的優惠不同，但如果現金折扣較多，那何樂不為呢？

有些商家會針對信用卡消費要求最低金額，或者根本只收現金。這種情形的確不太理想，當然，如果你真的只想買一罐飲

料而不是半打飲料，這時候照規矩付現，還是比較划算的。

最後，支付小費時，現金才是王道。很不幸地，不管是什麼原因，透過信用卡結帳手續給予小費的話，這筆美意不見得能回到當天為你服務的人員手上。如果你想確保你們那桌超讚的服務人員能得到你支付的小費全額，最好的方式，還是把 20 塊美金的紙鈔直接交給他。

考量以上所有因素，**使用現金最好的策略就是有明確用途時再提領**。這樣，你才不會隨隨便便就把它花掉了（或者根本不知道花到哪裡去）。我自己呢，是選擇在支付家事清潔人員和接睫毛的美容師時使用現金，但大概也就這樣了，其他的消費，我都使用信用卡。

簽帳金融卡

簽帳金融卡會直接連結到用戶的現金帳戶。這張卡片可以用來在商家刷卡付費，或在銀行免費提領現金，也可以在 ATM 提款，或許需要支付一點手續費。

而後者，正是你使用這張卡最主要的目的：**提領現金**。

沒錯，你的簽帳金融卡上可能有 VISA 或 MasterCard 的燙金字樣。而且，你的確可以在收銀檯或線上商店用這張卡片結帳，使用起來跟信用卡沒有兩樣。

但我並不推薦你這樣使用。真的很多人誤以為簽帳金融卡和信用卡「基本上沒什麼不同」，此言差矣。很多人覺得手上有簽帳金融卡就沒必要申請信用卡，反正付錢時有卡可刷，不用

帶現金,不就是卡片的目的嗎?

不～～～不不不。**使用簽帳金融卡跟使用現金一樣:沒有任何好處**。如果你都準備好掏卡或者輸入卡號的話,那為什麼不用能幫你賺取各種紅利回饋的信用卡呢?

跟現金一樣,簽帳金融卡沒有保障。而且,缺乏保障的後果,在簽帳金融卡身上比現金來得嚴重許多。如果你搞丟20塊紙鈔,那最多就是損失20塊美金,摸摸鼻子就算了。但若你搞丟的是簽帳金融卡,那麼你銀行帳戶裡頭的所有積蓄都有可能被盜領一空。不管誰撿到你的卡片,都能刷卡、感應、到線上商店下單,買好買滿,直到你終於發現,聯絡銀行凍結卡片為止。而且它跟信用卡不同的是,**簽帳金融卡被盜刷的金額很難追回來**。

信用卡和簽帳金融卡最大的區別就在這裡。簽帳金融卡存取你的錢,信用卡則是存取金融機構的錢。使用信用卡時,你花的就是銀行的錢,它讓你免利息花了一個月之後再對你說:「嘿,上個月我借你這麼多錢唷,記得繳費!」這時候你再透過繳信用卡費回填你所支用的金額。

所以,當你把簽帳金融卡搞丟的時候,小偷花的是你的錢,這時你大概註定沒救了。銀行的態度肯定是:跟我無關,你家的事。你仔細想:如果搞丟的是你的錢,銀行怎麼會有動力去幫你追回呢?他們當然會幫你凍結卡片,但除此之外,他也只能對你說聲:「很抱歉,你的運氣真不好!」就像朋友一樣,耐心聆聽你訴苦、抱怨線上交友碰上的渣男渣女,畢竟他們無

法改變已經發生的事情，接你電話只是出於禮貌而已。

但是如果你搞丟的是信用卡，那這時候小偷花的可是**銀行的錢**。在這種情形下，銀行出手追回盜用款項的動力滿滿，他們會用電話聯絡商家、取得監視系統畫面，還會追根究底，像地表最強老爸般追到天涯海角。當然，銀行也會立刻取消那張卡片、不會跟你收取盜用的消費金額，這是因為你立刻掛失，所以他們知道刷卡的人並不是你，你也就沒有支付的責任。（同理，用信用卡上網買了東西，但始終沒有收到嗎？你可以要求退刷，得到退費。發生這種情形，你的銀行會負責跟商家爭論商品為何沒有送達。如果你用的是簽帳金融卡的話？商品沒有寄到你只能自認倒楣。）

因此，搞清楚銀行的動機，你就知道為什麼不該刷簽帳金融卡買東西。請認清你身為顧客的價值所在，只有在你信用卡被盜刷的狀況下，銀行才會動員私人保安去追查盜刷案件。

不過，手上持有簽帳金融卡有一個好處，就是在銀行的實體分行進行身分辨識：不管是為了什麼業務到銀行辦事，行員都可以用你的簽帳金融卡直接把需要的帳號資料叫出來。

再強調一次，除了**身分辨識**和**提領現金**的功能外，沒有理由在結帳時使用簽帳金融卡。我所有的現金帳戶中，隨身只帶著一張簽帳金融卡在身上 —— 就是 ATM 提領現金免手續費的簽帳金融卡。

信用卡

我覺得每個人都該用信用卡。

從基本面看來，信用卡讓你能先購買商品，而且不用立刻付錢。簽帳金融卡是直接從你的現金帳戶領錢支付給商家，而信用卡則是銀行先幫你付掉了購物的費用，到了結帳日，再把整個月的帳單寄給你請款。

是不是挺方便的呢？但信用卡帶來的，可不只是預支款項的好處。

信用卡有防偽防詐的功能，所以你不用擔心有人偷了你的卡片到商場去大刷特刷。信用卡還會提供旅行點數和現金回饋等福利，你不用付出任何額外心力，就能得到免費的好康。信用卡還能幫你建立信用評等，到了你要買房或買車的時候，有了良好的信用卡歷史紀錄，你就能符合更優惠的利率條件。

簡單說，信用卡幫你處理你本來就要做的事情——支付開銷，還附帶給你各種好處。

所以，信用卡根本是世界上最偉大的發明……只要你了解它的運作原則。

聽好囉，信用卡公司並不是出於好心，才預先幫你代墊購物的費用。銀行是要賺錢的，他們透過信用卡賺錢的方式有三：

1. 有些卡片會收取年費（通常是好康很多的卡片）。

2. 銀行會向商家收取交易手續費：每次你刷卡結帳，商家都得向銀行支付 1.5% 到 3.5% 的信用卡交易處理費。

3. 銀行也會從未償清餘額的用戶身上賺錢。

還記得跟我約會的華爾街飯桶，跟他身上的五位數卡債嗎？像他這樣的人，就是信用卡公司的營收主要來源。這些人刷信用卡購買了他們無法在繳款截止日前付清的東西。怎麼辦呢？他們選擇只付最低繳款金額。這是因為若沒有滿足這個最低門檻，信用卡公司會把卡片停掉。但是最低繳款金額比起卡費全額低很多，所有沒繳清的部分，全都滾到了下個月的帳單裡，**連本帶利地滾進去**，會收你很高很高的利息。習慣只看最低繳款金額的人，很容易忘記信用卡的年利率（annual percentage rate，簡稱 APR，也就是信用卡公司每一期會額外疊加在餘額上的費用）會於每個月利上加利，導致卡債爆發。也就是說，跟我約會的華爾街飯桶和像他一樣的卡債族，不只得付完當初購物的費用，而是必須支付購物總金額，外加每個月沒有償清餘額所衍生的費用（也就是利息）。

對信用卡公司來說，這真的太棒了。但對飯桶和他手上的勞力士，可不是好消息。

不過，我必須說，這個情形完全是可以避免的啊。如果你了解信用卡的遊戲規則，那你一定會待在安全的區域內游擊，在這場金錢遊戲中打敗銀行、獲得勝利。

你知道信用卡公司沒辦法從誰身上賺錢嗎？有錢人。

有錢人知道信用卡該怎麼用，才不會被收取利息，而且還能進一步賺錢。他們也知道要如何出牌（亮出他的黑卡！），才

能最大化信用卡的回饋。不管是現金回饋、酒店升等、機場貴
賓室還是其他免費好康……就算年費高達三、四位數美金，他
們還是有辦法從中獲利。他們採取的策略很單純，就是**持續使
用信用卡，並且每一期都準時繳費、一次付清**。就這麼簡單。
有錢人不怕信用卡收取極高的年利率，因為他們知道，只要每
一期都準時繳費，利率有多高跟他一點關係都沒有。

查看更多

很多人搞不清楚信用卡的帳單結帳日（statement closing date）
跟繳款截止日（balance due date）有何不同。每個月信用卡公司
會在帳單結帳日寄發對帳單，列出本月所有的購物支出。而繳款截止
日通常是在帳單結帳日之後的 21 到 25 天。舉例來說，如果你的帳單
結帳日是 5 月 21 日，那麼繳款截止日則有可能落在 6 月 18 日左右。
也就是說，不想要被收取信用卡利息的話，那麼，在 4 月 22 日到 5 月
21 日這段期間所有信用卡的支出，必須在 6 月 18 日前繳清。

　　所以我說，信用卡是世界上最偉大的發明。只要搞懂規則、
不要破壞信任，那你本來就要花的錢還會為你賺錢呢。不管你
打算刷卡支付什麼樣的開銷，請你確定你的現金帳戶裡已經
有備妥相應的資金，信用卡帳單來的時候，每次都按時繳清。
這樣你就能安全擊中「賺取回饋」和「避免利息」之間的甜蜜
點，而且一路上還有機會賺到三天兩夜度假村、旅遊保險和蔚
藍海岸的頭等艙機票喔。

每個人都想從錢包裡亮出美國運通黑卡耍帥，不過除非你姓周名杰倫，不然黑卡不是隨便申請得到的。首先，信用卡需要你主動申請，並且通過銀行的審核（甚至有些產品不開放申請，而是走邀請制，上述的美國運通黑卡就是一例）。其二，看似酷炫的卡片不見得適合你。選擇卡片時，可以參考下面我提供的 CP 值分析。

• 這張卡片的回饋制度是？

最簡單的回饋制度就是現金回饋：銀行每隔 X 個月，就將你所有開銷的一定百分比回饋到你的信用卡上。再來，點數也是常見的回饋制度，每一張信用卡以及不同的消費類別，回饋的比例都不同。點數可以兌換為旅行或購物抵用金等等便於使用。也有信用卡提供福利的回饋，福利無法直接花用，但仍有價值。比如外送免運費、飯店免費升級、獨家折扣或其他好處（舉例來說，旅遊保險在你聖誕節返鄉的航班被取消時，就能派上用場了）。請務必確保你了解每一張信用卡的回饋和兌換制度。如果你用不上，那多大的回饋對你來說價值都是零。

• 你最大的開銷類別是？

多數卡片針對不同的消費類別（像是餐飲、加油、超市、旅遊等）會提供不同等級或比例的點數或現金回饋。你不開車，那加油回饋 5% 對你來說完全沒用⋯⋯但如果你常常幫公司代墊差旅費，那機票消費能回饋 3% 的信用卡就很香了。

• 如果信用卡回饋是點數制，點數可以在哪裡兌換？

信用卡配合的合作夥伴（飛行哩程會員、飯店集團會員等等）越多，你的兌換選項就越多，如果你的信用卡公司常常不定期有紅利點數加倍換的活動，那就更有利了。有的卡片會限制點數只能在某一間線上或實體零售店抵用消費，不但消費的店家有限，更

無法利用點數加倍來放大你的消費回饋。舉例來說，美國運通會員回饋點數 85,000 點，能夠兌換為 850 美金的現金回饋，但若能將點數兌換為法國航空的哩程，只要你抓對時機，85,000 點可以兌換一張價值 5,000 美元的巴黎來回商務艙機票呢，有誰想來杯香檳呀？

- **哪一種回饋你真的用得上？**

請務實地檢視你的生活方式（現在當下的生活方式）確定哪些紅利（免訂閱月費、免費的會員、現金回饋等）能夠幫你減少既有的開銷。也別忘了確認紅利的核發方式，有的紅利是當月沒用完就沒了，有的可以持續累積到滿一年等等。最後，紅利的發放是否需要通過額外審核？

- **年利率（APR）如何？**

這是陷阱題！！！很多朋友會問我：「小惟，好的信用卡年利率該多少呢？」我的答案基本上就是：「沒有這種東西。」請記得，每個月你一定會把卡費繳清，所以不管年利率是多少都不重要。請你維持良好、負責任的消費習慣，每個月都準時付清全額，才能無後顧之憂地跳上下一班往法國的飛機。

- **想知道我最喜歡的信用卡是哪些嗎？**

上我的網站 richAF.club 或掃描以下 QR Code，看看我最愛的選項。

關於持有信用卡，我還有最後一個面向想跟大家談：信用評等。記不記得，信用卡就是讓你用銀行的錢？所以囉，銀行得先認可你、把你視為值得信賴的顧客，才會開放讓你憑信用來買東西。並不是每個人都能得到銀行的青睞。就像你的女生朋友要跟你借高級洋裝來出席婚禮：你會無條件地把最愛、最昂貴、你最珍惜的行頭借出去嗎？一定不會吧？願不願意出借洋裝跟你對這位女生朋友的信任程度有關。

如果你從童軍營隊時代就認識她，還記得她曾經獲得「帳篷最整潔」的獎項勳章，你應該滿信任她會好好照顧你的洋裝，甚至還會送乾洗了再還給你。如果這位朋友跟你認識不久、你們彼此了解不深，那麼，你可能會借給她另外一件也很好看，但是在打折的時候買的洋裝，這樣就算她最後沒有把洋裝還給你，你也不至於夜不成眠。如果這位朋友是你的大學同學，你曾經幫她把頭髮抓在腦後，避免沾到嘔吐出來的長島冰茶……那，你大概不想冒險借她任何衣服吧。

財務機構在借貸或核發信用額度時也是一樣的道理。越值得信賴的對象就會得到越高的信用額度或借貸總金額 —— 這就是你的信用評等，我們在下一節會好好的聊這個主題。

溫馨提醒

「等等，銀行、信用卡公司和房屋貸款業者，不是靠利息、手續費和罰金在賺錢的嗎？為什麼他們會想要我準時還款呢？我越不負責任，他們越賺錢不是嗎？」這問題問得好，事實上，利息和手續費對銀行業者來說只能提供一定程度的收入。如果你窮到家徒四壁、戶頭只剩零元，那不管怎麼樣他們都討不回借款。當然，他們絕對有能力讓你墜入財務黑洞的地獄中，讓討債集團來找你或把你告上法院，但你還是可以跳票、宣告破產然後再也不還錢，這才是銀行最大的惡夢啊。

信用評等目標

在信用卡的項目上我犯過最大的錯是什麼？不，我不曾揮霍亂刷，也不曾搞丟卡片讓其他人在線上商店刷爆我的額度。

我犯過最大的錯，就是停卡。

為什麼不能隨便停卡呢？因為這個動作傷害了我小小的信用評等。

信用評等是在 300 到 850 之間的數字[30]，代表著你身為顧客「值得信賴」的程度。也就是銀行評估「借你錢能回收的機率有多高」所打出的分數，這個數字越高，借貸單位對你的信賴度就越高。簡單來說，這就是你的成績，做人的成績。

我著實為自己抱屈，當年停卡時，我自以為在做負責任的決定。我的思路約略是這樣走的：**大概是我覺得有過多的信用額度可能不太好什麼的**（回想起來根本語無倫次）。我發誓，我絕對有從不只一位「理財大師」口中聽到類似的說法。當時我已工作好幾年了，終於勉強稱得上有賺到錢，手裡申請到幾張比較「菁英」等級的卡片，回頭看著當年在大學畢業時申請到的入門信用卡，我心想，嗯，這張大概不會用了吧。當年的我，還覺得剪卡是負責任的優等生行為。

但是，這張入門信用卡也正是我最老的信用卡。當時的我並沒有發現，在信用評等中。我的**信用歷史**也是評分項目之一，也就是說，**持有信用的總年數越長，分數越高**。持有這張入門

---

30 編注：在臺灣，信用評分則是在200分～800分之間，滿分為800分。

信用卡的期間，我一直是可靠負責的持卡人，每個月都繳清全額。在我停卡的那一刻──啪，我的信用歷史全長被砍了一半，從八年縮減到四年。這根本是寫出世界第一的期末報告後，不慎將前半砍掉、沒有存檔。不管當初寫得多好都不算數，因為已沒有記錄可以佐證。

就這麼一念之間，我的信用評等被扣了六分，而我別無他法，只能坐在那裡乾等、繼續累積準時付款的紀錄。當時的我真的氣瘋了（不瞞你說，到現在還是有點氣），但回想起來，如果當年我知道信用評等（除了一串隨機數字外）是怎麼一回事，也許我的壓力也不至於這麼大。

所以，請大家務必從我的錯誤中學習，好好了解這個「做人的成績」到底在評量什麼。

為什麼需要信用評等？

沒有人喜歡被品頭論足，但信用評等制度還是有其必要。

上一節的內容說明了，信用卡公司就是透過信用評等來決定你是否符合「超級尊榮鑽石菁英卡」的資格，還是你比較適合超級簡單現金回饋卡。其實，房貸、車貸甚至租屋的背景調查都是同樣的道理。而美國現今的經濟就像廣大的網際網路，串聯著無數銀行、借貸公司與消費者，除了用單一數字組成的信用評等制度之外，幾乎沒有其他可行的方法。

你想想古早的年代，銀行都是小鎮仕紳，一切制度都很有人情味。放貸公司可以從人脈、品行、家族背景，甚至是你從事

的買賣生意好壞等等，來決定你值不值得信賴。但現今的社會日趨複雜，放貸公司無法再靠八卦耳語，需要更多基於事實的決策根據（也就是說，信用評等制度其實滿現代的：史上第一組標準信用評等是在 1956 年誕生，而目前運行中的系統則是從 1989 年開始沿用至今）。儘管信用評等制度不是全無問題（我們晚點會來探討），但它的確解決了現今社會中放貸公司無從判斷個人信用的問題。

讀到這裡，你可能想問：「好吧，所以信用評等是一種成績……但我不記得什麼時候參加考試了啊？我是不是早就該去申請什麼東西？」

不。廣義來說，美國每一位擁有社會安全碼的國民，都適用信用評等。信用評等由三大信評機構負責：Equifax、Experian 和 TransUnion，由這三間公司蒐集、分析並提供消費者信用的相關資料給放貸公司。他們從你第一次開始使用信用，或者第一次與借貸和債務扯上關連時，就開始幫你評分（技術上來說，每個人並不只有一個信用評等，這三間公司會分別針對你的狀況做出評分，但由於他們的資料來源是一樣的，通常這三間公司的評分會落在相近的區間）。

值得注意的是，在你開始使用信用和貸款之前，你不會有信用評等。更糟的是，沒有信用評等跟信用評等分數低，結果是一樣的。因為如果信用單位查無實例，證明你有責任感、借錢會還，放貸公司就無從了解你是否值得信賴。

有錢人特別愛玩這個系統。有錢的父母會授權小孩子使用信

用卡的附卡，如此一來，這些小孩的社會安全碼就和信用扯上了關聯。就算這張卡片上所有的消費跟還款都是由父母負責、跟小孩無關，只要父母持續準時繳費，小孩也會得到優良的信用記錄。父母持有信用卡的時間越長，小孩的信用歷史就越長，信用評等也隨之提升。這些有錢小孩，根本不用讀書就得到了優等[31]。

爸媽如果是不懂這些規則的老百姓，你就只能從零分開始慢慢累積。這樣你就了解，為什麼我們必須知道信用評等的無形考驗中到底包含哪些項目，以及最高分別能拿到幾分。

信用評等的計算方式

信評機構會從以下五人因素為你做山評分，你可以把這些想成課程教學大綱，裡頭明確地說明哪一項作業佔期末成績最高的比例：

1. **付款歷史**（佔35%）：也就是準時付款的頻率，越高越好。

2. **信用使用率**（佔30%）：這裡的評分重點是你使用信用的比例，給分的分布呈曲線。信評機構考慮的並非你借了多少錢，而是銀行願意借你的信用額度中，你使用了多少──也就是你的信用使用率百分比。如果你的信用卡有10,000美金的額度，而你掛在這張卡片上的餘額是2,000美金。那麼，你的信用使用率就是20%。

3. **信用歷史時長**（佔15%）：你手上的信用額度已經持有幾年？歷史越長，對放貸人來說你的風險就越低，這是因為

信評機構能看到更多資料顯示你的付款歷史。

4. **信用類別**（佔 15%）：坊間的信用類別很多，放貸公司偏好能處理多種不同信用產品的顧客。因此，信評公司會看你的信用類別有哪些成分，例如分期付款（房貸或車貸）、循環貸款（信用卡）和開放式信用（每個月都必須還清的美國運通簽帳卡），並依據你使用的比例來評分。

5. **新信用**（佔 10%）：這裡的分數顯示你申請新信用額度的頻率。過度頻繁申請貸款對借貸公司來說很雷（「這傢伙為什麼老是在借錢？他是不是快破產了？」）。在信用評等上，這個數字也會顯示為「近期的信用調查次數」。

信用評等幾分才算好？我的信用評等幾分？

至於信評機構評出來的優、甲、乙、丙、丁等第，在信用評等成績上會顯示為 300 到 850 的數字。

很不幸的是，放貸公司的標準，比起學校「不吃丁就算通過」的等第制，來得嚴格多了。雖然表訂 300 是最低分，但只要你低於 500，就極有可能被銀行拒絕，無法申請到貸款或信用卡。想借錢的時候要得到好一點的借貸條件，你的信用評等至少要「非常好」或「優良」，至於什麼叫「好」或者「夠好」，每一個放貸單位都有自己的標準。

整體而言，你可以參考以下的分布區間：

---

31 編注：在臺灣，因為是由正卡持有者進行繳費行為，信用分數也是回到正卡持有者身上，所以附卡使用者沒辦法累積自己的信用分數。

- 800-850：優良（臺灣 700 分以上：信用良好）
- 740-799：非常好（臺灣 600-700 分：達基本門檻）
- 670-739：好（臺灣 500 分以下：可能有信用瑕疵）
- 580-669：普通（臺灣 350-500 分：信用異常）
- 300-579：差（臺灣 200-350 分：信用不良）

你可以上 AnnualCreditReport.com 網站，取得每年一次免費的信用報告（包含信用評等分數以及各評分項目的詳細記錄），而且這一份報告不會計入「近期信用調查次數」影響你的信用評等。如果報告的結果顯示你屬於最低的等級，不要慌張。跟學校成績一樣，你可以重考或補交作業來提高期末分數。給自己時間，加上策略性地用錢，信用評等絕對可以改善。

還有，我求求你，千萬不要跟我犯一樣的錯：

別剪掉你的第一張信用卡！

不管那張卡有多窮酸多小氣，就算每次花錢都扣你點數，都不要停卡，你可以向銀行問問，能不能升級到你比較用得上的菁英級卡片。如果你的卡年費太高，也可以考慮降級到免年費的版本。不管怎麼樣，**不、要、停、卡**。感謝大家聆聽我的勵志演說。

提升信用評等的五個密技

1. **準時繳費**。不管是哪一種債務，任何借款、信用卡帳單、車貸或其他，請不要遲繳，一天都別遲，就算你只能負擔最低金額也沒關係。如果你老是搞不清楚截止日，請乾脆在支付卡款的現金帳戶留一些錢當緩衝，請銀行設定每個月自動扣款。如果不小心有一個月遲繳怎麼辦呢？請打電話問你的銀行能不能網開一面，刪除這次的紀錄。

2. **掌握信用使用率的甜蜜點**。這裡你要記得兩個魔法數字：30% 和 10%。30% 就是地雷區：使用超過 30% 的信用就會影響到信用評等（舉例來說，如果你的信用卡有 10,000 美金的上限，那麼餘額有 3,000 美金的時候就碰到地雷了）。10% 是一般放貸的單位比較想看到的數字：表示你頻繁地使用信用卡（這是好的徵兆），但又不會過度揮霍。只要將你的使用率維持在 10% 到 30% 之間的安全地帶，不消幾個月，你的信用評等就會上來了。

3. **移動球柱**。這是整本書裡我最喜歡的密技。你是不是認為減少信用使用率只能靠付清貸款？不是的。請記得，信用使用率是一個百分比 —— 是比例。只要你把分母（信用額度）提高，就算分子（你的花費，也就是欠款）不變，依然能減低使用率。每 6 到 12 個月就打電話給信用卡公司要求提升信用額度，特別是在收入增加時。只要你跟銀行往來的紀錄良好，多數時候他們會立刻為你提高額度。

4. **檢查信用紀錄**。信評機構也會犯錯。錯誤的個人資訊、不

屬於你的帳號，甚至繳清的帳號顯示為未繳清，都會影響你的信用評等。申請一份完整的信用紀錄（不要只有分數），仔細閱讀，有看到任何不對勁的地方，立刻聯絡該信評機構，告訴他們資訊不正確。該機構會調查、確保你的信評報告無誤，理想上也會修正你的評分（個資不小心流出被當人頭、別人打著你的名義到處借錢欠款，也能透過這個方法抓到）。

5. 押金信用卡。就算你還沒有信用或者信用評等低，也是有機會得到信用卡的。不過，你得在卡片的類別上受到一些限制，這只是暫時的。押金信用卡此時就很適合你：基本上這是一張用現金擔保的信用卡，也就是說，你預先支付一筆金額到信用卡公司當作使用信用卡的押金。除了押金之外，這類型的產品多數也會收取年費，行情大概在 25 到 99 美元之間，這筆年費我認為很值得：只要有了押金信用卡，並且謹慎的使用、不靠近額度上限、每個月都準時繳款，這樣的模式維持久了就能提高你的信用評等。最後，你就能把押金信用卡升級為有利可圖的卡片了！

結論是：只要你負責任地使用、看清楚小字條款、並且遵守規則，信用是你的財務好朋友。

▍債務

如果讀到「債務」這兩個字就讓你蜷縮成一團躲到角落，我

懂。有可能你還面對著天文數字般的學生貸款餘額，也可能信用卡卡債已經逼近六位數美金，或許還在拚命償還已經報廢的車貸。「跟放貸公司借來必須按時償還的錢」聽起來很直覺，但實際上真的會讓人崩潰。

所以我開宗明義講清楚：這個章節零恥辱。我不希望你因為想到債務就羞愧難當，而不願意讀下去。我知道債務真的很恐怖，但我們可以試著平靜地看待。如果你正在債務漩渦中幾乎要滅頂，別怕，你有我：我會帶你一起找到可行、可靠的策略，幫助你逐步理清債務。

還有，你不需要因為債務而感到羞愧。債務本身並不邪惡，身上有債也不表示你做人失敗。

債務是一種工具，跟鏟子一樣。工具本身是中性的，沒有善惡的價值判斷。工具可以幫助人們執行務實而有建設性的目標。就像鏟子能幫助你在種植後院花草時節省時間跟力氣，債務也能幫助你省下不必要的苦工，並且更快速地抵達目標。

但工具有可能被濫用。你可以用鏟子挖一個大洞，轉身、從敵人後腦敲下去、殺了他、然後把他埋了（避免日後的法律爭議，我們得講清楚，你的有錢富朋友並不鼓勵謀殺的行為）。

不管在上述哪一個案例中，鏟子本身都不是惡，就像你的債務本身也不是惡。但是，我們周遭有好多財經記者、教育人員、理財達人對債務的概念嚴厲批判。他們的態度非常極端，仔細分析他們的論述，基本上就是這兩點：

1.「債務纏身就表示你註定一生貧窮。」

2.「債務是做了錯誤的財務決策所導致。」

因此：有債不好。你得為自己感到羞恥。

我要給這些專家幾個字：**錯錯錯，你大錯特錯**。這兩句話沒一句是事實，因為，我必須再強調一次：

> 66
>
> ## 債務是工具，而且沒有人比有錢人更懂如何使用債務。
>
> 99

債務真相 #1：有錢人絕對有債

你想，我是不是很有錢，但我也有債。持有房地產的有錢人、跟經營大型事業的有錢人都有債務在身。

老天，就連正字標記的老白富男股神巴菲特？他老兄身上也有房貸好嗎！

在這件事上，我不得不把功勞歸給這些有錢人：他們真的為債務打造了嶄新的面貌。我不開玩笑。這些人就是把美乃滋的品牌形象重新打造為高級歐風沾醬的人。

債務不過就是借錢，對吧？我們懂這點。但我們大部分百姓不懂的是，大家看待債務的角度，包含如何思考、判斷、決定債務的用處，完全取決於每個人所屬的社會經濟階層。這也就是為什麼很多人直覺認為：「有錢人怎麼可能有債。」事實是，

有錢人的尾巴藏得可好啦。

你想想，有錢人借錢的時候，我們從來不會稱之為債務。噁心！不，**有錢人借錢叫做「槓桿」**。億萬富翁申請房貸、把多的錢投資到新創公司、開銀行，然後我們就大肆讚頌他們的聰明才智、商業頭腦，把他們刊上時代雜誌封面。

窮人借錢的話呢？那叫做債務。債務不好，丟臉！

撫養三個孩子的單親媽媽去超市買日用品，很不幸地她的口袋並沒有足夠的現金，不得已只能刷信用卡結帳，這時候社會大眾便會指著她的鼻子說：「妳看妳，多麼不負責任，累積一屁股債。」待業的朋友因為沒有電腦，又需要工具來上傳履歷，只好用分期付款購買了智慧型手機，社會大眾又不由分說地指責：「為什麼要買你負擔不起的奢侈品？」

💰 💰 💰

很多時候，不管是窮人還是有錢人，**借錢是將手上有限的資源最大化的理想方式**。但有錢人就是有辦法確保自己跟「債務」這醜陋的兩個字沾不上邊、而且把自己借錢的手段重新包裝成「聰明理財」。

容我再次講清楚：**有錢人熱愛借錢。** 他們的人生宗旨就是《紅磨坊》歌曲中的名句：「能花你的錢我幹麼要花自己的？」有錢人是透過槓桿來花別人的錢。

嚴格來說，並不是所有債務都能稱作槓桿，但能肯定的是，

所有槓桿本質上都是債務。槓桿的意思就是用借錢來達到賺錢的目的。槓桿讓你能用一點點錢來操作一大筆錢,有了槓桿,只需要從自己口袋中拿出借貸總金額的一小部分,就能取得借貸總額的購買力:以房貸為例,你只需要拿出20%的頭期款,就能立刻入主該房產,百分之百,一坪不少。

無止境的債務金錢漏洞就在這裡。有錢人無時不刻在腦裡運算「利差」的概念──也就是兩種利率之間的落差。

我們以金·卡戴珊為例。有的人愛她、有的人恨她。但我們都不能否認她的實績:她是個驍勇善戰的實業家,談到錢她絕不兒戲。她在加州馬里布購入新宅時,本人的淨值大約120億美金,她手上絕對有7,000萬美金的現金可以購買豪宅。

但她絕對不會做出如此愚蠢的商業決策。她一定會把現金放到比單純房地產增值報酬率更高的事業上,而且手上握有許多私募基金的投資機會、新創公司前仆後繼地求她投資,更別說她身上還有一堆自己或合夥的品牌事業……諸如此類,無數的賺錢良機。簡單說,她有很多方法讓錢去為她工作,而只要這筆錢在其他地方賺的速度,比房貸利息增加的速度來得快,那何嘗不是免費的錢。因此,她當然申請了房貸。

所以啊,有錢人絕對不討厭借錢的行為。老天,**只要能借到利率低於投資報酬率的錢**,他們根本興奮到不行好嗎,因為利差全都能進到自己的口袋啊(如果借貸的利率比通膨率來得低呢?更棒了,什麼都不用做,立刻就有利潤)。

結論是有錢人很懂:有時候借錢才聰明,不借就傻了。有錢

人早就知道錢會比自己更認真賺錢。透過借錢來取得槓桿基本上就是在說：好囉，錢錢，我讓你一人擔兩人的工作，你還能再多賺多少錢呢？

自認是財務專家的人當中，沒有人能夠摸著良心說：「有錢人沒有債務。」有錢人不但有債，債務根本是他們致富、永富的方法。只要看到有低利率的錢可以借，有錢人不只會去借，他們還會手刀奔去借。

所以，朋友們，這就是為什麼「債務」絕對不是丟臉的兩個字（技術上來說的確是兩個字，但不一定丟臉）。我再強調一次，債務是人生中的工具，只要利差到位，債務不但不會壓垮你，還會提升你的財務能力。

債務真相 #2：搞不定的債是可以解決的，並非人格缺陷

好的，這時候你也許想對我說：「謝啦！小惟！不過，嗯……我也很想買房子、借到低利率的貸款靠槓桿賺錢等等。但，我現在身上還有卡債，而且卡債利率好像很高……我是不是已經沒救了？我的金錢觀念太差了，沒辦法玩這種遊戲。」

不！首先，你絕對不是沒救。你絕對找得到策略來理清債務，讓利率慢慢往有利的地方移動，最終，你也能抵達讓錢幫你賺錢的位置。

不過，在我們探討策略之前，我得先說，有債不表示你的金錢觀念不好。

有很多超越我們控制範圍的因素，會影響到我們與債務之間的關係：身上有多少債、是什麼樣的債務種類、能幫助我們償清債務的資源有哪些等等。也許你的家庭背景是低收入戶、目前是月光族、曾流離失所、必須在經濟上支援父母和家人，又或許你屬於邊緣化的族群，薪資比男性同事來得低。

我認為仔細拆解這些社會經濟階層上的細微差異很重要，不應該有人只因為身上有債，就覺得自己落後、金錢觀念差、沒救了。我們每個人都盡力在自己的能力範圍內善用有限的工具與資源。為了過去的決策懊惱也不會改變已經發生的事情，只會讓你更加自我貶抑。

還好，現在你有了新的資源：就是我，你的有錢富朋友！

我們趕快來聊聊，有哪些策略可以助你償清債務。

就像我先前說的，要冷靜面對債務，心態很重要。債務造成的壓力真的很大，特別是有催收機構不斷轟炸你時。

策略 #1：債務雪球

要讓債務進入可控範圍，最大的阻礙就是**心態**。我認真說，很多人不會去整理並聰明地為債務排序。真的，就算是聰明人也常犯這個毛病，因為債務在很多方面讓人情緒化，而人類是心理動物，我們有需要感受到自己有在慢慢前進。

第一個策略，稱為債務雪球。這個策略相對簡單也廣受歡迎，它利用了人類需要看到進度才能自我感覺良好的欲望。

要執行這個策略，你需要拿出紙筆並列出你所有**債務：名稱**

／**債務類別**（是跟哪個單位還是個人借的）、**積欠款項**、**年利率**。順序不重要，只要想到就寫下來。

舉例來說，有人會寫下這樣的清單：

1. 信用卡 #1：$10,000，年利率 24%

2. 學生貸款：$7,000，年利率 3%

3. 房貸：$270,000，年利率 5%

4. 車貸：$20,000，年利率 7%

5. 信用卡 #2：$2,000，年利率 22%

然後針對這個清單重新排序，把你身上所有債務，從**積欠款項最低排到最高**：

1. 信用卡 #2：$2,000，年利率 22%

2. 學生貸款：$7,000，年利率 3%

3. 信用卡 #1：$10,000，年利率 24%

4. 車貸：$20,000，年利率 7%

5. 房貸：$270,000，年利率 5%

這樣你就能採取行動了。每個月請支付所有債務的最低繳納金額（這樣信評機構才不會在評分上懲罰你）。所有債務的最低門檻都滿足之後，把你預算中還債基金的所有餘額全部拿來償還清單中的第一項，也就是積欠金額最少的項目。隨時間推移，你會漸漸把債務從小到大一一劃掉，而且，所積欠的債務數量也會相對快速地減少。

雪球策略對於需要正向回饋來保持動力的人特別合適，也會讓人更早地看出成果，但……好，我是牡羊座，我超沒耐心，魯莽而且衝動，總想要又快又有效率地解決問題。

雪球策略呢，在償清債務上既不是最快也不是最效率的方法。請大家別誤會：能夠清償任何一個債務都是很大的成就，感覺很棒。但我個人是不會為了感覺良好，而拖得更久、支付更高的總利息。

所以，接下來讓我為各位介紹我個人的最愛：雪崩策略。

策略 #2：債務雪崩

雪崩策略中，你也必須將債務排序，但這一次，請你忽略積欠的總金額，將身上債務按照**利率**排列，由最高排到最低。我們再次叫出剛剛的案例來看：

1. 信用卡 #1：$10,000，年利率 24%

2. 學生貸款：$7,000，年利率 3%

3. 房貸：$270,000，年利率 5%

4. 車貸：$20,000，年利率 7%

5. 信用卡 #2：$2,000，年利率 22%

按照**利率由高到低**排序過後，清單如下：

1. 信用卡 #1：$10,000，年利率 24%

2. 信用卡 #2：$2,000，年利率 22%

3. 車貸：$20,000，年利率 7%

4. 房貸：$270,000，年利率 5%

5. 學生貸款：$7,000，年利率 3%

從這裡開始，流程就一致了：在所有的債務上都請支付最低繳納金額，然後把預算中剩餘的還債基金全部放進利率最高的債務上。

這就是為什麼我最愛這個方法：按照年利率的順序來一一處理債務，你清償所有債務的時程最短，而且全程支付的總利息最低。

如果你對自動計算的試算表有興趣，想看看你的債務分別在雪球策略和雪崩策略下預計清償的進度，可以掃描 QR Code 下載我為大家準備的試算表。

策略 #3：債務整合

無論是採用雪球策略還是雪崩策略，基本上都是在改變你所積欠的債務全額。唯一的不同在於，債務全額中你想按照何種順序來清償。第三種策略則有所不同。債務整合讓你從利率的角度來改變債務。

債務整合策略的基本原則，就是借錢來清償多種債務。你所積欠的總金額不變，但是不再有多重債務纏身，而只剩下一筆借款要還。重點是，**最後這一大筆借款，利率要比先前積欠的**

一筆筆個別債務來得低，這樣你全程支付的總額也會比較低。

所有的債務都整合以後，你就不再需要排序、採取雪球或雪崩策略，因為所有債務都成了單一項目。債務整合不但提供便利性，更能降低利率，也因此能減輕你的壓力、讓你不再被債務壓得喘不過氣。

這種策略特別適合**身上有多種高利率債務的人**，例如卡債族。如果你身上的債務大部分是低利率的聯邦學生貸款或房屋貸款，那總利率大概很難再透過整合來降低。

要採用債務整合策略，也必須要考慮你的付款歷史和信用評等。你得要有良好的信用歷史，放貸單位才會放心借錢給你，這樣，你的貸款申請才有機會得到核可，而新的貸款利率也才會比過去的債務低。不過，一旦通過放貸單位的考驗，你所省下來的利息相當可觀：良好的信用評等有機會將債務整合後的年利率降到 10% 以下（與動輒 20% 到 25% 的卡債相比，是不是差很多），當然這也得取決於個別銀行的判斷。

要設定債務整合，你得向銀行或信用合作社等財務機構提出申請。這些機構會跟你要求目前債務的欠款額度和年利率，以及你個人的基本資料和信用評等。如果你的申請得到核可，基本上就表示他們願意代替你先清償所有債務，而你同意讓銀行成為你所有債務全額的單一債主。

信用卡的債務特別容易把人壓垮，不只是因為年利率比其他貸款（如房貸）高了許多，更因為信用卡的取得相對容易，跟買房或者申請就讀大學比起來，申請信用卡簡單多了。

如果你深陷卡債風波、幾乎滅頂，可以試試看以下三種信用卡卡債專用的救濟管道：

信用諮詢：非營利的信用諮詢單位能協助你建立個人還款計畫（有時還能替你降低利率），而你也能藉此擬定預算、管理債務和信用。這樣的諮詢服務完全免費。請找找看身邊的非營利信用諮詢單位，並確定該單位有受到國立信用諮詢基金會（National Foundation for Credit Counseling）核可。

信用諮詢的好處是提供組織、責任感以及協助。缺點呢？在信用諮詢期間，你可能必須要放棄手上的信用卡，而且還款時程絕無彈性，一旦有過一次遲繳，放貸單位就有可能撤銷先前同意減免的費用和利率。

餘額代償：餘額代償基本上就是信用卡版的債務整合。你將所有信用卡的餘額都轉進一張新的信用卡上，限定期間內，這一張新卡的利率為0%。不過你的信用評等得要夠高，才有資格申請。此外，你的還款速度要夠快，通常只有前18個月能夠享有零利率的優惠，再來，標準的信用卡年利率會再度生效。

談判：有錢富朋友放大絕！打電話給信用卡公司，要求他們給你更好的待遇。持有越久、繳款紀錄越好的卡片，談判成功的機率越高。每個人的情形都不同，請依據你當下能負擔的金額以及你現在的手續費與利息痛點，做出對你最有利的要求。以下是一些談判起點，供你參考：

- 「這個月能不能請你幫我通融一次，免除遲繳費？」
- 「能否請你降低我的年利率？未來12個月暫時調降就行了。」
- 「請問這一期是否可以暫停繳納，或者，這一期的費用能否延到下一期一起繳納，且不要收罰金？」

萬萬稅與課稅級距

「小惟，要怎麼像個有錢人般繳稅？」

呵呵，正確的問題是，要怎麼像個有錢人般不繳稅？

我們先前談過，有錢人痛恨繳稅，這點完全沒變。但有錢人了解的稅務知識可不只是一句「稅很不好」而已。事實上，我們多數人要能真的像個有錢人般在國稅局各種規定中自在悠遊，要學的東西還不少呢。下面這一節要為大家說明課稅級距的概念、到底為什麼要繳稅，以及如何合法地在能力範圍內最小化上繳國庫的錢。

課稅級距

很多人不知道在偉大的政府規定下，課稅級距到底是什麼碗糕。真的只有我嗎？還是大家也跟我一樣，看著臉書一天到晚有人在鼓吹大家不要接受加薪、別賺加班費，因為「如果你的收入進到下一個級距，你多賺的錢也不過是繳給政府而已。」

朋友們，好消息。你高中同學口中的陰謀論是錯的。多賺錢你一定不會虧。這是因為美國的課稅級距採取累進稅率⋯⋯好好，我知道，你快睡著了，但耐心聽我說，因為我真的很會教人家什麼是累進稅率。

　　想像一下，你的薪水都不是錢，而是披薩。你每年賺的前11,000 個披薩，都是青醬披薩（噁）。每個人都會收到一樣的披薩，不管你是「豪野郎」還是「瓊光旦」，每個人的前11,000 個披薩一定是青醬披薩。政府看到青醬披薩的反應是：「呃，我們不喜歡青醬，我抽你 10% 就好。」然後從每一個青醬披薩中都只拿一小片。

　　不過，一旦你的的賺錢能力超過每年 11,000 個披薩，你就升級到了下一個口味：蘑菇披薩！政府表示，蘑菇好像有比較好吃，但也只有一點點（我們說實話，不過就是多了蘑菇），所以呢，政府每個披薩拿 12%。

　　到這個階段以前，都還沒有人嘗到像樣的披薩餡料，因為我們每個人都在同樣的門檻升級，所以對「瓊光旦」很抱歉，他就只能吃這兩種口味，因為他的賺錢能力還沒超過下一個門檻。不過這也表示，整體而言，政府對「瓊光旦」的披薩興趣不高：「如果你只有青醬和蘑菇口味的話，那我們只會拿最低的比例。」

　　但你跟「瓊光旦」不一樣，你賺的更多，而且碰到了下一個級距：只要賺超過 45,000 個披薩，你就晉級到香腸口味。政府這時候表情也變了：「嗯嗯，切大塊一點！這種披薩要分 20%給我才行！」所以，你賺來的每一片香腸披薩，他都會拿走20%，直到你越過下一個門檻：95,000 個披薩，接下來所有的披薩都升級到義式臘腸口味。政府很喜歡，每一片義式臘腸口味的披薩，他都要拿 24%。

這時，你也賺到頂了，這就是你今年賺到的所有披薩。不過「豪野郎」還在賺，這一整年，他共賺了 600,000 個披薩。這一路上過關斬將，他陸續賺到了 BBQ 烤雞、水牛城辣味，甚至是夏威夷披薩（不要跟姊囉嗦，這就是我心目中的終極披薩口味排行榜）。政府超愛這些新口味，所以他每一塊分別要求 32%、35% 以及 37%。

這才是**累進稅率**的意義。過關晉級時，不表示政府會忽然從你手中把所有的披薩都切走更大一塊，只有最新口味的披薩會被拿走更高的比例。也就是說，你的總收入變高，不表示所有收入的稅率都會提高。

所以，當會計師或財務專業人員詢問你：「你的課稅級距在哪裡？」他們在問的基本上就是，你必須要上繳的最大塊披薩口味是哪一種。

沒有搞懂累進稅率真實意義的朋友，就像你臉書的高中同學很容易窮緊張、算錯數學、做錯決定。在他們眼中，課稅級距從 10% 開始，前進到 12%，然後一口氣跳到 22% 與 24%，再來更是大躍進噴到 32 %、35% 跟 37%，然後他就崩潰了：「哇塞，如果我在 24% 跟 32% 之間，那我是不是賺少一點，待在 24% 的級距內就好，這樣我稅後的收入還比較高，就算我賺的錢沒有這麼多！」他們不懂的是，只有義式臘腸口味會被收取 24%，因為政府對青醬、蘑菇甚至香腸口味都沒有那麼喜歡。每個人的**實際稅率**——所有口味披薩被拿走的平均比例——都會比所屬的課稅級距來得低。

　　我們回到根本來看，這種累計稅率的設計是很合理的。你想，的確政府常常做一些讓人抓狂，甚至極端不合邏輯的事情，但它也不會蠢到讓稅務系統有這麼大的漏洞吧？如果課稅級距的設計，是像你高中同學誤解的那樣，那大家不就沒有動力去追求高薪工作了嗎？不會再有人願意寒窗苦讀、立志成為心臟科的外科醫生，畢竟，如果在野雞大學混水摸魚就能賺得一樣多，誰還要努力呢？

　　也就是說，朋友們千萬別拒絕加薪，也不要怕領加班費。不管是加薪還是加班，月底進到口袋的錢一定會比較多。你能夠多賺進戶頭裡的每一塊錢都是好的，只不過你的確會感受到邊際報酬遞減，因為一旦越過某個門檻，政府要求的披薩會更大片，但只有超過該門檻的部分才會被抽更高的比例，並不是所有的收入稅率都跟著提高。不過，無論如何，你的**實際稅率**（你的所得稅總額除以應稅收入的總額）都會比你所支付的**最高累進稅率**（你的所有收入中被提取最高比例部分的稅率）來得低。請記得：

> **❝**
>
> ## 晉升到更高的課稅級距
> ## 表示你賺的錢更多，這絕對是好事。
>
> **❞**

累進稅率——視覺化

以 2023 年美國的課稅級距為例（單位為美金）：

$182,100 ──────────────────────── 此級距課稅32%

此級距課稅24%

$95,375 ──────────────────────── 此級距課稅22%

$44,725 ──────────────────────── 此級距課稅12%

$11,000 ──────────────────────── 此級距課稅10%

薪水甲：　　薪水乙：　　薪水丙：
年薪$60,000　年薪$103,000　年薪$197,000

報稅和退稅

我們先快速澄清一下。

每年你必須整理一堆文件資料，向政府申報所得的那道手續是什麼？

那叫做申報所得稅，簡稱**報稅**（tax return）。

而政府因為你在財政年度溢繳所得稅總和而退還給你的錢？

那叫做**退稅**（tax refund）。

聽清楚了，不是報稅，是退稅。

你寄給政府的資料叫做報稅，政府寄還的錢叫做退稅。

清楚了吼？

很好，我不是在搞笑。有些國家政府甚至會把報稅文件寄給你，幫你把表單都填好。舉例來說，澳洲國稅局會把表單寄到每個人家門口，「嘿嘿，你好呀，這個數字沒錯吧？請勾選是或否。」

所以，我每次聽到人家說：「我終於收到國稅局給我的報稅單了。」我的反應只有：「嗯，你想得美咧。」

其實，通常的狀況是：

納稅人：又到了繳稅季 QQ 請問我欠你多少錢？

國稅局：這位大哥，我不是你，我怎麼會知道呢？請你自己算清楚。

納稅人：蝦毀啊？你那裡不是有全部的表單跟資料嗎？

國稅局：喔，對呀，我們的確都有。

納稅人：所以咧………？！

國稅局：大哥，我不是已經說了，請你自己算。

納稅人：但是，我數學很爛耶。算錯怎麼辦？

國稅局：去坐牢。

在美國，我們的所得稅大部分是透過薪資單預扣，直接去到了聯邦政府、州政府，以及某些地方也包含當地政府的金庫。然後到了年底，雇主會準備一份表單：「今年我們付給你這麼這麼多錢，然後從你薪水我們提撥了這麼這麼多所得稅。」你用這一份資料來準備報稅文件、把表單寄給國稅局，然後把不足的部分補上（如果你預扣的不夠多），或者要求政府核發退稅（如果你被預扣太多）。

不然，別鬧喔，要去坐牢的。

（沒有啦，我開玩笑的。申報資料有誤並不如有些人想像中那麼嚴重。非蓄意的小缺失並不會害你被關起來。最糟的狀況，就是你得補繳欠繳的費用。最糟中的最糟呢，也不過就是外加一筆罰金。）

這聽起來不難，但就如同我們在課稅級距中看到的，數學的部分往往並不直觀。民眾常常不懂那堆表格到底要填什麼，也因此付錯所得稅。

報稅的時候發現自己還欠錢的感覺很差，畢竟每個月都已經扣這麼多了。但你知道嗎？報稅時發現自己有得退稅，也不見

得是件好事。

很多人把退稅想成中樂透，但真的不是。退稅的錢，本來就是你的錢，是你辛辛苦苦賺來的錢。**這些錢，你不但借給了政府，還完全不收利息，長達一年。**

這絕對不是在讓錢幫你賺錢。所以，對你來說最有利（有利息！）的做法，就是詳實地填寫所有表單，<u>讓你預扣的稅費越精準越好</u>，絕對不讓任何人多碰你一毛錢。

預扣所得稅的額度要如何微調跟你的職務性質有關。傳統的受薪階級或時薪族的做法和自由工作者或自營業者不同。

在美國，如果你受雇於人，那在簽下聘雇合約時就會填寫W-4 表單，包含：「你是誰？你賺多少錢？你結婚的進度是？有幾個小孩？」雇主就根據你的答案來決定預扣多少所得稅。

這也就是說，如果在財政年度間，你結婚的進度有所前進或後退、生了一個小孩，或者在全職工作以外有了其他收入，你都應該主動找人事部更新你的 W-4。這樣才能確保雇主每個月底跑薪資單時，有正確地考量你的配偶的收入（兩人合併報稅的話）或者副業的收入，因為所有你賺到的錢都會影響你的課稅級距，並不是只有你的薪水而已。

此外，全職工作中若有任何你不確定的部分，都應該請公司專門負責員工福利的同仁協助。他的工作就是確保所有員工的文件都正確無誤，所以大方地找他幫忙吧。

溫馨提醒

如果你的工作是業務或任何適用佣金制度的角色，你會發現薪水中佣金的部分會被收取比一般薪水更高級距的稅率。很多人會不太高興，但這個機制其實是在保護你。如果你的佣金收入將總收入推到更高的課稅級距的話，整年下來你積欠的稅金會更高，到了報稅季節一次拿到這筆天外飛來的所得稅帳單，感覺會更差。

自由工作者的所得稅比一般受薪階級更頭痛。你自己就是老闆，這表示你也是人事部兼薪資管理部。不像一般人到了 4 月才要煩惱稅務的問題，你每一季都要上繳預估的稅金，也就是預扣所得稅的自由工作版。一般受薪階級會從雇主那裡取得一張 W-2 表單，而你則必須從每一個合作的顧客身上取得 1099 表單。

姑且不論繁瑣的書面作業，跟每個月固定的薪資比起來，自由工作的收入可能年年起伏不定……又因為所得稅是累進制，你也不能單純把收入全額乘以 22% 上繳。你得要預估到了年底總共能賺多少錢，再用預估的全年收入去按比例回算每一季應該要上繳多少所得稅。通常，自由工作者會用前一年的營收來做計算，至少是個參考點。不過，如同剛剛提到的，自由工作者的收入起伏不定，溢繳或短繳的情形非常常見。

你既不想要免費借錢給政府，也不想要到年底收到幾千美金的帳單。那該怎麼做呢？有錢富朋友的撇步如下：

1. 請你去開一個獨立的高利定存帳戶，專門為所得稅準備。每次收到顧客的款項，就轉一大部分到這個定存帳戶——最好有30%到40%。

2. 每三個月就按照政府規定，以前一年的營收計算、上繳所得稅，剩餘部分就繼續留在定存戶裡生利息。

3. 到了報稅季節，如果你發現還得補繳更多所得稅？沒問題，你的高利定存裡早就備好了款項。如果你不用再補繳呢？太好了，戶頭的錢都是你的，而且，這段期間都在賺利息呢。

以我個人來說，我現在都保留40%的收入在所得稅專戶，因為我知道在聯邦層級，我的課稅級距是最高的37%。

「等等，小惟，妳不是說實際稅率都會比課稅級距來得低嗎？是我沒搞懂嗎？」

你說的沒錯，我的實際稅率不會這麼高。但我住在紐約市，對吧？這裡的地方萬萬稅也很驚人，所以我會多準備一些來應付各種大小稅費。

我給自由工作者最後一個建議，就是找專業的簿記和會計師。我認真說，比起你自己DIY所有報稅工作，找他們幫忙會省下好多好多時間和金錢（當然囉，支付給他們的服務費用都屬於業務開銷，所以……可以從應稅收入中扣掉呢，啾咪）。他們也會幫你找到所有可以減免或扣抵的支出項目，等於從政府手中討回錢來。桌上放著免費的錢，朋朋們千萬別錯過。

如果你的年收入低於 73,000 美金（請注意，這個數字每年會上下起伏），那麼請你不要花錢報稅。不過，你也不應該輕易相信網路上的免費報稅軟體或服務。

你還記不記得，美國政府曾經說過，要為某個收入門檻以下的納稅人打造免費的報稅軟體？聽起來很棒，對吧？

對 TurboTax 和其他的報稅軟體公司來說，這可不是什麼好消息。他們聽說國稅局要提供免費的報稅軟體時嚇得暴走，因為這款免費軟體會搶走他們多數的顧客。

所以，在 2002 年，這幾間公司動員了一票說客。他們說服國稅局：「不用啦，不用啦，真的不用擔心！我們會打造免費的報稅軟體給低收入門檻的報稅人使用，我們早就有所有的技術了嘛！」

貪小便宜的國稅局立刻欣然接受：「酷耶，交給你們了。」官方報稅軟體就這麼跳票了。這幾間主要的報稅軟體公司雖然承諾會釋出免費的報稅軟體，卻沒有保證會讓這些軟體易於取得。顯然，他們每一個說客的鼻子都變長了。

所以呢？這些報稅公司的確有提供「真‧免費」的軟體，但他們同時盡其所能藏到你找不到，然後用旗艦版的軟體誤導你。舉例來說，TurboTax 的「免費版」裡頭就滿是陷阱，只要你有領失業救濟或支付學生貸款，這些項目都很基本，並不會讓你失去低收入門檻免費報稅的資格，但這一個版本的軟體會因而要求你付費。更糟的是，他們會購買數位廣告，讓這種陷阱版出現在搜尋引擎結果的前幾項。他們就是希望你用 Google 搜尋「免費報稅」，然後被這個版本的軟體搞得七葷八素，最後累到懶得掙扎，乾脆付錢了事。

不如掃描以下 QR Code 或上我的網站 richAF.club 看你的有錢富朋友推薦的免費（或低成本）報稅軟體吧！

扣除額與稅額減免

所以，到底要怎麼像個有錢人般繳稅呢？這時，扣除額（又稱應稅所得減免，tax deductions）跟稅額減免（tax credits）就登場了，就連我們這些非億萬富翁的老百姓，都能享有這些福利。扣除額與稅額減免稱不上罕見，不過就是美國政府鼓勵民眾當個好國民的手段：不管是購入自宅、開電動車或慈善捐款等等，都能幫你節稅喔。

這兩者的區別如下。**稅額減免**就像是繳稅專用折價券，減免的額度就是你能少繳的稅金，一塊對一塊。所以，如果你得到 1,000 美金的稅額減免，你就能少繳 1,000 美金。

扣除額呢？不是從你最後的所得稅帳單中扣除，而是從你的所得稅收入源頭扣除。簡單說，如果你把錢花在讓國稅局特別欣慰的地方，他會說：「嗯，你好棒棒，我們就假裝你根本沒有賺到這筆錢吧（眨眼）。」

最大的扣除額我們已經討論過了：退休金存款。如果你自主提撥 401(k) 或個人退休帳戶，那在你開始計算所得稅前，可以直接先把提撥額度從應稅所得中扣除。退休金提撥以及某些特定開銷，例如學生貸款利息和贍養費，我們稱之為「**優先扣除額**」。這也就表示，無論後續的其他扣除選項如何，都不影響退休金的扣除（除非你不符合我在 228 頁說明的收入條件）。

其他扣除額就沒這麼直覺了，例如慈善捐款、房貸利息等，只有在你放棄**標準扣除額**時才能適用。基本上，每個人每年都

有一定的標準扣除額額度，這個金額可以直接從應稅所得中扣除。美國政府覺得這種方式對大家都輕鬆：「我們很了解大部分民眾通常一年會花 X 在可列舉扣除的項目上面。所以，我們就直接假設各位今年花了 X 這麼多吧。大家不用一一列舉證明，這樣就好。」

每年的標準扣除額都不一樣，但通常也不是小數目（以 2023 年來說，在美國，單身者可以無條件扣除 13,850 美金，夫妻合併報稅者則可以扣除 27,000 美金）。所以，除非你能列舉超越上述金額的扣除額，不然**直接採納標準扣除額對你比較有利**。

最後，如果你自己開公司、經營副業或者從事其他接案工作，請務必要扣除營業開銷。這些項目也不需要列舉（因為這些開銷會直接從公司的營收報銷，而不是從稅前薪水扣除），所以千萬別漏掉了。

▌理財顧問、稅務專家：
▌打造你的黃金團隊

很多時候，就算我們能自己來，還是不如找專家。你想，你可以在屈臣氏的走道上往手腕猛塗粉底液，一種一種慢慢試色，到最後也能找到最合的色號沒錯……不過，直接請美容顧問過來，用粉底試色槍掃描一次，不就能馬上找到答案了嗎？

同理，也許我們就想省點時間，把不用工作的珍貴時光保留給自己，所以有時候我們會讓線上購 APP 幫我們買菜、採購日

用品，換來的便利遠遠勝過低消、手續費和小費的支出。

我們的理財生活也是如此。不管你想找專業人士來提供量身訂做的理財諮詢，還是想在金錢相關的日常雜務上節省時間與心力，坊間都有專業人士能為你打理。

我們已經知道有錢人會為自己打造復仇者聯盟團隊，而且金錢管理是絕對優先事項，因此，以下的專業人士他們都有：簿記、會計師、稅務律師、遺產規劃律師、投資專員等等，族繁不及備載。

但淨值（還）沒有到那種地步的朋友們，花錢延請各類金融專家也不合理，特別是他們負責什麼你都搞不清楚的話，在這個階段很容易不小心就花了冤枉錢，要麼訂購了此時還不需要的服務，要麼付了錢，對方卻不會為你的最佳利益而戰……或者，常常兩樣都中。

$$\textcircled{\$}\ \textcircled{\$}\ \textcircled{\$}$$

舉例來說。我在私訊中最常收到的問題之一就是：「小惟，我要怎麼找到適合的理財專員？」

真心話是：**大多數的人都還不需要理財專員**。如果你現在還沒達到每年的稅務優勢帳戶存款上限的話，那你真的還不需要額外的專家建議。這時候你唯一需要做的，就是持續投資、增加收入。

其實，財務專家在**複雜的金錢往來情境中**才能真正發揮最大

的用處，但「複雜」不一定是「資本雄厚」。你想想，有錢人需要復仇者聯盟，並不只是因為他們的帳戶餘額有很多個零，而是因為他們的資產組成複雜：在不同州有數量不一的房地產、要為小孩子準備高等教育存款帳戶以及信託基金，有的人還得料理贍養費開銷和公司的財務結構……真的，很複雜。

不過，就算有錢，也不表示你就非得去找一票專家來告訴你這些錢該怎麼辦。如果你是有錢的上班族，已經把退休帳戶上限都塞滿，然後剩餘的投資預算都買進由指數型基金和高信用評等債券混合的多元化投資組合……這樣的狀況，其實也沒有需要再改進什麼了。老實說，就算你年薪高達 400,000 美金，只要你的預算和投資計畫有滿足你的要求，真的不用非得找專家來教你怎麼做。

即便如此，有的財務專家，要延請最好趁早。

以下，我列出你「需要的時候」可以考慮雇用的人才，並說明為什麼要雇用，以及哪裡可以找到他們。

註冊公認會計師

要跟國稅局打交道？註冊公認會計師（Certified Public Accountant，簡稱 CPA）就是你團隊的黃金成員。

會計師的工作就是幫個人或公司申報稅務。如果你的團隊中有會計師，那麼基本上，你可以把所有表格都丟到他的桌上（或者上傳到安全的雲端資料夾），然後一邊喝茶，一邊等他準備報稅單的草稿。

其實這就是雇用會計師最大的好處：**省時間**。但會計師可不只會算數或充當人肉版 TurboTax 軟體，他們也會幫每位顧客確定個人情況下能夠得到最高的稅額減免或扣除額（當然，也會說明還有哪些減免或扣除額，你只要稍作修改就能符合）。他們還有一個極大的功能，電腦螢幕絕對做不到：接你的電話回答問題，不管你的問題有多「蠢」。只要雇用會計師，你就再也不用上網搜尋「調整後之稅前收入」是什麼鬼。

此外，如果你的財務即將遭逢巨變（或者剛剛經歷巨變），像是結婚後（或者離婚後）的第一次報稅、在新公司上任第一次設定預扣所得稅額，或者在加入歐記健保（Obamacare）後第一次申請健康保險減免等等，這時候雇用一名會計師，能夠幫你確保前前後後、裡裡外外，一次處理得乾乾淨淨。

大家不要誤會我的意思，並不是每個人都需要會計師。我們大多數人，特別是**年輕、還沒有買房子、生小孩的朋友們**，自己操作報稅軟體、申報所得稅是絕對沒問題的。相信我，自己報稅也不會錯過任何節稅的密技（特別是已經認真讀完這一章的你）。此外。自行報稅的朋友也不會承受較高的稽核風險（這是因為就算由會計師幫你準備報稅文件，確認資料正確性的責任還是在你本人喔，出錯也不可以怪在會計師頭上。）

查看更多

屬於自營業者（或者收入來源大多是自由接案）而且正在考慮申請房貸
的朋友們，不管是立刻需要還是未來終究需要買房，我強烈建議你考慮
找一位會計師。這是因為房屋貸款的審核對於自由業與自營業者的收入
文件要求非常具體（畢竟這些朋友不會像一般人有薪資單可以作為收入
證明），因此，如果你能拍胸脯說：「我的收入當然沒問題，過去三年
都有專業人士幫我準備報稅文件，我寄給你。」房貸業者會放心不少。
此外，會計師還能寫一封「壯膽信」幫你助攻，向房貸業者保證：「這
傢伙貨真價實，我知道，因為我看過他的稅單。」

遺產律師

親愛的，富人和窮人都不免一死（抱歉，我又烏鴉嘴了）。

我知道自己剛剛才說，多數的理財專家是在個人情況複雜時
才能發揮最大效用。遺產律師（Estate Attorney）是唯一的例
外。我認為，**每個人都應該有遺產律師**，這是因為我覺得每個
人在生前就要準備好專業合法的遺囑和遺囑見證人。

就像我說的，我們都不免一死。

沒有人會沒事想去寫自己的遺囑，因為直面死亡的現實很難
受。不過，有專人幫你預立遺囑後，真的會讓你安心不少，有
兩個原因：

1. 每個人都有遺產，不是只有有錢人才有。遺產的定義就
   是「你嚥下最後一口氣時，在地球上留下的所有一切」。
   這包含了銀行帳戶的餘額、在你的退休和投資帳戶裡的資
   產，以及你手上的一切所有權（不只是房子，還有車子和

296

房子裡的所有東西）。

2. 雖然大多數人以為，遺囑就是指定把所有東西留給孩子們的文件，但就算你沒有小孩，還是應該立下遺囑。因為如果你在沒有預立遺囑的狀況下突然悲劇性地猝死，你的親人就沒有選擇，只能上遺囑檢驗法院（還得付錢請律師幫忙）來掌握你的所有資產，並請法院裁定這些財富該如何適當（且合法）地處置。

查看更多

預立醫療決定書（living will）又是什麼東西呢？它又被稱為事前醫療意願指示（advance directives），這份文件是對醫療單位說明，若你碰上意外、無法為自己發聲時，你願意或不願意接受哪些醫療程序。我也大力建議各位準備預立醫療決定書──就算你還年輕、健康，誰也無法確定自己明天不會被公車輾過（記得《辣妹過招》裡瑞秋·麥亞當斯飾演的辣妹嗎？），而遇到必須動高風險手術或動用維生器材的狀況，你也不希望家人得承受壓力，煩惱：「你會想怎麼做？」

理財規劃顧問

如果你用 Google 搜尋「能幫我管理金錢的人」，你會得到數百頁號稱金錢專家的資訊。很可惜，這些大部分都不可靠，最好是謝謝再聯絡。

自稱為財務教練、預算顧問、財務心理專家等人士，基本上只是編造了華麗的職稱。他們極可能有精美的網站、散發出讓人放心的氛圍，甚至在社群媒體上提供高品質的財務相關圖

表，不過這都不表示這些人具備專業認證資格，可以一對一輔助你的財務現況。在社群媒體上發布影片推廣多數人適用的理財知識，跟挖掘你個人的財務背景細節、針對你量身打造理財計畫，這兩者是完全不同的。所以我拜託各位朋朋，在你們付錢預約諮詢之前，請先上主管機關網站查詢對方是否有具有認證資格。

或者，更好的方法是，從一開始就只考慮具有認證資格的專業人士。對於我們大部分的老百姓來說，具有 CFP 認證的理財規劃顧問（Certified Financial Planner）就是不錯的選項。要取得 CFP 認證，必須要通過最終的認證考試、完成相當時數的相關教育和實務經驗，並且要遵循高標準的道德和行為守則。我想我不必　　說明為什麼需要滿足以上的條件。簡而言之，你當然想要雇用真的懂金融、而且不會誆騙你的人吧？

不過，我必須再強調一次：就算有錢，也不表示你需要雇用 CFP 認證理財規劃顧問。就算你的年薪高達美金六位數，或者你個人有 25 萬美金的淨值等等，不管採用哪一種比較基準，只要你覺得自己的開銷、存款、投資等等各種財務現況都很滿意，也正按照預期進度逐步往未來的目標靠近，那麼，你不一定需要額外的建議。

不過，跟註冊公認會計師和遺產律師一樣，如果你在理財的主題上有各種大小問題、想了解一下概況，或單純只是找專業人士確認：「我這樣還行嗎？」理財規劃顧問都會是個好幫手。儘管我也非常想在這本書裡提供每一種可能的財務情境，但篇

幅真的不夠啊。雖然我樂於當大家的有錢富朋友，但不管在社群媒體上多麼勤於發布內容，也無法為每個人解釋每個問題。

再來，最關鍵的是，CFP 認證的理財規劃顧問有信託受託人（fiduciary）的義務，也就是說，在法律上他們必須要從客戶的利益出發、為服務對象追求最佳結果。有一些財務規劃師可能會大力推薦某些投資產品，只因為他們在這些產品上所賺的佣金較高，但有信託受託人義務的專家（像是 CFP 認證的理財規劃顧問）只會建議對客戶自身來說最有利的決策，而這當然是我們所樂見的。

▌FU 數字

很好。你手上的信用卡回饋都用好用滿，債務也按規劃時程逐步縮小當中，繳稅時所有扣除額和減免都最大化，遇上複雜的財務情況還有殺手級的團隊幫你料理。

這時候的問題是，到底要賺到多少錢，才能起身翻桌，對老闆大喊：「F**k you！老子不幹啦！」

答案，就是你的 FU 數字。（免責聲明：我不是真的叫你去 X 老闆喔！）**FU 數字就是讓你此生再也不必為五斗米折腰的存款數字**。這是主宰財務、制霸人生的終極目標 —— 而且，這個目標沒有你想的這麼遙不可及。

坊間有流傳所謂的 FIRE 數字，FIRE 所代表的意義是「財務獨立、提早退休」（financial independence, retire early）。我

呢？個人沒有很喜歡這種概念，所以，在這裡為各位介紹 FU 數字，這就是你的有錢富朋友版的 FIRE 數字。

原則上來說，我不反對大家在達到財務獨立後，全靠投資獲取的被動收入過上童話般永遠幸福快樂的生活。但實際上呢……我覺得 FIRE 族群有點過火了，他們很愛到處傳教洗腦。朋友們，如果你真心想達到財務自由那也就罷了。不過我不得不說，我對這個財務獨立運動真的有些感冒。

首先，FIRE 相關的論壇話題中，充滿著各式歧視與恥辱。FIRE 族群裡許多鼎鼎有名的人物，都過著極致簡樸的生活。對不少人來說，那樣的人生跟當野蠻人也沒什麼兩樣。狩獵維生、住在木屋裡、用環保馬桶。嗯，我覺得你很棒，但我想我不需要說明為什麼這種人生並不適合所有人。

但這些「哈扣」的 FIRE 指標人物，比方說，一群住在露營車裡、不買鞋的野蠻人，卻很愛對別人指手畫腳，覺得只有自己的生活方式才活出了 FIRE 的真諦。（而我滿腦問號，只想問他：「你都不會去雜貨店嗎？去店裡要穿鞋你知道嗎？我不懂你。」）不知道是什麼原因，FIRE 純粹主義者管很寬、很喜歡羞辱別人，特別愛嘴別人的生活選擇「浪費錢」。

大家很了解，你們的富朋友我非常重視人生中不容妥協的美好，所以他們那種態度讓我覺得極不健康。沒搞錯吧？先生，你想怎麼過就怎麼過、管好你自己就好，不要批判別人的生活方式好嗎？如果你堅持不買鞋，很棒，活出你的信念！我無法，但我祝福你。

再來，FIRE 這個概念也充滿矛盾。整個 FIRE 運動的前提就是，大家努力達到足夠的存款數字，接下來就**完全靠存款的投資回報維生，因此再也不需要工作**。但是很多從事 FIRE 運動的人，最後所做的事情根本完全相反。他們達到了傳說中的 FIRE 數字，成了 FIRE 運動精神領袖，此後，他們開始寫部落格、開設 FIRE 課程，到處傳道講課，教其他人如何達到 FIRE 數字。

這難道不是自相矛盾嗎？我們從字面上的意義來看，FIRE 就是提早退休，對吧？達到 FIRE 的人不需要上班、不用再透過勞力獲取收入，因為生活只要靠投資回報就夠了。所以如果你因為達到財務獨立而辭掉會計師的工作，卻開始教授「如何 FIRE」的課程……我是不懂啦，但這種生活，我不會稱之為退休。對我來說，這比較像是他<u>找到了更喜愛的工作</u>。

我澄清一下，傳授理財知識並沒有什麼不對 —— 身為辭了正職工作、變身理財網紅的我本人就是以傳授理財知識維生，但我認為做人要言行合一。如果你號稱「我已經 FIRE 了」，卻還靠傳授 FIRE 經驗與智慧持續從別人身上賺錢，那麼，其實你還是在工作，只是賺錢的方式不同了。也許你現在的工作有比較好的彈性和勞逸平衡，但你根本沒有「提早退休」。

再退一百步說，其實我覺得大多數的人就算達到財務自由，還是會想工作的。有錢人也喜歡工作。沒錯，他們的工作比較像是經營小聯盟慈善二手店，或在大都會博物館擔任獨立董事等閒差，重點是，他們不會只想整天坐在躺椅上喝馬丁尼，這是因為：

> ## 有錢人有機會、有選擇，
> ## 他們可以從事任何熱情所在的事業。

　　這也是為什麼，我堅持要為財務獨立的概念和數字重新定位，並刪除提早退休的成分。**以財務獨立數字為存款目標去努力，這跟退休其實沒有任何關聯**。實際上，財務獨立只是讓你不必再從事任何不喜歡的工作。以我個人來說，我的伴侶和我達到財務獨立數字後，我一定會減少以內容創作者和網紅身分做的工作，並把多的時間拿來參與慈善事業，或者從事一份沒有投資回報輔助就不足以維生的工作。舉例來說，我一直有當社工的夢想，只不過很不幸，紐約市社工們的收入坦白說根本只能吃土。如果你像我，是普通移民家庭的獨生女，年邁父母的退休生活得靠你金援的話，是不可能考慮這樣的職涯的。但只要我達到了財務獨立的數字，就能從事任何有興趣的事業，像社工，而不用擔心繳不出帳單。

　　所以，我為傳統的 FIRE 數字進行形象改造，注入有錢富朋友式的財務獨立概念，我稱之為 FU 數字。因為只要你的存款達到這個數字，你就能對老闆嗆 F**k you 然後華麗轉身，將心力注入熱情所在。你不用退休，但也不用再勉強自己從事任何不喜歡的工作。換句話說，**達到 FU 數字以後，你只靠投資回報就足以維生**，你已累積了夠多資產在現金和投資標的中，足以養活自己直到百年之後。

達到 FU 數字的好處真心說不完。其一就是我們剛說的，你可以選擇從事任何一樣工作。不想上班的人也可以不用上班。有很多財務獨立的朋友會選擇把重心放在家庭，或者嘗試像攝影師或室內設計師等等的熱情志業。

更重要的是，一旦達到 FU 數字，金錢就不再是你的決策考量點。你誠實說，現在的你是不是事事都要先掂掂荷包？我們常常在超市陷入考驗：要買名牌有機鮮奶還是超市自有品牌呢？也會思考：「我該考慮離家近的公司嗎？還是搬到另一個城市多賺一點？」不管是哪一種決策，我們或多或少都在心底撥算盤，而金錢的考量往往會限制我們的選擇，更耗費了大腦珍貴的運算資源。

但是，只要達到 FU 數字，**金錢就不再是決策的考量點了。**

這，影響很巨大。這才是所謂的真富裕。

💰 💰 💰

FU 等式最奧妙的部分，在於每個人的數字都不同。有些人喜歡不穿鞋、終生住在露營車上，不生小孩。也有人表示：「我要買自己的房子，生兩個小孩，撫養他們念到大學畢業，我要在那不勒斯買一棟度假山莊，這樣我們全家每年冬天都能去佛羅里達州避寒。」這兩種夢想都成立，只不過，要支撐這兩種迥異的生活型態，所需要的 FU 數字當然也截然不同。而且，每個人的數字也會隨著時間改變。比方說，如果有一天你忽然

決定，不要佛羅里達州那不勒斯的避寒山莊了，改要義大利那不勒斯的度假小屋？沒事沒事，調整一下 FU 數字就好。

計算個人 FU 數字很簡單，公式如下：

> # FU數字 =
> # 每年開銷 ÷ 每年投資報酬率

換句話說，你的 FU 數字，就是報酬足以支應你每年開銷的資產的總價值。

有了這個概念，就可以來思考所謂每年開銷有多少。你每年需要多少錢來養活自己呢？我們用方便運算的數字來說明，假設你每年需要花費十萬美金，那麼你的 FU 數字，就會是足以產生十萬美金投資回報的資產總價值。我們把數字放到等式裡看看：

FU 數字 = $100,000 ÷ 每年投資報酬率

很顯然的，我們還得再加入一個數字才能完成計算：每年投資報酬率。沒有人能夠預測未來，但你可以保守地假設，所有投資每年還給你 4% 的報酬（我很快會說明為什麼能大膽假設，我們現在先專心學數學）。

4% 可以用 0.04 在等式中表現，這樣我們就得到：

FU 數字 = $100,000 ÷ 0.04

　　　　= $2,500,000

　　登登～你的 FU 數字！如果每年要花十萬美金的話。那只要有 250 萬美金放在投資中，你就再也不用煩惱錢的問題了。

「好……那我的每年開銷應該是多少啊？」

　　你的年度開銷數字必須足以支應自己和家人的生活。

　　但注意，我所說的「支應」，意義在每種情形都不同。對於露營車陣營的朋友，支應生活表示「有足夠的錢不會死掉就好」，也就是說，支付露營車的停車費、基本的食物和一雙能穿進店裡的夾腳拖就夠了。但對於另一位朋友，支應可能還代表了孩子們的學費、每個月按時繳交自宅與度假山莊的房貸，以及旅行的花費。在其他人的案例中，照顧雙親、準備外食、娛樂以及購買珠寶的預算都可能是支應的範圍。基本上，只要你會想花的錢，都應該計算到每年開銷裡頭。

　　每年開銷取決於個人的生活偏好和價值，沒有一定的計算方式。也就是說，沒有「應該是多少」，計算每年開銷不但是細細推敲生活所需費用的盤算，更是一場自我探索的長征與靈魂的自問。你要想的，不只是你需要的東西每年要花多少錢，更關鍵的，**是對你而言真正重要的是什麼**。（對了，就算你只能抓出非常粗略的估計也沒關係，你這輩子大概還有好多次回顧跟修改的需要。我們很快會來談這個。）

「但是小惟，投資有賺有賠！ 我怎麼能確定未來的報酬率是多少呢？」

嗯，你的確無法掌握精準的報酬率。但是，其實你可以猜個八九不離十，更重要的是，你得保守一點。也就是說，有意識地低估你的投資回報，為自己創造緩衝的空間。

基於上述的原則，我建議大家假設每年 4% 的投資報酬率來計算 FU 數字。原因如下：

4% 是超級保守的投資報酬率（比我們之前談的魔法數字 7% 低了很多，還記得嗎？），就算只買高信用評等、低風險的債券都有機會每年回報 4%（在寫此書的當下，甚至百分之百零風險的高利定存帳號——也就是存款金額在 25 萬美元以內受到聯邦層級 FDIC 保險保障的銀行帳戶，都提供 4% 或更高的定存利率）。只要你的資產配置不要太離譜（像是全部放進加密貨幣），你幾乎可以完全確定每年能賺回 4%，當然，有些年你會獲利 15%，有些年會損失 9%，但平均來說，你會有**至少 4% 的年化報酬**。（當然囉，我們希望平均來說，你賺的不只有 4%，這樣才足以抵消像資本利得稅或者生活成本臨時提高所需的額外支出。不過，只要你用 4% 來做計畫跟準備，那任何多出來的部分就能當作驚喜紅包囉。）

這個保守的數字也**有助於抵抗通膨**：如果隨著時間流逝，你每年所賺的報酬率低於通膨率，那麼，形同你的資產價值逐年減少，而資產總價值越小，你的回報也會隨之逐年縮小，最終可能無法支應年度開銷。

「呃，我的 FU 數字好巨大。真的有可能達成嗎？」

這就是 FU 數字最大的強項：彈性。

首先，還記得我說過財務獨立不表示你得提早退休、不工作賺錢，對嗎？這裡，我們又能參考有錢人的做法：**有錢人喜歡慢慢「淡出幕後」**。與其直接退休、發誓永不再參與勞動，有錢人更常做的決策是換個輕鬆點的工作。他們到達 FU 數字以後，不再需要為了每年賺一百萬美金忙得要死，但只要輕輕鬆鬆、偶爾上工，每年就有五萬美金的收入進口袋的話呢？這種好缺他當然不會拒絕。

所以，就算你達到了自己的 FU 數字，誰說你不能註冊遛狗 APP 幫鄰居遛狗呢？你每天早上都去散步半小時、晚上也去散步半小時，一邊走、一邊手裡握著狗狗的牽繩，一邊繼續賺錢。你不需要這筆遛狗的收入，但多這一點零錢也不錯啊，特別是你本來就每天散步，根本不費力。

在操作細節上，你可以算出三種不同版本的 FU 數字，反映你理想中謝幕的英姿。

1. 屬於入門版的 FU 數字，其臺詞如下：「老子達到這個數字就要開始準備淡出職涯啦，只做我愛的工作，但老子還要工作。」

2. 即所謂進階版「想工作時才工作，絕不妥協」的 FU 數字，換句話說：「老子達到這個數字就要準備退休了，不再辛苦工作，專心陪家人或做更多自己喜歡的事。」

3. 最後，終極版的 FU 數字臺詞為：「老子達到這個門檻以後，你們所有人都不會再看到我，我要搬到南法，祝福各位，再會了。」

其實，我建議每位朋朋們都把這三個數字刻在腦裡。因為，有了這樣的意識，每天上班你都知道自己的目標在哪裡，以及你距離這三個目標分別還有多遠。讓這三個 FU 數字成為你工作的動力來源。你只要按照上述方法重新計算這三種生活各自的年度開銷有多少，就能回算出這三個 FU 數字。

再來，也請各位記得，每個人的 FU 數字通常會隨著人生的進程慢慢提高。你可能會決定為家裡添加新成員，或者搬到生活成本更高的地方，養了寵物，又或者，你不幸罹患了需要長期醫療的慢性病，還是忽然需要照顧臥病在床的家人，以上種種，都會讓你的 FU 數字提升許多。有了孩子們跟黃金獵犬，可能就表示你不能按照原本的打算，開那臺 Prius 到它掛掉，你得提早升級到 Toyota Sienna，還得為寶貝狗狗的心絲蟲藥物準備預算。

不過，只要能從保守一點的預估數字開始努力，就不至於被這些人生變化影響太多。在預算年度開銷時高估一點、預測投資回報時低估一點，就是將守備範圍擴大，在多數情形下，你都會比最糟的想像狀況過得更好。

對待 FU 數字最理想的方式，就是像預算一樣，**進行週期性的重新評估**。想想你現在的人生中需要什麼才能保持穩定安

全，以及這些事物的花費，再重新調整你的 FU 數字。至少每年重新評估一次，每次人生遇上重大改變時（結婚、生小孩、換工作）當然也要回顧。（教你一個簡單的方法：每次更新醫療保險時就同時檢查 FU 數字，不管你是為了某些資格得要確認醫療保險給付範圍，還是例行的年度重新簽約。）

就算心裡對 FU 數字已有底，還是可以保持彈性的態度。以我來說，我真的超級幸運、愛死我的角色、對我的工作充滿熱忱夢想。每天早上起床，我都迫不及待想要立刻投入工作中的所有待辦事項。我並不著急也大概永遠不想退休。即便如此，我的伴侶跟我仍花時間坐下來、誠懇地討論我們心目中的 FU 數字：基本上，如果我們想要兩個小孩，也有足夠的資金讓他們得到最好的教育，有一間自己的房子、外加一到兩個度假用的房產，那每年的開銷是多少呢？我們推算的結果，每年 100 萬美金的開銷應該算超級安全，所以目前來說，我們的 FU 數字是 2,500 萬美金。

但是，這可不表示我們立刻就得油門踩到底、在工作上拚命到 FU 為止。不不不（大笑）。

實際上，我們存到了 500 萬美金時就會換檔降速，存到 1,000 萬美金時會再換檔（這些數字沒有什麼特別的理由，就只是方便重新計算的整數）。而隨著我們逐步靠近理想中的 FU 數字，心態也會跟著轉變，時時在權衡：「我還要再塞一個會議進來嗎？還是算了、乾脆退休吧？帶孩子們去旅行更有意義？」

　　現在的我，知不知道答案呢？知道才有鬼好嗎！我怎麼會知道 45 歲、甚至是 35 歲的小惟，對人生有什麼樣的願景呢？但我很 OK。因為這些問題，以及停下腳步重新思考的機會，都會一再出現。基本上，這就是從今以後你面對人生的標準做法。

　　長話短說吧：FU 數字的計算並不困難，但絕對不是算好了就可以放著不管。你得時時回顧，在不同的人生場景中你得到了什麼體驗，以及你的錢，有沒有為你帶來最好的價值。

金錢管理任務

☐ 檢查你的信用評等。使用 AnnualCreditReport.com 可以免費申請一份詳細的信用評等（不只包含評分）。下載以後細細檢查，有任何錯誤或可疑的地方，請聯絡信評單位做修正。。

☐ 將債務排序，找到對你而言最合適的還款計畫（採用雪球或者雪崩策略皆可）。也可以上我的網站 richAF.club 下載免費的 Your Rich BFF Debt Calculator 債務還款試算表。

☐ 調出你最近一次的報稅紀錄（如果你使用 TurboTax 等報稅軟體，請選擇下載完整的國稅局表單，輸出為 PDF 或列印出來，不要只看摘要），仔細看你的收入、優先扣除額、標準或列舉扣除額，以及最終的稅額是如何計算的。好好熟悉自己不同面向的稅務支出和理由。

☐ 考慮哪些理財專家能夠為你的黃金團隊加分，找你的導師或同事介紹，預約好第一次的電話會談。請記得，第一次的諮詢都是免費（如果對方態度很臭屁，就不要繼續合作）。

☐ 釐清你的三種年度開銷等級（基本版是繼續工作、進階版是只有想工作時才工作、終極版則是完全退休），分別算出三種生活方式的 FU 數字。

07. 終章：
有錢得要命的祕密

─財富的四大金科玉律─

　　申請大學時，我爸爸不准我使用政府所提供免費申請的聯邦學生助學貸款（Free Application for Federal Student Aid，簡稱FAFSA）。這並不是因為我家超級有錢還是什麼──我們是標準的中產階級。父母對我上大學有很高的期許，如果能用聯邦的助學貸款就學，對我們家來說，昂貴的學費會變得好消化許多。

　　不，我的中國裔父親不准我申請是因為他深信著一種陰謀論：「如果你申請的學校發現你有使用助學貸款的話，你錄取的機率會降低。」

　　我當然有試著解釋給他聽：「爸，這些學校不在乎你的經濟背景。所有長春藤聯盟和其他知名學校都是這樣的，他們根本不在意，助學貸款不在考量標準中。」

　　但我爸爸很堅持：「我絕對不冒任何風險，我從不賭博，小惟，妳不准填寫助學貸款的申請表！」

　　我默默地慌了。對於在移民家庭長大、由中國籍父母養育成人的我來說，活出美國夢、進到一流大學、成為有用的人，是刻在骨子裡的期許。而現在，同樣的期許竟然要求我在「沒有

學貸」的狀況下達成夢想？我腦子裡只有一個念頭：**我們怎麼可能負擔得起？**

我爸爸所深信，關於助學貸款影響錄取率的陰謀論當然不是真的（我的第一志願是不看經濟背景的！）。不過，他不准我申請學貸的那一天，我學到了很重要的一課：**爸媽固然都是為我們好，但他們教育我們的金錢觀念可能不盡然正確。**

事實上，我們的金錢習慣是從很小的年紀就開始養成的（也就是七到九歲左右）。我們學習金錢觀念的方式，就像學習怎麼說話、怎麼溝通、怎麼吃飯、怎麼做任何事情一樣：是透過觀察模仿與潛移默化。你握筆的姿勢可能跟媽媽一樣怪、不喜歡食物互相碰觸的怪癖則是跟爸爸學來的。同理，你對錢的觀念，可能也是從父母（或者你生命中扮演監護人角色的大人們）身上有趣的金錢習慣衍生而來。

不過，這些習慣不見得對你好。說實話，有時候這些習慣根本就是自我毀滅連發。

這也是為什麼，得要好好解開這些情結，你才能真的像個有錢人般思考、邁向致富之道。

讀到這裡，你想必已經很清楚，要變身有錢富朋友，不表示你得「善於算數」、自詡為「股市神童」或者有個富爸爸（記得跟我約會、一身卡債的華爾街飯桶嗎？）。變身有錢富朋友的意義，在於**深深理解自己、理解自己的金錢目標，以及兩者之間的阻礙。**的確，你可以潛心學習投資世界的運作規則、找到哪些銀行有最好的高利定存利率等等，來追求最有利的外在

條件,但終極來說,每個人翻身致富的策略不盡相同,只能往自己內心深處挖掘。

你得要教育自己金錢世界的運作法則,並打碎那些無意識地從爸爸媽媽那裡繼承來的金錢迷思,才能以「純金心態」面對眼前的世界。所以,在你闔上此書、再次踏上旅程之前,容我獻上財富的金科玉律懶人包,就像奧斯卡獎頒獎典禮發給出席賓客的回禮一樣。

以下情境和心態,你在成長過程中都有可能,呃,不小心繼承到。因此,我獻上有錢富朋友的智慧珍珠,教你明辨是非、看清真相(就算這些錯誤心態沒有我爸的陰謀論這麼誇張,你還是得培養能力來區辨似是而非的歪理、堅決說不。)

財富的金科玉律 #1:
財富不是用來囤積的

有些人的爸爸「就是不信任銀行」,有些人的媽媽深信無論如何「現金才是王道」──很多人的家庭教育中,錢基本上只能放在家裡,永不離開視線範圍。

這種囤積財富的心態,也許是真心想要守護家人溫飽、為孩子遮風擋雨。如果手頭的錢很緊,爸爸媽媽可能不敢投資、怕把手裡存了很久的一小筆現金緩衝給賠掉。如果他們真的連投資十塊美金都得擔心被斷水斷電,那不管他們懂不懂投資、知

不知道投資是個好點子都不重要。

　　然而，更常見的狀況是，**父母一代有著嚴重的知識落差**。有錢人很清楚，一屁股坐在整疊的紙鈔上並不會讓你變得更有錢，因為錢被壓著，就沒辦法出去幫你賺錢了。但是，一般人又怎麼會知道錢滾錢的道理呢？你的家人可能懼於偽造或者詐騙，對投資或者使用銀行的心態非常謹慎。他們可能不曉得，存在銀行的錢是由存款保險公司負責保險（也就是背後有政府支撐），也不曉得，投資不一定要買股票，還有風險更低的投資標的。他們可能根本不知道投資該從何開始，也因此覺得，比起冒著被騙風險找證券商蓋章開戶，把財富囤積在家還更安心一點。家裡長輩搞不好以為投資要麼是「搭股市的雲霄飛車」、要麼是「把兩萬塊送給湯尼舅舅的朋友開餐廳」，如果他們這麼想，那麼不願意投資也不意外。

　　如果你是在這樣的環境長大，那第一次接觸到投資的概念，你一定充滿懷疑。有人提供了財務升級的建議，你卻很快就啟動防禦模式，把他人的好意當成羞辱，認為他們批評你「存錢的能力有問題」。我希望你能記得：

> 66　**好的理財習慣與技能是後天學來的，**
> 　　**並不是與生俱來、有些人有、**
> 　　**有些人沒有的特質。**　99

你可以針對自己的情況，將知識與事實納入考量，打造對你來說獨一無二的理財策略，你也可以隨著情況改變，時時去修正策略。你當然無法控制一切（投資畢竟都有風險），但你可以掌控自己的行為。而現在的你，有了能做出正確判斷的知識與技能。

財富的金科玉律 #2：花錢並不可恥

朋友們，任何東西都很花錢，要吃、要住、要穿——只要活著，我們就得不斷花錢滿足生活所需。在基本生活所需滿足後，我們還得繼續花錢，讓人生勉強好過一些，甚至有點樂趣，這很 OK，你知道嗎？也許其他人並不同意你花錢的方式和價值觀，但如果你花的是自己的錢，那你為自己負責就行，沒錯吧？

基本上，用錢去交換商品或服務的行為本身是道德中性、沒有善惡的。不幸的是，很多很多人的金錢觀預設為以下等式：「花錢＝可恥」，好像把「存一元等於賺一元」的心態發揮到極致，改為「花一元等於永遠再也無法賺回這一元，你這個大蠢蛋」。

你的爸爸媽媽也許出於教育你的善意，自己節儉度日，想做你的好榜樣，卻不小心傳達了錯誤的概念：「花錢就是不對，沒有妥協空間」。你知道嗎？當你的父母為了其中一人從超市

買了知名品牌而非自有品牌的清潔劑而大吵一架，或者對於鄰居買的新車不以為然：「不知道車子落地瞬間就開始貶值嗎？」等等，小小的你都看在眼裡。有些爸爸媽媽也會積極地教孩子們如何省錢、當個精明的購物達人、知道怎麼找到划算的折扣……但是他們過火了，用了太多負面跟批評的語言。你用零用錢或者課後打工賺的小錢買了糖果或凱蒂貓筆記本，而沒有買更務實的東西，他們就出聲斥責：「你花錢怎麼這麼浪費？糖果吃掉就沒了！」或者「你應該把錢存下來而不是隨便亂花，懂不懂？」這樣的語言，很容易讓孩子們覺得花錢充滿了罪惡感和恥辱。

更不幸的是，這種非黑即白的論點，到你成年以後還會如影隨形，甚至跟「不要再買星巴克，不然你會買不起房子」等論述合流，更加惡化。「花錢就是可恥」的觀念比比皆是，你掏卡買拿鐵時心裡是否覺得有點罪惡難堪？別怕，你不孤單。

如果這講的就是你，請仔細想想，**什麼樣的東西，能讓你真心感到快樂、舒服、安全、健康**。提醒自己，你賺錢就是為了讓這些感受成為現實。當然你得花錢才能獲取這些感受，但你可以花得有效率，根據自己的優先順序、在有限的預算內滿足最豐盛的喜悅。

同時也提醒自己，你有無限的潛力。能讓你的生命感到圓滿所需要獲得的東西，你目前還負擔不起嗎？請記得，你可以賺更多。也許需要花不少時間跟心力，但你絕對可以。

財富的金科玉律 #3：
炫富的錢不值得花

我想誠實跟各位說，我所犯過最大的金錢錯誤就是：花我沒有的錢、買我不需要的東西，只為了讓我不喜歡的人羨慕。

在我們競爭激烈、老愛互相比較的社會，這樣的情形尤其嚴重，而且連高收入族群也深受其害（那個跟我約會的華爾街飯桶殷鑑不遠，還記得吧？），這種風氣如同「花錢就是可恥」的另一個極端。但追根究底，這兩種行為模式都來自同樣的**「貧乏心態」**。

有些孩子從小看著父母購買拉風的進口車、名牌的昂貴服飾，或者不計成本地大肆裝修、接受各種醫美療程，透過這些方法來彰顯自己事業成功、讓家人過上比鄰居更富裕的生活。如果這說的就是你的話，請明白這不代表你的父母膚淺無知。他們也許想為你立下好榜樣，讓外在的世界看到你的家境優渥、爸媽已功成名就。但是，某一刻開始，一切都變了調，父母開始無限揮霍，因為他們不知道還能用什麼別的方式讓自己感到安全。

如果父母其中一人曾經出現心理健康問題，導致過度購買或囤積，也會造成孩子出現類似衝動購物的症狀。還好，針對這些金錢相關問題的深層原因，學者們已經有許多研究成果。不過，這些爸爸媽媽心理健康問題的後遺症，也就是孩子們的情結，仍需要我們一一解開。

　　如果你已成年離家，跟父母間有一定距離，那麼，**此時你可以回頭檢視你從父母身上學到的價值觀與「教訓」**。花自己沒有的錢、買自己不需要的東西，只為了讓自己根本不喜歡的人羨慕，這樣的行為背後有著巨大的心理張力，其實有很大的機率，這種思維是爸媽傳授給你的，他們本人也是透過「說道理給你聽」來說服自己、將自己的行為合理化。就算只是一句無心的話，例如「只有窮人才會去沃瑪超市（Walmart）買東西」或者「當然不能讓你的老師同學覺得我們沒有錢可以去度假啊」，都會在你的潛意識生根。我希望你在讀到這本書裡提過的有錢人心態之後，能夠理性挑戰自己既有的觀念，特別是在花錢的意義上。

　　再來，**試著將眼光拉長，從短期的獲得改看長期的回報**。想想現在就把現金花掉，可能讓你錯過什麼長期報酬的機會——花在眼前的東西上，值得嗎？答案有可能是，有可能非，但只有你能回答（你的爸爸媽媽、爸媽的朋友們、他們的 VIP 地方會所其他成員的意見，都與你無關）。

財富的金科玉律 #4：抱怨而不行動，什麼都不會改變

「我的老闆真的很摳門，他從來沒有為我加薪。」

「社會體制已經完蛋了，正常人根本不可能活得下去。」

「我們再努力也趕不上房價。」

朋友們，偶爾發牢騷有益健康沒錯。但是久久參加一次姊妹間的吐苦水大會，跟永遠只會出一張嘴抱怨，是很不一樣的。

我不否認有些朋友們家境背景的確格外艱辛，深陷債務、身故、離異、天災等財務窘境的家庭背後，也許有千種原因。有些朋友的爸媽可能常常抱怨自己的財務狀況，卻因為各種因素而沒有做出任何行動。有些長輩不瞭解存錢和投資的方法，也有一些長輩抗拒在財務上承擔任何風險。上一代的人很可能覺得現在的工作和薪水就是他們最好的待遇了，不敢要求更多。長輩們也可能忙著養家活口，而沒有時間思考改變的方法，或者面對嚴峻的財務情況與壓力感到絕望，根本無力行動。

邏輯上我們都能想像，所有苦難累積起來，足以將人深深打敗、一蹶不振。但是請記得，內化這種「無力感」對我們沒有幫助，特別是已經離家獨立、挑起自身財務責任的朋友，不需要再扛著原生家庭的包袱。

如果你發現自己默默在腦裡的劇場重演「什麼都改變不了我窮困的命運，何必呢？」的理財態度的話，首先請你務必認清，生而為人，你不但有主動權，更有價值。你可以採取行動、做出選擇，而且你很有價值——不管是作為一名勞工、一位顧客、一個朋友還是合作夥伴。而有著主動權和價值的人可以做什麼，你知道嗎？**你可以談判**。所以朋朋們，請從這裡開始，不管是要求銀行免除滯納金，還是要求老闆提供符合行情的大加薪，試著談判看看吧！請採取行動，因為你可以這麼做。

同時也請你練習原諒。也許你自認過去犯過的錯導致你現

在困在原地，比方說債務纏身、毫無選擇，這時候再怎麼不斷責怪自己，也不會讓你產生動力、採取行動。請善待自己，就像對待你最好的朋友，用溫柔的語言、寬恕的態度，並告訴自己，我們每個人都值得再一次機會。只有在你毫不批判地直面眼前的現實情況，也不管現實有多麼難堪，你才有機會邁出改變的步伐。

綜上所述，無論你從爸爸媽媽身上繼承到了怎樣的金錢觀念，我這裡還有兩個想跟你分享的心得。

其一，**諮商是很棒的資源**。我強烈推薦每個人都找專業諮商來解開深層的心理情結、清掉埋藏在潛意識深處的陳年垃圾。同時，你也要記得，要從貧乏心態中解放自己，與改掉壞習慣、戒掉癮頭是一樣的，你得非常主動、有意識地改變自己的思考和行為。對有的人來說，改變就是每天早上面對鏡子、肯定自我；對其他人來說，也許是每年在老闆面前拍桌爭取加薪，也許是逼迫自己學會從菜單中點不是最便宜的品項。所以，雖然我強烈鼓勵各位找諮商師聊聊，但同時，請大家不要忘了，自己也要主動地做出改變、採取行動，累積並增長財富，而不是囤積或亂花。

其二，**從貧乏心態中解放自我最簡單的方法是什麼呢？最關鍵的首要任務就是賺多一點**。我知道，你的 OS 是「小惟妳講什麼廢話」，但真的不要小看增加收入能對你根深蒂固的金錢

壓力帶來多大的舒緩。「錢越多、煩惱越多」是騙人的，事實是「錢越多、機會越多……煩惱也會越少」。

我想跟各位分享以上財富的金科玉律，來取代上一代傳承下來狗屁倒灶、根基於恐懼和貧乏心態的金錢觀念。父母一代的保守心態並非憑空而來，而是人們一代又一代受到階級壓迫、中毒已深，進而發展出的扭曲心態。這種世襲制和系統性的不平等，就是我堅持各位要翻身致富的原因。

當然，要縮小各種背景的族群間那條財富的鴻溝，需要的不只是我們每個人各自的行動。我們還需要立法改變、提供個人財務相關的義務教育，並且針對歷史上弱勢的族群提供額外輔助。但好消息是，只要克服了眼前的財富不均，我們所有人都是贏家。

這就是為什麼，我們每個人都該有一個有錢富朋友。

我們無法為現今問題層出不窮的世界提供速解，但向上的經濟動力是個出發點。

每個人都值得一個好機會學習財務自由的方法。

每個人都值得在寬裕心態和知識的力量輔助下，做出明智的選擇。不該出於貧乏心態或在窘迫的狀況下，不得不將就權宜之計。

每個人都值得賺到自己的FU數字，好叫慣老闆或渣男（女）滾蛋。每個人都值得為自己的家庭和社群打造安穩的基礎。

所以我們翻身致富不只為了成就自己，更是為了成就彼此。

─特別感謝─

　如果說從這本書，你能學到一則與財務無關的人生智慧的話，那一定就是：生命中沒有什麼比你身旁圍繞的人更重要。我真的超級無敵幸運，我的人生中時不時就有身旁的人出手相助或者給予我成功的機會。我的職涯，坦白說我整個人的存在，就是由一連串這樣無心插柳的時刻堆疊而成。這本書也是這樣誕生的。

　首先，我想好好感謝我的出版經紀人亞里沙・芮本（Alyssa Reuben），她為我奮鬥、導引我走過漫長的出版流程。妳無條件地信任我，始終真誠無礙地安撫我所有的恐懼，因為有妳，這本書才得以問世。

　感謝 Portfolio 出版社的特瑞莎・得麗（Trish Daly），她是此書的編輯，感謝妳無私地分享編輯洞見與用心良苦的評論，特別是幫我大刀闊斧地砍掉了所有不必要的字數。我就是喋喋不休嘛，不好意思啦！

　我也想感謝企鵝藍燈書屋的團隊，審閱了《我的有錢富朋友教我的事》的初稿並在背後提供奧援，還設計了這麼令人嘆為觀止的英文版書封。我特別感謝文案編輯賈寧・巴洛（Janine

Barlow）和製作編輯拉維娜・李（Lavina Lee），感謝兩位精準與細心地文火慢燉，讓《我的有錢富朋友教我的事》從手稿幻化成書。

再來，我想大聲感謝在此書撰寫過程中指導我的兩位教練布萊爾・索博（Blair Thornburgh）與梅根・史蒂文生（Meghan Stevenson）。我們的每週例會以及妳們持續的支持鼓勵，讓我能恣意徜徉寫書的過程與體驗，我感恩在心。

當然，「Your Rich BFF」（你的有錢好朋友）社群團隊的大家，沒有你們，我絕對做不到，我不開玩笑。感謝 WME 的艾力克斯・德弗林（Alex Devlin）、Range Media 的蘭納・珊德（Rana Sand）和克莉絲汀・麥吉尼斯（Kristen McGuinness）幫我管理幕後的運籌帷幄、與各種黃金級的機會牽線，在這暴風般的幾個月中讓我保持神智清明、時程表不至錯亂。感謝我的超級律師羅倫・史瓦茲（Lauren Schwartz），不但亦步亦趨地保護我，更是第一位加入「你的有錢好朋友」團隊的成員。你當年偶然接受朋友的朋友的不熟朋友共三層轉介，才到我身邊，我真的太感恩了。感謝 Persona 公關的潔德・偉斯洛格（Jade Wiselogle）為此書每一次的曝光機會奔走、推銷、定位，讓每一次的媒體露出都盡善盡美。妳賣力為我掙來的每一則新聞文章、電臺節目、電視訪問、雜誌以及一對一訪談，我都無限感激。

最後。感謝我的父母以及未婚夫格雷（Greg），你們對我無止境的支持與愛，總能在我以為我沒電時一股氣讓我充滿能量。謝謝你們一路為我加油，我愛你們。

不想再聽到「這桌沒你的位子」了嗎？來加入我們的俱樂部吧！我們不是那種有保鏢驗會籍、攆你出去，或者你得先花五萬美金才能加入的高級VIP俱樂部。這個俱樂部歡迎所有人。我們提供各式免費資源，像是預算範本、債務償還計畫試算表、腦力激盪學習單以及其他好用的工具，幫助你落實有錢富朋友的新知識。

掃描以下QR code，或者直接參觀我的網站，網址是：richAF.club

專有名詞 $$$

• 401(k)

在美國，雇主提供的退休存款計畫，讓你從稅前收入直接提撥，此外，多數雇主還會提供比照加碼（也就是「免費的錢」）。

• 403(b)

類似 401(k)，但專為如學校和醫院等非營利組織的職員設計。

• APR 年利率

為 annual percentage rate 的縮寫，表示你的借款或信用卡欠款的利息利率。

• APY 牌告利率（或稱「年息百分比」）

為 annual percentage yield 的縮寫，表示存款或投資所取得的利息收入比例。

• Asset 資產

表示你所擁有具有價值的物件，比如房子或車子，也可以是股票或債券等投資標的。

• Balance 餘額

在談銀行帳號時，餘額是指在某一特定時間點，你的銀行帳戶中，所有包含存款、提款和交易處理完成後剩餘的金額。

在談信用卡或貸款時，餘額表示你仍欠給債主的總金額。

• Balance due date 繳款截止日

信用卡帳單上的繳費截止日期。若沒有在繳款截止日支付帳單「全部金額」，信用卡公司就會針對欠款餘額開始收取利息，此外，你也必須支付遲繳的滯納金並受到信用評等降級的懲罰（如果只支付「最低繳款金額」，銀行會依照循環利率向持卡人在隔月開始收取利息）。

- Balance transfer **餘額代償**

  將某張信用卡的債務移動（也就是將餘額轉換）到另一張信用卡上。餘額代償往往在新的信用卡提供的利率較低或有限時優惠活動時使用（不過，使用餘額代償可能需要支付相關手續費）。

- Bank **銀行**

  提供存款、放貸、財務管理等功能的財務機構。

- Bond **債券**

  將資金借給公司或政府，以換取利息收入的投資選項。

- Brokerage **證券商**

  協助你買賣股票、債券或其他投資標的的公司。你可以在線上申請開戶、設定投資帳戶，跟申請銀行帳號無異，取得網路登入權限後即可線上交易、下單投資。

- Budget **預算**

  為自己擬定的支出計畫，列出錢要怎麼花，如租金、餐飲、娛樂等開銷。

- Cash back **現金回饋**

  信用卡提供現金回饋就表示你每一筆消費都會賺回一定比例的現金（所以，如果你的信用卡提供 1% 的現金回饋，而你消費了 200 元，那麼，你就會得到 2 塊的現金回饋）。

- Checking account **現金帳戶**

  方便提款、水電等各種費用扣款，或者朋友間分攤帳單（與 Venmo 或 CashApp 連結）時會使用的日常帳戶（在臺灣的常見版本為活期存款帳戶）。

- Compound interest **複利**

  一種利息的計算方式。除了本金會計算利息之外，先前已經滾出的利息也會按利率計息。

- Consolidation **債務整合**
將多種債務和信用卡積欠餘額合併後，每個月按時向單一債主還款。

- Corporate bond **公司債券**
由私人公司為募資目的發行之債券。購買公司債券即借錢給該公司，以賺取利息回報。

- CPA **美國註冊公認會計師**
CPA 為 certified public accountant 之縮寫，具備此項資格之會計師已接受訓練處理複雜的稅務和稽核等財務情境。

- Credit card **信用卡**
一張讓你憑信用借錢購物的卡片，每個月沒有償清的餘額，銀行都會收取利息費用。

- Credit card perks **信用卡福利**
身為信用卡持卡人能享有的小小服務升級或優惠。如免費托運行李、機場快速安檢、機場貴賓室通行證，或在特定商店或應用程式的消費折扣。

- Credit card points **信用卡紅利點數**
另一種能透過塑膠卡片消費賺取的回饋：紅利點數（有時候根據消費類別不同，能換取的點數比例也不同），紅利點數能拿來兌換旅遊、商品等，甚至能扣抵餘額（也就是減少你信用卡帳單要繳款的 $$$ ！）

- Credit counseling **信用諮詢**
協助你管理並償清債務的服務，通常能提供與債主協商、債務整合、在還款期持續引導等服務內容。

- Credit score **信用評等**
象徵你個人是否值得信用的指標數字，評等的依據包含付款歷史以及債務與收入比例。

- Credit union **信用合作社**
由合作社成員所持有股份的非營利財務機構，提供如：現金帳戶、存款帳

戶、貸款等服務。

- **Debt 債務**

  你還未付清的欠款，像是信用卡代繳餘額或學生貸款。

- **Emergency fund 緊急預備金**

  你特別為了醫療帳單、車子維修等意外開銷所準備的存款帳戶。

- **ETF**

  為 exchange-traded fund 的縮寫，意為得在股票證券交易所買賣之基金，是一種同時追蹤一籃子股票、債券和其他資產市值的投資標的。

- **Fiduciary 信託受託人**

  在法律上有義務為客戶的最佳利益採取行動的專業人士。具有信託受託人義務的理財顧問不能因為其能收到的佣金較高，而推薦特定的投資標的或產品──他們只能執行對客戶來說最有利的選項。

- **Government bond 政府公債**

  由政府為募資而發行的債券。購買政府債券即為借錢給政府，以賺取利息回報。

- **Gross 稅前收入**

  在任何稅金和提撥額度被扣除前的總收入。

- **HDHP 高自付額的健康保險**

  為 high-deductible health plan 的縮寫，為自付額較高、保費較低的醫療保險類別。在美國，要申請 HSA 健康儲蓄帳戶的人，其醫療保險條件必須為高自付額的健康保險。

- **High-yield bond 高收益債券**

  由債券信用評等較低的公司所發行之債券，由於信評較低，其債券之利率往往比其他債券高，但投資這類型的公司也承擔較高的違約風險（萬一公司倒閉，身為債主的你就只能兩手一攤了）。

- **HSA 健康儲蓄帳戶**

  為 health savings account 的縮寫，是具有稅務優勢之存款帳戶，存款人可以將資金放入以支應未來醫療所需，同時，資金存於此帳號閒置期間也能投資。在美國，存款人必須有高自付額的健康保險才得以申請健康儲蓄帳戶。

- **HYSA 高利定存**

  為 high-yield savings account 的縮寫，比起傳統存款帳戶提供較高的牌告利率的定存選項。

- **Inflation 通貨膨脹（簡稱通膨）**

  商品與服務等的整體價格水準隨時間上漲的現象，以百分比表示。

- **Interest 利息**

  貸款的成本或者特定投資的回報。

- **Investment account 投資帳戶**

  得以用來將金錢投資到標的之中的帳戶。投資人可以找證券商開戶、設定投資帳戶，並用此帳戶購買股票、債券、共同基金及其他資產。

- **IRA 個人退休帳戶**

  為 individual retirement account 的縮寫，是具有節稅好處的退休帳戶。在美國，個人退休帳戶有傳統（意即提撥存入時不需支付稅金，但退休後提領時則需要按規定繳稅）以及 Roth（意即提撥存入當下就先支付所得稅，但退休提領時得以全額提領）這兩種類別。

- **ISO 激勵性股票選擇權**

  為 incentive stock option 的縮寫，是雇主能選擇性提供做為工作報酬的一種股票選擇權。激勵性股票選擇權給予員工以折扣價購買公司股票的權利，若後續公司股價上揚，員工選擇獲利了結時往往可以海撈一筆。

- **Leverage 槓桿**

  透過借來的錢投資，目標是讓投資回報優於借貸成本。

- Market correction **市場修正**

  指股市在短期內經歷中型至大型的突發性市值下跌（通常震盪幅度在 10% 左右）。

- Mortgage **房屋貸款（簡稱房貸）**

  用於購買自宅或其他房地產的貸款。

- Municipal bond **地方政府債券**

  由城市或鄉鎮等地方政府發行的債券，其目的在為公眾利益相關專案募資，例如成立學校、鋪路、蓋公園等等。地方政府債券亦能產生利息收入。

- Mutual fund **共同基金**

  將眾多投資人的資金合併，以購買多種股票、債券與其他資產類別的投資型態。

- Net **淨收入**

  收入扣除稅金以及其他提撥項目後，實際到手的現金。

- Risk tolerance **風險容忍度**

  投資人在某項投資中能夠承受的風險等級。

- RSU **限制性股票**

  為 restricted stock unit 的縮寫，也是公司能提供給員工做為工作報酬的一種股票。公司承諾員工能獲得特定的股票數額，但員工不得在指定時限前將其交易或賣掉。

- Savings account **存款帳戶**

  設計來讓存戶存錢並賺利息的銀行帳號，針對緊急預備金以及長期的存款目標特別合適。

- Sinking fund **沉沒基金**

  為未來指定項目的支出特別準備的存款帳戶，例如，購屋的頭期款或者度假基金。

- Statement **對帳單**

  列出指定週期所有帳號活動的文件，通常一個月一張。文件內容包含起始餘額與最終餘額、存入、提款、各種手續費以及這段期間發放的存款利息或衍生的費用。

- Statement closing date **帳單結帳日**

  信用卡結帳週期的最後一天，這一天結束後，信用卡公司會產出對帳單，顯示所有在此週期內帳號上的所有活動。

- Stock **股票**

  代表持有某公司所有權的投資型態。購入股票就表示持有該公司相應比例的利潤和資產。

- Tax bracket **課稅級距**

  根據收入等級來決定的所得稅級距。美國的所得稅課稅級距為累進稅率（臺灣亦同），也就是納稅人只有在超過某門檻以上的收入才需要支付該級距的稅率。

- Tax credit **稅額減免**

  針對適用對象直接減免需要支付的稅額（就像稅金打折！），有些稅額減免還能退稅，也就是說，即使當年你不必繳稅，也仍能申請將稅額減免額度退到個人口袋。

- Tax deduction **扣除額**

  能從應稅所得中扣除的開銷，可以幫納稅人降低當年度所得中必須繳稅給國庫的金額。

- Value-based spending **價值開銷法**

  一種將開銷鎖定在與個人價值和目標正相關事物上的預算技巧。其重點在於找到個人價值觀中真正重要項目的優先順序，並減少不會帶來喜悅和滿足的開銷。

我的有錢富朋友教我的事

關於金錢、財務與自主，翻轉你一生的致富思維

作　　者｜屠惟安 Vivian Tu

譯　　者｜林岑恩 Nicole Lin

責任編輯｜李雅蓁 Maki Lee

責任行銷｜朱韻淑 Vina Ju

封面裝幀｜高郁雯 Aillia Kao

版面構成｜譚思敏 Emma Tan

校　　對｜葉怡慧 Carol Yeh

發 行 人｜林隆奮 Frank Lin

社　　長｜蘇國林 Green Su

總 編 輯｜葉怡慧 Carol Yeh

主　　編｜鄭世佳 Josephine Cheng

行銷經理｜朱韻淑 Vina Ju

業務處長｜吳宗庭 Tim Wu

業務專員｜鍾依娟 Irina Chung

業務秘書｜陳曉琪 Angel Chen

　　　　　莊晧雯 Gia Chuang

發行公司｜悅知文化　精誠資訊股份有限公司

地　　址｜105台北市松山區復興北路99號12樓

專　　線｜(02) 2719-8811

傳　　真｜(02) 2719-7980

網　　址｜http://www.delightpress.com.tw

客服信箱｜cs@delightpress.com.tw

ISBN：978-626-7537-45-9

一版一刷｜2024年11月

一版四刷｜2025年02月

建議售價｜新台幣499元

本書若有缺頁、破損或裝訂錯誤，請寄回更換

Printed in Taiwan

國家圖書館出版品預行編目資料

我的有錢富朋友教我的事：關於金錢、財務與
自主,翻轉你一生的致富思維／屠惟安(Vivian Tu)
著；林岑恩譯. -- 一版. -- 臺北市：悅知文化精誠
資訊股份有限公司, 2024.11
336面 ; 16×23公分
譯自：Rich AF : the winning money mindset that
will change your life
ISBN　978-626-7537-45-9 (平裝)
1.CST: 個人理財 2.CST: 金錢心理學

563　　　　　　　　　　　　　113016445

建議分類｜商業理財

悦知文化
Delight Press

線上讀者問卷 TAKE OUR ONLINE READER SURVEY

只有在你毫不批判地直面眼前的現實情況，你才有機會邁出改變的步伐。

———————《我的有錢富朋友教我的事》

請拿出手機掃描以下QRcode或輸入
以下網址，即可連結讀者問卷。
關於這本書的任何閱讀心得或建議，
歡迎與我們分享 ☺

https://bit.ly/3ioQ55B